Canaries

D1641004

En bref...

● **Situation**. Dans l'océan Atlantique, l'archipel appartient à la Macaronésie (Madère, les Açores et les îles du Cap-Vert).

● **Les sept îles**. Tenerife, La Gomera, El Hierro et La Palma (le groupe occidental); la Grande Canarie (Gran Canaria), Lanzarote et Fuerteventura (le groupe oriental).

● **Superficie**. 7 447 km² au total.

● **Alt. max**. Pico del Teide (3 718 m) à Tenerife, sommet des Canaries et de l'Espagne.

● **Climat**. Océanique. Surnommées les «îles de l'éternel printemps», on peut y aller toute l'année, mais le printemps et l'automne sont les saisons les plus agréables pour visiter l'archipel.

● **Drapeau**. Figurent les sept îles de l'archipel, en symbole d'une autonomie longtemps revendiquée.

● **Monnaie**. L'euro – l'Espagne faisant partie de l'Union européenne.

● **Population**. 1 915 540 hab., dont les 4/5ᵉ dans les deux îles principales (Tenerife et la Grande Canarie).

● **Densité**. 225 hab./km².

● **Capitales régionales**. Las Palmas de Gran Canaria (province des Canaries orientales) et Santa Cruz de Tenerife (province des Canaries occidentales).

● **Religion**. Catholique à 98 %.

● **Langue**. Espagnol (castillan).

● **Régime politique**. Parlement (60 sièges renouvelés tous les 4 ans). Gouvernement autonome dirigé par le président Adán Martín Menis (Coalición Canaria) et par la vice-présidente María del Mar Julios Reyes (Coalición Canaria); 3 membres de l'exécutif sur 12 appartiennent au PP (parti populaire, centre droit).

● **Principales ressources**. Secteur tertiaire et tourisme (80 % du PIB en 2004); agriculture (tomate, banane, pomme de terre, fruits exotiques, tabac, plantes d'ornement) et pêche (4 % du PIB); bâtiment et industrie alimentaire (16 % du PIB).

● **Passeport**. Non.

● **Visa**. Non.

● **Vaccins**. Non.

● **Taxe d'aéroport**. Oui (comprise dans le billet).

● **Décalage horaire**. Une heure de décalage horaire entre la France et les Canaries. Quand il est midi à Paris, il est 11 h dans l'archipel. ●

HACHETTE

Ce guide a été établi par **Denis M**ONTAGNON.
Historien de l'art, **Denis M**ONTAGNON est un spécialiste du voyage vers des destinations à fort intérêt culturel. Il est l'auteur de plusieurs titres de la collection « Guide Bleu Évasion » : *Grèce continentale, Portugal, Andalousie* et *Istanbul*. Il collabore régulièrement à la collection des Guides Bleus.

Direction : Nathalie Pujo – **Direction littéraire** : Armelle de Moucheron – **Responsable de collection** : Élisabeth Sheva – **Édition** : Élise Ernest – **Informatique éditoriale** : Lionel Barth – **Documentation** : Sylvie Gabriel – **Lecture-Correction** : Françoise Fauchère, Isabelle Sauvage – **Maquette intérieure et mise en pages PAO** : Catherine Riand – **Cartographie** : Frédéric Clemençon, Aurélie Huot, Cyrille Suss – **Fabrication** : Nathalie Lautout, Caroline Artémon, Maud Dall'Agnola. **Couverture** conçue et réalisée par François Supiot.

Avec la collaboration d'Aurélie Baffert.

En dépit du soin avec lequel il a été établi, ce guide n'est pas à l'abri des erreurs, des omissions et des changements de dernière minute qui occasionnent des inexactitudes. Ne manquez pas de nous faire part de vos remarques. Informez-nous aussi de vos découvertes personnelles : nous accordons la plus grande attention au courrier de nos lecteurs.

Pour nous écrire :
< **evasion@hachette-livre.fr** >
Hachette Tourisme, 43, quai de Grenelle, 75905 Paris Cedex 15

Canaries

évasion

HACHETTE

sommaire

© Agnès Boutteville

itinéraires

© Bertrand Gardel/ Hémisphères Images

repères

© Bertrand Gardel/ Hémisphères Images

La Palma

La Grande Canarie

Fuerteventura

Lanzarote

cartes et plans

embarquer

Que voir ?

Carte « Que voir ? » en rabats avant et arrière de couverture

Perdues dans l'Atlantique, les Canaries sont toutes aussi attachantes les unes que les autres. De manière différente, chacune d'elles justifie leur ancien nom, les « îles Fortunées ».

Tenerife★★★

●●● *Les distances entre parenthèses sont calculées au départ de la capitale de l'île, Santa Cruz de Tenerife.*

C'est l'île la plus grande et la plus fréquentée de l'archipel. Si les plages du sud attirent les visiteurs, l'architecture de ses villes, ses paysages exubérants ou désertiques et son parc naturel justifient à eux seuls le déplacement.

★★★ **Carretera dorsal** *(itinéraire d'env. 50 km S-O).* Sur les crêtes du massif du Teide, au milieu des éboulis volcaniques et d'une forêt de pins. Merveilleuses échappées sur les deux versants de l'île *(p. 92).*

★★★ **La Laguna** *(8 km N-O).* La grande cité universitaire et culturelle de Tenerife a un petit air de Castille. L'une des plus belles villes de l'île *(p. 76).*

★★★ **La Orotava ♥** *(43 km S-O).* Maisons coloniales (des XVIIᵉ et XVIIIᵉ s.) et vieux moulins à *gofio* y fonctionnent encore. Artisanat à l'honneur *(p. 79).*

★★★ **Loro parque** *(48 km S-O).* L'un des parcs d'attraction les plus riches des Canaries. Un vrai plaisir pour les enfants *(p. 84).*

★★★ **Macizo del Teno ♥** *(env. 125 km S-O).* Univers volcanique austère de *barrancos* (ravins) arides ou recouverts de forêts *(p. 88).*

★★★ **Mirador de Humboldt** *(40 km S-O).* Vue plongeante sur la vallée de La Orotava *(p. 79).*

★★★ **Montañas de Anaga** *(itinéraire de 88 km N-E).* Nature exubérante et vues magnifiques de la pointe N-E de Tenerife *(p. 77).*

★★★ **Parque nacional de Las Cañadas del Teide** *(env. 60 km S-O).* Curiosité majeure de l'île : étendues de lave pétrifiée multicolores. Le pico del Teide en toile de fond *(p. 91).*

Pages précédentes : La Restinga, à El Hierro. Dans l'archipel, la pêche est l'activité traditionnelle par excellence.

© Bertrand Gardel/Hémisphères Images

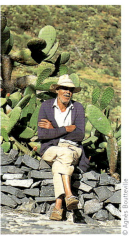

© Agnès Boutteville

*** **Pico del Inglés** *(25 km N)*. Dans la **forêt de las Mercedes****, vue des deux versants de l'île et du massif de l'Anaga *(p. 78)*.

*** **Pico del Teide** *(65 km S-O)*. Le plus haut sommet d'Espagne (3 718 m) émerge de l'océan de lave de Las Cañadas *(p. 91)*.

*** **Puerto de la Cruz** *(45 km S-O)*. Charmante « capitale » de la côte nord *(p. 80)*.

** **Acantilado de los Gigantes** *(env. 90 km S-O)*. Les « falaises des géants », à découvrir à l'occasion d'une croisière en bateau *(p. 90)*.

** **Barranco del Infierno** *(85 km S-O)*. Le « ravin de l'enfer » et ses parois rocheuses de plus de 1 000 m de hauteur *(p. 90)*.

** **Bosque de la Esperanza** *(env. 25 km S-O)*. Forêt de pins sur les crêtes *(p. 92)*.

** **Forêt de las Mercedes** *(env. 20 km N)*. Grande forêt de lauriers : inépuisable mine de balades *(p. 77)*.

** **Garachico** *(75 km S-O)*. Face à la mer, un très joli site *(p. 88)*.

** **Jardín botánico ♥** *(43 km S-O)*. Sorte d'inventaire de la planète qui a fasciné André Breton : un lieu magique *(p. 84)*.

** **Llano de Ucanca** *(70 km S-O)*. Vaste étendue sablonneuse grise contrastant avec le brun de la lave *(p. 91)*.

** **Los Roques** *(70 km S-O)*. Hérissement de rochers, dans la caldera del Teide *(p. 91)*.

** **Mirador Cruz del Carmen** *(20 km N)*. Vue sur la forêt de las Mercedes *(p. 78)*.

** **Mirador de Baracán** *(95 km S-O)*. Point de vue imprenable sur le massif du Teno, l'une des zones les plus sauvages *(p. 89)*.

** **Playa de las Teresitas** *(10 km N-E)*. Plage créée *ex nihilo* appelée à devenir, d'après l'architecte, un « grand artifice » *(p. 78)*.

** **Santa Cruz de Tenerife**. Si la capitale s'est modernisée, elle a gardé son parfum colonial de port atlantique *(p. 69)*.

La Gomera★★★

●●● *Les distances entre parenthèses sont calculées au départ de la capitale de l'île, San Sebastián de La Gomera.*

L'île possède de grandes forêts et une végétation luxuriante. Intacte, La Gomera plaira aux amoureux de la nature.

© Agnès Boutteville

★★★ Parque nacional de Garajonay *(env. 15 km O)*. Classé patrimoine mondial, il rassemble plus de 400 espèces végétales sur 4 000 ha *(p. 106)*.

★★ Agulo *(25 km N-O)*. Petite ville noyée dans la végétation *(p. 108)*.

★★ Bosque del Cedro *(25 km O)*. La plus belle *lauresilva* des Canaries : le paradis des randonneurs *(p. 108)*.

★★ Los Órganos *(côte nord ; accès en bateau)*. Muraille basaltique née d'une coulée de lave *(p. 108)*.

★★ Mirador de Los Roques *(12 km O)*. Vue sur les deux versants de La Gomera, l'un verdoyant, l'autre aride *(p. 108)*.

★★ Valle Gran Rey *(45 km O)*. Canyon à la végétation exubérante : inoubliable *(p. 107)*.

El Hierro★★★

●●● *Les distances entre parenthèses sont calculées au départ de la capitale de l'île, Valverde.*

C'est l'île la moins visitée, la plus secrète, la plus rude aussi avec sa pinède solitaire et ses hautes falaises volcaniques.

★★★ El Golfo *(35 km S-O)*. Baie lumineuse née de l'effondrement d'une partie de l'île dans la mer *(p. 117)*.

★★★ El Pinar *(env. 35 km au S-O)*. La plus belle pinède de l'archipel *(p. 119)*.

★★★ Mirador de Bascos *(75 km O)*. Vue impressionante sur le côté ouest de la baie d'El Golfo *(p. 119)*.

★★ El Sabinar *(70 km O)*. Sur cette *finis terræ* tendue vers l'Atlantique, la violence du vent fait plier les genévriers *(p. 119)*.

★★ Mirador de Jinama *(15 km S-O)*. Un autre point de vue sur El Golfo *(p. 117)*.

★★ Mirador de Las Playas *(18 km S)*. Panorama vertigineux sur la côte est *(p. 117)*.

★★ Mirador de la Peña *(8 km O)*. Belvédère sur El Golfo avec un restaurant *(p. 117)*.

★★ Pico Malpaso *(25 km S-O)*. Le sommet de l'île, soit 1 500 m d'altitude *(p. 119)*.

★★ Punta del Verodal *(50 km S-O)*. Univers volcanique et plage de sable noir *(p. 118)*.

★★ Punta de Orchilla ♥ *(58 km S-O)*. « L'extrémité du monde connu » selon Ptolémée *(p. 119)*.

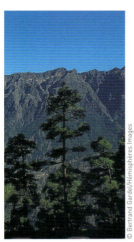

© Bertrand Gardel/Hémisphères Images

© Agnès Boutteville

© Agnès Boutteville

La Palma★★★

●●● *Les distances entre parenthèses sont calculées au départ de la capitale, Santa Cruz de La Palma.*

Cette île, en forme de cœur, est un parfait résumé des Canaries : gigantesque volcan, forêts subtropicales, plantations de bananiers, villages typiques…

★★★ **Mirador El Time** *(50 km O)*. Spectacle étourdissant sur la valle de Aridane *(p. 133)*.

★★★ **Mirador de Los Roques** *(30 km O)*. Vue superbe sur les parois vertigineuses du Roque de los Muchachos *(p. 136)*.

★★★ **Observatoire d'astrophysique** *(40 km N-O)*. À 2 400 m d'altitude, découvrez un endroit étonnant *(p. 133)*.

★★★ **Parque nacional de la caldera de Taburiente** *(env. 30 km O)*. Cirque volcanique dont les parois dominent l'océan : nombreuses randonnées *(p. 135)*.

★★★ **Roque de los Muchachos** *(45 km N-O)*. Promenade inoubliable sur les crêtes du sommet de l'île *(p. 133)*.

★★★ **Santa Cruz de La Palma ♥**. Capitale pleine de charme avec ses ruelles pavées bordées de maisons anciennes *(p. 126)*.

★★ **Forêt de los Tilos** *(35 km N)*. Magnifique forêt protégée par l'Unesco *(p. 129)*.

★★ **La Cumbrecita** *(30 km O)*. Sommet au cœur de l'île permettant de découvrir la caldera de Taburiente *(p. 135)*.

★★ **Sanctuaire de Nuestra Señora de las Nieves ♥** *(5 km O)*. Église de la sainte patronne de l'île, en pleine verdure *(p. 128)*.

La Grande Canarie★★★

●●● *Les distances entre parenthèses sont calculées au départ de la capitale de l'île, Las Palmas de Gran Canaria.*

Montagnes d'origine volcanique, paysages de dunes et ravissants villages, l'île est une sorte de synthèse de l'archipel où les Guanches ont laissé des souvenirs plus présents qu'ailleurs.

★★★ **Jardín canario** *(10 km S-O)*. Panorama du monde végétal canarien et des îles atlantiques. Belle collection d'euphorbes *(p. 168)*.

★★★ **Las Palmas de Gran Canaria**. Sous ses airs de métropole sud-américaine, centre ancien magnifique et quartiers pleins de charme *(p. 150)*.

*** **Mirador de Balcón** *(65 km O)*. À-pic inoubliable sur la côte nord-ouest de l'île, avec la mer pour tout horizon *(p. 162)*.

*** **Roque Nublo** *(60 km S-O)*. Monolithe basaltique le plus haut du monde *(p. 166)*.

*** **Teror** *(20 km S-O)*. Ancien village guanche devenu capitale religieuse de l'île (destination pour les pèlerins). L'une des plus jolies villes des Canaries *(p. 167)*.

** **Agaete** *(40 km O)* et, dans les environs, le ♥ **barranco d'Agaete***, une petite merveille de fraîcheur *(p. 161)*.

** **Cenobio de Valerón** *(30 km O)*. Ensemble unique de 300 cavernes guanches *(p. 159)*.

** **Cruz de Tejeda** *(45 km S-O)*. On y achète herbes médicinales et dentelles *(p. 166)*.

** **Dunas de Maspalomas** *(55 km S)*. Préservées par la création du parc naturel *(p. 163)*.

** **Parque arqueólogico Cueva Pintada** *(32 km O)*. Grotte peinte des Guanches, dans un passionnant parc archéologique comprenant un village aborigène *(p. 161)*.

** **Pozo de las Nieves** *(45 km S-O)*. Du sommet de la Grande Canarie, la vue s'étend jusqu'à Maspalomas *(p. 163)*.

** **Roque Bentayga** *(60 km S-O)*. Pic basaltique sacré pour les Guanches *(p. 166)*.

Fuerteventura**

●●● *Les distances entre parenthèses sont calculées au départ de la capitale de l'île, Puerto del Rosario.*

Paradis balnéaire, Fuerteventura est aussi une île de désert, de terre rouge et ocre, d'horizons de dunes et de villages blancs qui essaiment parmi les palmiers.

*** **Betancuria** *(26 km S-O)*. L'ancien fief de Béthencourt est bien la plus jolie cité de Fuerteventura *(p. 188)*.

*** **Mirador de Morro Velosa** *(24 km S-O)*. Vue fabuleuse sur les terres arides de l'intérieur de Fuerteventura *(p. 188)*.

** **Casa de los Coroneles** *(25 km N-O)*. Belle hacienda qui autrefois abritait la commanderie de l'île *(p. 185)*.

** **Dunas de Corralejo** *(30 km N)*. Protégées par leur statut de parc naturel. L'assurance de bronzer tranquille *(p. 187)*.

** **La Oliva** ♥ *(25 km N-O)*. Ville blanche au milieu de la plaine aride *(p. 185)*.

© Bertrand Gardel/Hémisphères Images

© Agnès Boutteville

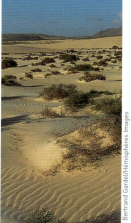
© Bertrand Gardel/Hémisphères Images

© Bertrand Gardel/Hémisphères Images

** Péninsule de Jandía *(95 km S-O)*. L'aride péninsule du sud-ouest de l'île *(p. 189)*.

** Playa de Cofete *(115 km S-O)* et la ♥ **playa de Barlovento de Jandía***, paradis des naturistes *(p. 190)*.

** Playas de Sotavento de Jandía *(75 km S-O)*. Plages désertes à l'infini devant une mer bleu turquoise *(p. 189)*.

Lanzarote★★★

●●● *Les distances entre parenthèses sont calculées au départ de la capitale de l'île, Arrecife.*

L'île a tout d'un paradis pour les vacances : des plages, un arrière-pays planté de figuiers de Barbarie, des curiosités volcaniques et des villages perdus parmi les palmeraies.

★★★ Mirador del Río *(40 km N)*. Point de vue sublime sur l'île Graciosa et sur la pointe nord de Lanzarote *(p. 205)*.

★★★ Montañas del Fuego *(35 km O)*. Les « montagnes du feu », nées de l'immense éruption de 1730-1736 *(p. 214)*.

★★★ Parque nacional de Timanfaya *(35 km O)*. Coulées de lave, cônes de scories multicolores, éboulis et rochers déchiquetés : une vision de fin du monde *(p. 214)*.

★★★ Valle de la Geria *(itinéraire d'env. 25 km S-O)*. Champ de lave redevenu la grande région viticole de l'île grâce au travail de l'homme *(p. 208)*.

© Agnès Boutteville

** Cueva de los Verdes *(30 km N)*. Caverne de lave aménagée et mise en valeur par l'architecte César Manrique *(p. 206)*.

** Fundación César Manrique *(5 km N)*. Maison de l'artiste, natif de l'île *(p. 202)*.

** Los Jameos del Agua *(30 km N)*. Grottes volcaniques ayant piégé des crabes, devenus transparents et phosphorescents *(p. 206)*.

** Museo agricola El Patio ♥ *(15 km N-O)*. Belle réhabilitation d'une ferme traditionnelle avec ses moulins *(p. 211)*.

** Playa Papagayo *(45 km S-O)*. Plage bordée de falaises et donc bien abritée : la plus belle de l'île *(p. 209)*.

** Salinas de Janubio *(35 km O)*. Au bord de l'océan et d'une plage de lave *(p. 209)*.

** Teguise ♥ *(11 km N)*. Capitale historique de l'île. Patrimoine architectural rappelant son passé de cité royale *(p. 203)*. ●

© Bertrand Gardel/Hémisphères Images

Si vous aimez...

© Bertrand Gardel/Hémisphères Images

Les plages

À Tenerife, préférez celles des environs de Playa de las Américas *(p. 74)* ou la **playa de las Teresi-tas**★★ *(p. 78)*. À La Gomera, le sable noir de la playa de La Caleta *(p. 108)*, la plus grande de l'île, peut vous suffire. Sur El Hierro, peu sont fréquentables à cause des courants, rabattez-vous sur la ♥ **playa del Verodal**★, bordée de falaises *(p. 118)*. Les plus belles de La Palma sont celles de **Tazacorte**★ *(p. 134)* et de **Puerto Naos**★ *(p. 137)*. À la Grande Canarie, les plages de **Maspalomas**★★ et de **Playa del Inglés**★ *(p. 163)* s'étirent sur des kilomètres. La merveilleuse **playa de Corralejo**★★ à Fuerteventura *(p. 186)* est bordée de dunes de sable blanc; au sud, les **playas de Sotavento de Jandía**★★ *(p. 189)* et de ♥ **Barlovento de Jandía**★ *(p. 190)* réjouiront ceux qui aiment les lieux moins fréquentés. À Lanzarote, la plus belle est la **playa Papagayo**★★ *(p. 209)*, à l'extrémité sud de l'île.

Les sports nautiques

Choisissez la Grande Canarie, Fuerteventura et Lanzarote. À la Grande Canarie, **Maspalomas-Playa del Inglés**★ *(p. 163)*, **Puerto de Mogán**★ *(p. 162)* seront les meilleurs endroits pour pratiquer les sports les plus variés. À Fuerteventura, les amateurs de plongée et les véliplanchistes pourront louer sans difficulté tout le matériel sur la **playa de Sotavento de Jandía**★★ et à Jandía Playa-Morro Jable *(p. 190)*. À Lanzarote, la ♥ **playa de Famara**★ *(p. 204)*, près de **La Caleta**★ *(p. 203)*, est un excellent spot. Les véliplanchistes surferont sur la côte sud, à Costa Teguise *(p. 203)*, Puerto del Carmen *(p. 211)* ou **Playa Blanca**★ *(p. 208)*.

L'animation nocturne

Les stations balnéaires de Tenerife et de la Grande Canarie attirent des vacanciers de tous les pays, et l'ambiance y est festive. Vous trouverez aussi des discothèques à profusion à Fuerteventura et à Lanzarote. Sur Tenerife, optez pour Playa de las Américas *(p. 74)* ; passez aussi une soirée à **Santa Cruz**** *(p. 69)* avec les Canariens. **San Sebastián de La Gomera*** *(p. 105)* offre une vie nocturne authentiquement canarienne car la plupart des touristes repartent avec le dernier ferry. Prenez un verre sur l'une des places tranquilles de ♥ **Santa Cruz de La Palma***** *(p. 126)*. Un climat cosmopolite et un nombre considérable de discothèques vous attendent, notamment sur la Grande Canarie, à Maspalomas *(p. 163)* et dans les stations des environs ; pour des soirées plus typiques, allez à **Las Palmas***** *(p. 150)*. À Fuerteventura, les stations de **Corralejo*** *(p. 186)* et Jandía Playa *(p. 190)* sont animées en soirée. À Lanzarote, Puerto del Carmen *(p. 211)* est plus vivante que Costa Teguise *(p. 203)*.

La nature et les randonnées

La création de parcs naturels et la mise en place de règles de protection a permis de sauver les richesses naturelles des Canaries : les Canaries, en particulier les îles occidentales, restent une inépuisable mine de balades ! À Tenerife, les plus belles promenades se feront dans les **Montañas de Anaga***** *(p. 77)*, au **parque nacional de Las Cañadas del Teide***** *(p. 91)*, dans le ♥ **macizo del Teno***** *(p. 88)*, dans la **forêt de las Mercedes**** *(p. 77)* et dans la pinède du **bosque de la Esperanza**** *(p. 92)*. Sur l'île de La Gomera, le **parque nacional de Garajonay***** *(p. 106)* offre de nombreux sentiers bien balisés dans le **bosque del Cedro**** *(p. 106)*. Un silence impressionnant règne dans l'immense pinède d'**El Pinar*****, à El Hierro *(p. 119)*.

À La Palma, dans le **parque nacional de la caldera de Taburiente***** *(p. 135)*, les randonnées sur les cimes et dans le cœur du cratère

sont superbes ; vous pourrez aussi marcher dans la **forêt de los Tilos**** *(p. 129)*. À la Grande Canarie, vous randonnerez autour de **Cruz de Tejeda**** *(p. 166)* et du **roque Nublo***** *(p. 166)*. À Fuerteventura, jouez à Lawrence d'Arabie dans les **dunes de Corralejo**** *(p. 186)*. Sur Lanzarote, visitez le **parque nacional de Timanfaya***** *(p. 214)* et faites à pied le tour de la **isla Graciosa*** *(p. 205)*.

Les volcans

Les paysages de l'île de Tenerife, de La Palma et de Lanzarote sont impressionnants *(p. 212-213)*. À Tenerife, précipitez-vous au **parque nacional de Las Cañadas del Teide***** *(p. 91)*, montez au **pico del Teide***** *(p. 92)*, puis suivez la **Carretera dorsal***** *(p. 92)*. À El Hierro, grimpez au **pico Malpaso**** *(p. 119)*, sommet de l'île recouvert de gravier. À La Palma, l'immense cratère éguéulé du **parque nacional de la caldera de Taburiente***** *(p. 135)* offre un paysage exceptionnel, mais n'oubliez pas les volcans **San Antonio*** et **Teneguía*** *(p. 137)*, dans le sud de l'île. À la Grande Canarie, le volcanisme est plus ancien. Les paysages de lave autour de **Cruz de Tejeda**** *(p. 166)* et d'**Artenara*** *(p. 166)* sont impressionnants, tout comme ceux du nord *(p. 158)* et de l'ouest *(p. 162)*. À Fuerteventura, rendez-vous dans la **péninsule de Jandía**** *(p. 190)*. Enfin, à Lanzarote, visitez le **parque de Timanfaya***** et les **montañas del Fuego***** *(p. 214)* ainsi que le champ de *picón* de la **valle de la Geria***** *(p. 208)*.

Les points de vue

Les Canaries ont un relief tourmenté et offrent de superbes panoramas. À Tenerife, le **pico del Teide***** *(p. 92)*, les **miradors du pico del Inglés***** *(p. 78)*, **Cruz del Carmen**** *(p. 78)* et d'**Artenara*** *(p. 166)* sont impressionnants. À La Gomera, le **mirador de Los**

Roques★★ *(p. 91)*, **Los Órganos★★** *(encadré p. 108)* et **Valle Gran Rey★★** *(p. 107)*. À El Hierro, les **mirados de Bascos★★★** *(p. 119)*, de **Jinama★★** *(p. 117)* et de **La Peña★★** *(p. 117)* en surplomb sur **El Golfo★★★** *(p. 117)*. À La Palma, le **roque de los Muchachos★★★** *(p. 133)*, le **mirador El Time★★★** *(p. 134)* et la **punta de Fuencaliente★** *(p. 138)*, avec ses volcans au milieu des vignes. À la Grande Canarie, le **mirador de Balcón★★★** *(p. 162)*, **Cruz de Tejeda★★** *(p. 166)*, le **pozo de las Nieves★★** *(p. 163)* et la région d'**Agaete★★** *(p. 161)*. À Fuerteventura, le mirador de **Morro Velosa★★★** *(p. 188)*, la **péninsule de Jandía★★** *(p. 189)* et la **punta de Jandía★** *(p. 190)*. À Lanzarote, le **mirador del Río★★★** *(p. 205)* et les volcans des **montañas del Fuego★★★** *(p. 214)*.

Les curiosités naturelles

Îlots, grottes marines, monolithes basaltiques, falaises et à-pics à couper le souffle… À Tenerife, l'**acantilado de los Gigantes★★** *(p. 90)*, le **barranco del Infierno★★** *(p. 90)*, **Los Roques★★** *(p. 91)* et la **Montaña Blanca★★** *(p. 92)*. À La Gomera, **Los Órganos★★** *(encadré p. 108)*. À El Hierro, la baie d'**El Golfo★★★** *(p. 117)*. À La Palma, les rochers titanesques du **roque de los Muchachos★★★** *(p. 133)*. À la Grande Canarie, les **dunas de Maspalomas★★** *(p. 162)*, le **Roque Nublo★★★***(p. 166)*, le **roque Bentayga★★** *(p. 166)* et le **Dedo de Dios★** *(p. 161)*. À Fuerteventura, **les dunes de Corralejo★★** *(p. 186)* et l'**isla de Los Lobos★** *(p. 186)*. À Lanzarote, la **cueva de los Verdes ★★** *(p. 206)* et les **Jameos del Agua★★** *(p. 206)*.

Les villes d'art

Dans chacune des îles, des ensembles urbains de toute beauté témoignent du rôle de l'archipel comme escale sur la route des Amériques. À Tenerife, **La Laguna★★★** *(p. 79)*, ♥ **La Orotava★★★** *(p. 79)* et **Puerto de la Cruz★★★** *(p. 80)* sont les trois plus belles cités mais certaines, plus modestes comme **Garachico★★** *(p. 88)*, ♥ **Icod de los Vinos★** *(p. 85)* et **Candelaria★** *(p. 75)*, sont attachantes. **San Sebastián de La Gomera★** *(p. 105)* est une capitale historique, tandis que le bourg d'**Agulo★★** *(p. 108)* possède le charme d'un vieux village canarien. Sur l'île d'El Hierro, la capitale, ♥ **Valverde★** *(p. 115)*, est un bourg étrange et captivant. L'île de la Palma possède la plus belle capitale de l'archipel, ♥ **Santa Cruz de La Palma★★★** *(p. 126)*, ainsi qu'une myriade de localités séduisantes comme **San Andrés ★** *(p. 117)* et **Villa de Mazo★** *(p. 138)*. À la Grande Canarie, le quartier de **Vegueta★★★** à Las Palmas *(p. 153)* est à découvrir. **Teror★★★** *(p. 167)*, **Agaete★★** *(p. 161)*, **Agüimes★** *(p. 167)*, **Arucas★** *(p. 158)*, **Firgas★** *(p. 159)*, **Gáldar★** *(p. 160)*, Tejeda★ *(p. 166)* ou **Telde★** *(p. 168)* possèdent de beaux centres anciens réhabilités. À Fuerteventura, allez voir **Betancuria★★★** *(p. 188)*, capitale historique déchue, puis ses anciennes rivales : ♥ **La Oliva★★** *(p. 185)* et ♥**Antigua★** *(p. 191)*. À Lanzarote, visitez ♥ **Teguise★★** *(p. 203)*, où se sont installés les premiers conquérants.

Les moulins

Ils sont inséparables de l'archipel ; les mieux préservés sont à Fuerteventura. Vous en apercevrez dans la région de **Betancuria★★★** *(p. 188)* ; vous apprendrez à les connaître au **Centro de interpretación Los Molinos★** *(p. 190)*. À Tenerife, ♥ **La Orotava★★★** *(p. 79)* en possède plusieurs. À Lanzarote, le ♥ **museo agricola El Patio★★** *(p. 211)* en présente différents modèles.

Les souvenirs guanches

Plus que dans les autres îles, l'histoire des premiers habitants de l'archipel reste présente à la Grande

© Agnès Boutteville

© Agnès Boutteville

© Bertrand Gardel/Hémisphères Images

© Bertrand Gardel/Hémisphères Images

© Bertrand Gardel/Hémisphères Images

Destination familiale, les Canaries proposent de multiples activités. La balade en dromadaire dans le silence des volcans est leur préférée.

Outre les plaisirs de la mer, l'archipel, surtout à Tenerife ou à la Grande Canarie, offre de nombreuses distractions pour les enfants.

● **À Tenerife**. Aux environs de **Puerto de la Cruz***** *(p. 80)*, vous aurez le choix entre le classique ♥ **jardín botánico**** *(p. 84)*, la bananeraie «**El Guanche *****» et le **Loro parque***** *(p. 84)*, un parc de perroquets qui plaira aussi aux adultes. Près de Playa de las Américas se trouvent de nombreux parcs d'attractions : une réserve d'oiseaux, Las Águilas del Teide, une collection de cactées, Cactus Park, et un jardin zoologique, le Parque zoológico ; le Camel Park propose des balades à dos de dromadaire *(voir les informations pratiques p. 99)*.

● **À El Hierro**. Faites-leur visiter les ♥ **Casas Guinea*** *(p. 118)* et le centre de reproduction des lézards géants *(p. 118)*.

● **À la Grande Canarie**. Vos bambins ne sauront plus où donner de la tête : Holiday World *(p. 178)*, Palmitos Park, un parc ornithologique *(p. 178)*, Mundo Aborigen *(p. 178)*, Sioux City *(p. 178)* se trouvent à proximité de Maspalomas *(p. 163)* ; le Cocodrilo Park *(p. 173)*, avec ses féroces crocodiles, se trouve un peu plus loin au nord.

● **À Fuerteventura**. Louez un 4×4 pour un «safari» sur les pistes de la péninsule de **Jandía**** *(p. 189)*.

● **À Lanzarote**. Une balade à dos de dromadaire sur les pentes des montañas del Fuego***** *(p. 214)* devrait leur laisser un souvenir éternel. **La cueva de los Verdes**** *(p. 206)*, **los Jameos del Agua**** *(p. 206)* et le ♥ **Jardín de cactus*** *(p. 206)* leur plairont à coup sûr. ●

Canarie. Après la visite du **Museo canario★★★** de Las Palmas *(p. 153)*, découvrez les grands sites guanches de l'île : le **roque Nublo★★★** *(p. 166)* et le **roque Bentayga★★** *(p. 166)*, le **cenobio de Valerón★★** *(p. 159)*, le **parque arqueólogico Cueva Pintada★★** *(p. 161)* et les **Cuatro Puertas★** *(p. 168)*. À Tenerife, allez voir le musée de la Nature et de l'Homme★ de Santa Cruz *(p. 73)*, et le parque etnográfico Pirámides de Guímar *(p. 75)*.

L'artisanat

Il demeure partout vivant, surtout à La Palma. À Tenerife, vous dénicherez des reproductions de poteries guanches et des boutiques intéressantes à ♥ **La Orotava★★★** *(p. 79)*, ainsi qu'à **Santa Cruz★★★** *(p. 69)*, **Puerto de la Cruz★★★** *(p. 80)* et **Garachico★★** *(p. 88)*. À La Gomera, visitez le centre artisanal El Cercado *(p. 107)*, près de Chipude, dans le cœur de l'île. À La Palma, vous pourrez acheter des cigares, des broderies et du vin à **Villa de Mazo★** *(p. 138)* ; goûtez aussi le malvoisie de Los Canarios *(encadré p. 143)*. À la Grande Canarie, vous pourrez acheter toutes sortes de souvenirs (poteries, herbes médicinales, miels et confitures) à **Las Palmas★★★** *(p. 150)*, **Cruz de Tejeda★★** *(p. 166)*, **Teror★★★** *(p. 167)* et **La Atalaya** *(p. 167)*, près de Santa

Brígida. **Betancuria★★★** *(p. 188)*, sur Fuerteventura, et le Centro de Artesanía Molino d'Antigua *(p. 191)* plairont aux amateurs d'artisanat. À Lanzarote, pour faire vos emplettes, préférez ♥ **Teguise★★** *(p. 203)* ainsi que le bourg d'**Haría★** *(p. 205)*. connaisseurs en vins iront à **Yaiza★** *(p. 208)* et chez les producteurs de la valle de la **Geria★★★** *(p. 208)*.

Les oiseaux

Les Canaries abritent de nombreuses espèces, dont certaines sont endémiques et datent de l'ère tertiaire. Vous en verrez dans les parcs d'attractions et lors de vos promenades. Le pinson bleu et la tourterelle canarienne nichent dans le **bosque de la Esperanza★★** *(p. 92)* à Tenerife, à **El Pinar★★★** *(p. 119)* à El Hierro, et sur la **côte nord★★★** de La Palma *(p. 129)*. Les pigeons de Bolle et les pigeons de lauriers, espèces endémiques, se retrouvent dans la **forêt de las Mercedes★★** *(p. 77)* et dans le ♥ **macizo del Teno★★★** *(p. 88)* de Tenerife, ainsi que dans le **parque nacional de Garajonay★★★** *(p. 106)* à La Gomera. Le célèbre canari, le martinet, le passereau et les rapaces (faucon crécerelle et buse) se voient dans presque toutes les îles, comme les espèces européennes (merles, rouges-gorges, roitelets, mésanges, etc.) et les oiseaux de mer (goélands, puffins et pétrels). •

Sept îles
pour tous les goûts

L'archipel des Canaries compte sept îles, dont le seul véritable point commun est leur origine volcanique. Pour le reste, leur visage est si différent qu'il est difficile de les confondre.

Le parque nacional de Garajonay protège l'écosystème unique du cœur de La Gomera.

Tenerife *(p. 64)*

La grande île occidentale est dominée par la silhouette du pico del Teide (3 718 m), le plus haut volcan de l'archipel, au sommet enneigé l'hiver. À elle seule, elle résume parfaitement les paysages canariens. Tenerife est barrée en son centre par une longue cordillère qui court des montañas de Anaga, au nord-est, jusqu'au macizo del Teno, au nord-ouest. Le relief s'abaisse rarement au-dessous de 1 000 m. Les vents venant du nord bloqués par les hauteurs sont à l'origine de la grande diversité entre le Nord, planté de forêts et de bananeraies, et le Sud, extrêmement aride. Sur le littoral, les *barrancos* dévalant doucement vers la mer cèdent volontiers la place aux plages, pour le plus grand plaisir des touristes.

La Gomera *(p. 103)*

À côté de Tenerife, sa grande voisine, La Gomera fait presque figure de caillou jeté dans l'océan. L'île est un simple volcan d'environ 1 500 m d'altitude, dont le sommet, recouvert d'une épaisse forêt de pins et de lauriers, s'élève à une dizaine de kilomètres seulement des côtes déchiquetées. L'humidité des versants nord et ouest donne naissance à une végétation qui paraît plus exubérante qu'à Tenerife.

El Hierro *(p. 113)*

La plus petite des sept îles, située aux confins ouest de l'archipel, est une terre secrète et aride. Elle doit son rude nom d'« île du Fer » à la couleur sombre de ses falaises. Sur le sommet du grand cratère, en partie effondré dans la mer, pousse la plus belle forêt de pins des Canaries.

La Palma *(p. 123)*

Cette île en forme de cœur est la plus « fortunée » en matière d'irrigation : de vraies petites rivières coulent régulièrement au milieu de ses *barrancos*. Ses forêts qui tapissent une impressionnante caldera, ses petits volcans assoupis et sa flore abondante lui donnent un visage très océanique qui rappelle à la fois Madère et les Açores.

Fuerteventura est l'île la plus aride de l'archipel. Les plages y sont plus vastes qu'ailleurs.

La Grande Canarie *(p.145)*

L'île, capitale des Canaries orientales, ressemble un peu à une coquille Saint-Jacques. Contrairement à ce que semble indiquer son nom, elle n'est que la troisième en superficie. Ici, le tourisme est florissant, notamment dans le sud, aux allures de petit Sahara. Dotée d'une côte nord humide où s'éparpillent des bananeraies, la Grande Canarie possède un centre plus escarpé que Tenerife, resté longtemps difficile d'accès. Retranchés dans la montagne, les Guanches furent d'ailleurs parmi les derniers à plier devant l'envahisseur.

Fuerteventura *(p. 181)*

Deuxième en superficie mais dépeuplée, Fuerteventura est souvent surnommée l'« Africaine ». Les villages s'égrènent au milieu des palmeraies. Horizons lunaires de dunes et plages de sable blanc – plus vastes et plus belles que partout ailleurs – achèvent de rappeler le Sahara, situé d'ailleurs à moins de 100 km.

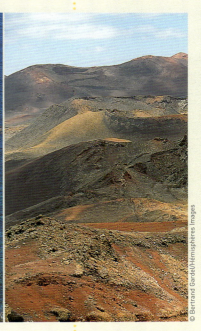

© Bertrand Gardel/Hémisphères Images

Lanzarote *(p. 199)*

Profondément bouleversée par un séisme et une série d'éruptions au XVIIIᵉ s., l'île, la plus proche des côtes africaines, possède un relief presque monotone (670 m d'altitude) si on le compare à celui de la Grande Canarie. Un vent chaud souffle sur les champs de lave qui s'étendent au pied des volcans. Il embrase les terres arides plantées de figuiers où les villages aux maisons blanches sont rares. Le littoral sud, plat et aride, est une succession de belles plages de sable.

Les îlots

L'archipel des Canaries comporte aussi de toutes petites îles (Graciosa, Alegranza, Montaña Clara près de Lanzarote et isla de Los Lobos près de Fuerteventura). Leurs minuscules volcans émergent des profondeurs marines abyssales, de l'ordre de 3 000 et 4 000 m. Avis aux amateurs de plongée ! ●

La côte nord de Tenerife, moins séduisante que la côte sud pour les amateurs de grandes plages, offre pourtant de magnifiques paysages. Lanzarote reste à jamais marquée par les éruptions de 1730 à 1736.

Programme

Quels que soient l'île choisie et votre programme de voyage, vos enfants ne s'ennuieront jamais aux Canaries.

La règle d'or est de bien choisir son hôtel : complexe de luxe, apparthôtel, hôtel rural ou location d'une casa rurale. Les îles n'étant pas très grandes, vous reviendrez à votre base après chaque excursion.

●●● *Voir les programmes de chaque île p. 8.*

En une semaine

Jours 1-7. Vous aurez le temps de voir l'essentiel de la **Grande Canarie** ou de **Tenerife** (avec une escapade d'une journée à **La Gomera**).

Jours 1-7. En résidant une semaine à **Lanzarote**, vous pourrez vous offrir une visite-éclair d'un jour à **Fuerteventura**.

En deux semaines

Vous pouvez séparer votre séjour en deux : Tenerife et la Grande Canarie ; la Grande Canarie et Lanzarote-Fuerteventura ; Tenerife et Lanzarote-Fuerteventura.

Jours 1-7. Une semaine à **Tenerife**. **Jours 8-9**. Mini-séjour à **La Gomera** ou à **El Hierro**. **Jours 10-15**. Visite de **La Palma**.

Jours 1-7. Une semaine à la **Grande Canarie**. **Jours 8-12**. Mini-séjour à **Lanzarote**. **Jours 13-15**. Mini-séjour à **Fuerteventura**.

À condition de fréquenter régulièrement les aéroports, vous aurez un bon aperçu de la variété de l'archipel et un dépaysement complet :

Jours 1-7. Une semaine à **Tenerife**. **Jours 8-12**. Visite de **La Palma**. **Jours 13-15**. Mini-séjour à **Fuerteventura**.

En trois semaines

À condition de ne pas avoir un budget trop serré, d'emprunter souvent les avions de la Binter Canarias *(voir la rubrique Quotidien p. 41)*, une infinité de combinaisons intégrant la visite de petites îles s'offrent à vous. En voici un exemple :

Jours 1-7. Première semaine à **Tenerife**. **Jours 8-14**. Séjour à la **Grande Canarie**. **Jours 15-21**. **Lanzarote** et **Fuerteventura**. ●

© Agnès Boutteville

Partir

La vie des îles canariennes reste rythmée par l'arrivée des ferries.

Quand partir ?

Les mi-saisons de printemps ou d'automne sont les périodes les plus agréables pour visiter l'archipel : les températures de l'air et de l'eau sont douces, la fréquentation faible, et l'on trouve des chambres dans les hôtels des petites îles. Cela étant, on peut venir aux Canaries **tout au long de l'année.** La température moyenne n'excède pas 25 °C en août et ne descend pas au-dessous de 18 °C en janvier. Cette constante est due aux courants frais, aux alizés du nord-est et à la proximité de l'Afrique. Le **taux de très beaux jours** oscille entre 90 % en août et 50 % en janvier. La **température de l'eau** se maintient entre 18 et 24 °C. La **haute saison** *(temporada alta)* – période la plus touristique – s'étend d'octobre à mars. Au cœur de l'hiver, les îles peuvent subir des perturbations : le temps se rafraîchit et le vent souffle violemment, surtout sur les îles de Lanzarote et de Fuerteventura, mais les températures restent printanières. Les hôtels affichent complet, en particulier dans les stations balnéaires du sud de Tenerife, de la Grande Canarie et de Fuerteventura. La **période de creux** – relative – s'étend de mai à juin *(temporada baja)*. **En juillet et en août** *(temporada media)*, les Canaries vivent à l'heure espagnole ; les familles madrilènes s'y rendent en masse. Si vous aimez le calme, fuyez les mois d'été. Chaque île possède ses **microclimats.** La température varie selon l'altitude : le bord de mer est chaud ; les pentes montagneuses s'étageant entre 600 et 1 500 m d'altitude sont fraîches, sujettes aux pluies et au brouillard ; à partir de 1 500 m, au-dessus de la couronne de nuages, il règne une chaleur sèche ; au-delà de 2 000 m, les nuits deviennent froides. Il neige presque chaque année sur les sommets. Les îles montagneuses connaissent une pluviosité plus importante que les îles plates, plus abondante sur les côtes « au vent » que « sous le vent »

Températures en °C et précipitations

Mois	J	F	M	A	M	J	J	A	S	O	N	D
Température ambiante moyenne (en °C)												
	17	16	17	18	20	22	23	24	25	23	20	19
Température de l'eau (en °C)												
	19	18	18	19	19	20	21	22	23	22	21	19
Jours de pluie sur Tenerife												
	5	4	3	2	1	1	0	0	1	3	6	6
Jours de pluie sur la Grande Canarie												
	5	3	3	2	1	0	0	0	1	3	6	6

(sèches et ensoleillées). Les îles plus proches de l'Afrique (Lanzarote et Fuerteventura) sont exposées à l'harmattan, un vent sec venant du désert; leur pluviosité est très faible. **Rens. météo** : < fr.weather.com >.

Comment partir ?

En avion

> **Vols réguliers**

Les vols nécessitent un **changement d'avion** à Madrid ou à Barcelone. Les meilleurs tarifs sont à partir de 250 € et le trajet dure entre 6 et 7 h selon l'escale choisie.

● **Depuis la France**. **Iberia**, Aéroport Orly Ouest ☎ 0.825.800.965, < www.iberia.fr >. De Paris, 12 vols/j. vers Madrid ou Barcelone avec correspondances pour Tenerife Sud (aéroport Sur-Reina Sofia), Tenerife Nord (aéroport Norte-Los Rodeos), Las Palmas de Gran Canaria, Lanzarote et Fuerteventura. Départs également de province. Depuis 2005, la compagnie **Binter Canarias** < www.binter net.com > propose 2 vols directs/sem. Paris-Gran Canaria (*à partir de 79 €; 4 h 15 de vol*) avec correspondances vers Tenerife, La Palma, Lanzarote ou Fuerteventura.

● **Depuis la Belgique**. **Iberia**, aéroport de Bruxelles-Zaventem ☎ 070.700.050. Depuis Bruxelles, 4 vols/j. vers Madrid ou Barcelone avec correspondance pour Tenerife Sud le plus souvent (aéroport de Sur-Reina Sofia), Tenerife Nord (aéroport de Los Rodeos), Las Palmas de Gran Canaria, Lanzarote (Arrecife) et Fuerteventura.

● **Depuis la Suisse**. **Iberia**, agence à l'aéroport international de Genève ☎ 0.848.000.015. De Genève, 3 vols/j. vers Madrid et 1 vol/j. vers Barcelone. De Zurich 3 vols/j. vers Madrid et Barcelone; correspondance pour Tenerife Sud (aéroport de Sur-Reina Sofia), Tenerife Nord (aéroport de Los Rodeos), Las Palmas de Gran Canaria, Lanzarote (Arrecife) et Fuerteventura.

● **Depuis le Luxembourg**. **Luxair** ☎ (02) 524.42.42, < www.luxair.lu >. Depuis Luxembourg, 1 à 2 vols directs/sem. vers Fuerteventura, Tenerife, la Grande Canarie et Lanzarote. Propose aussi des séjours clés en main.

> **Les bonnes affaires**

Nombreux vols réguliers avec correspondance. Quelques vols directs (durée : 4 h). Tarifs plus attrayants si vous réservez tôt. Rés. sur Internet également plus économique.

Anyway ☎ 0.892.302.301, < www. anyway.com >. Pionnier de la vente de billets d'avion à prix négociés. Également locations de chambres d'hôtel à prix négociés et locations de voitures. **Go Voyages** ☎ 0.892. 230.200 < www.govoyages.com > ou en agence de voyages. Moteur de recherche parmi les plus compétitifs.

Propose aussi un stock important d'hôtels : tarif avantageux en réservant une chambre en même temps que son billet d'avion. **Last Minute** ☎ 0.899.78.5000 < www.lastminute. com >. Belles occasions. **Nouvelles Frontières** ☎ 0.825.000.747, < www. nouvelles-frontieres.fr > ou en agence (présent aussi en Belgique, au Luxembourg et en Suisse). Belle sélection de vols avec correspondance à prix attractifs. **Easy Voyages**, < www.easyvols.com >. Rassemble les offres d'Opodo, Anyway, Lastminute, Govoyages, Directours et Ebookers.

En bateau

● **Depuis l'Espagne**. La compagnie espagnole Trasmediterránea relie Cadix à Santa Cruz de Tenerife 3 fois/sem., Las Palmas (Grande Canarie) 3 fois/sem., Santa Cruz de La Palma 2 fois/sem., Puerto Rosario (Fuerteventura) 1 fois/sem. et Arrecife (Lanzarote) 1 fois/sem. Un ferry par sem. part de Cadix pour Tenerife (3 j.-2 nuits) et continue vers Las Palmas (2 j.-2 nuits), puis Santa Cruz de La Palma (3 j. -3 nuits). Possibilité d'embarquer sa voiture et son camping-car. Rens. et rés. : **Trasmediterránea** ☎ (00.34) 902.45.46.45, < www.trasmedi terranea.com >. Correspondants : en France, **Iberrail France**, 57, rue de la Chaussée-d'Antin, 75009 Paris ☎ 01.40.82.63.63, fax 01.40.82. 93.93 ; en Belgique, **Voyages Wasteels**, 6, av. Chaussée Boondael, 1050 Bruxelles ☎ (02) 643.09.09 ; en Suisse, **A. Leman SA**, 14, rue de Mont-Blanc 14, CH-1201 Genève 1 ☎ (22) 716.91.10.

téléphoner

Pour téléphoner aux Canaries de France, composez le 00.34, puis le numéro de votre correspondant précédé de l'indicatif (Canaries orientales : 928 ; Canaries occidentales : 922). *Voir encadré p. 40.* ●

Voyage individuel

Il suffit d'acheter son billet d'avion *(ci-contre)* et de réserver dans un des hôtels conseillés dans le guide ou *via* les centrales de réservation accessibles depuis la France. Ce type d'organisation est conseillé si vous choisissez des petits hôtels hors des grandes stations, mais elle n'est pas forcément économique.

> Centrales de réservation

Selon la saison : env. 80 à 120 €/nuit en chambre double, établissement 3 étoiles.

Hôtel Discount ☎ 0.892.640.002, < www.hoteldiscount.com >. Site regroupant des hôtels de toutes catégories. Réductions jusqu'à 65 % des tarifs réguliers. Pas de frais de dossier ni de séjour minimum. Quelques apparthôtels à Tenerife et Lanzarote. **Hôtel.com**, < www. hotel.com >. Prix serrés. Bon choix d'établissements à Tenerife, Lanzarote et à Grande Canarie. **Parador**, centrale de réservation en France chez **Iberrail France**, 57, rue de la Chaussée-d'Antin, 75009 Paris ☎ 01.42.81.27.27, < www.parador. es >. 4 adresses aux Canaries.

> Tourisme rural

Gîtes et chambres d'hôtes dans des maisons traditionnelles. **Hierro** : Asociación de Turismo Rural Meridíano Cero, C/Barlovento, 89, 38916 Valverde ☎ (00.34) 922. 55.18.24. **La Gomera** : CIT Rural /Ecotural La Gomera, Carretera General, 207, 38820 Hermigua ☎ (00.34) 922.14.41.01. **Isla Bonita** : Asociación de Turismo Rural, Casa Luján, C/El Pósito, 3, 38715 Puntallana ☎ (00.34) 922.43.06.25. **Tenerife** : Attur (Asociación Tinerfeña de Turismo Rural), Calle Castillo 41, oficina 231, 38002 Santa Cruz de Tenerife ☎/fax (00.34) 902.21.55. 82. **Grande Canarie** : Grantural, calle Perojo, 36, 35003 Las Palmas ☎ (00.34) 902.15.72.81. **Fuerteven-**

tura : Fuertevetura Rural, calle Francisco Fuentes, 35640 La Oliva ☎ (00.34) 902.36.25.02.

Les offres sont regroupées sur le site de l'**Association canarienne de tourisme rural** (Acantur), < www.ecoturismocanarias.com >. Chaque île y a sa rubrique, à l'exception de Lanzarote *(se connecter sur < www.lanzarote.com >, < www.islaviva.com > ou < www.lanzaroteisland.com >)*. Par ailleurs, le site < www.guiacasasrurales.com > répertorie toute l'offre d'hébergement rural dans l'archipel.

> Location de voitures

Entre 30 et 40 € par jour la location d'une voiture type Opel Corsa, kilométrage illimité. Les loueurs suivants ont un comptoir à l'aéroport de chaque île. **Avis** ☎ 0.820.05.05.05, < www.avis.fr >. **Europcar** ☎ 0.825.352.352, < www.europcar.fr >. **Cicar** (compagnie canarienne) ☎ (00.34) 928.82.29.01, < www.cicar.com > est en principe moins chère que les compagnies internationales.

Séjours à forfait

Pour l'organisation d'un séjour « **sportif** », il est plus simple de passer par ce biais.

Tenerife est l'île la plus proposée en **séjour balnéaire d'une semaine**, vol et hébergement compris. **Tarifs**, selon la saison, de 600 à 900 € env. la semaine en demi-pension dans un hôtel balnéaire 3 étoiles, départ de Paris ; de 660 à 1 000 € pour un hôtel 4 étoiles. Les principaux centres de villégiature sont au sud, entre Playa de las Américas et Playa del Medano, les **stations modernes** de Los Gigantes, Puerto de Santiago, Los Cristianos, Costa del Silencio, El Medano et Playa Paraiso offrant quantité d'hôtels et d'appartements de toutes catégories. Des séjours à Grande Canarie et Lanzarote sont aussi à l'affiche. **Croisitour** ☎ 0.821.21.20.20. À Tenerife,

Grande Canarie et Lanzarote : séjours au cœur des stations ; hôtels de charme ; forfaits golf. Nombreux départs de province. **Donatello** ☎ 01.44.58.30.81, < www.donatello.fr >. À Tenerife, Lanzarote, La Palma et Hierro : toute la gamme de séjours ; voyages à la carte, établissements de charme. **Fram** ☎ 01.42.86.55.55, < www.fram.fr >. À Tenerife et Grande Canarie : grand choix d'hôtels ; remise en forme ; club Framissima ; autotours ; golf. **Jet tours** ☎ 0.825.30.20.10, < www.jettours.com >. À Tenerife, bon choix d'hôtels ; cures de thalassothérapie. **Mundicolor**, < www.mundicolor.fr >. Dans toutes les îles, grand choix d'adresses pour séjours ou voyages à la carte. **Nouvelles Frontières** ☎ 0.825.000.747, < www.nouvelles-frontieres.fr >. À Tenerife et La Gomera : séjours ou voyages à la carte ; randonnées pédestres. **Rev'Vacances** ☎ 01.40.06.88.88, < www.rev-vacances.fr >. Séjours à Tenerife et La Palma en hôtels-clubs et apparthôtels ; location de voitures.

Ces voyagistes sont également en vente dans les agences de voyages.

> Randonnées pédestres

Allibert, 37, bd Beaumarchais, 75003 Paris ☎ 0.825.090.190, < www.allibert-trecking.com >. À La Gomera, La Palma, Tenerife et Hierro. **Club Aventure**, 18, rue Séguier, 75006 Paris ☎ 0.826.88.20.80, < www.clubaventure.fr >. Trekkings et/ou randonnnées sur l'ensemble de l'archipel. **Terres d'Aventure**, 6, rue Saint-Victor, 75005 Paris ☎ 0.825.847.800, < www.terdav.com >. À Hierro, Gomera, Tenerife.

> Golf

Greens du Monde, BP 4, 83350 Ramatuelle ☎ 04.94.55.97.77, < www.greensdumonde.com >. Séjours golf à Tenerife et Gomera.

Formalités

Assurance et assistance

L'**assurance rembourse les frais** consécutifs à l'annulation d'un voyage, à la perte de ses bagages, à des accidents ayant porté un préjudice matériel à autrui. **Les assistances** les plus courantes en matière de voyage sont le **rapatriement** et l'**assistance** médicale sur place. Assurances et assistances ne sont **pas comprises** dans le prix d'achat des prestations touristiques, **sauf** dans le cas de circuits accompagnés en groupe (le tour-opérateur inclut une assistance). Certaines **cartes bancaires** internationales de type *Visa Premier* couvrent les risques liés au voyage. Elles ne sont pas toujours aussi généreuses que celles des compagnies ou des courtiers spécialisés dans le tourisme : les clauses d'exclusion sont en général **plus restrictives** pour les accompagnants de celui qui détient la carte, et elles comprennent **rarement l'assurance annulation**. Les garanties sont valables uniquement si vous réglez votre voyage avec votre carte bancaire. Pour conduire votre propre **voiture**, la carte verte d'assurance internationale signée est obligatoire.

● **Compagnies**. Ces polices sont vendues dans les agences de voyages, primes au prorata du prix du voyage : 2 à 4 % pour une assurance annulation. **AVA** (Assurance Voyages et Assistance) ☎ 01.53.20.44.20, < www.ava.fr > : assurances et assistances à l'année très performantes pour ceux qui voyagent souvent. **Elvia** ☎ 01.42.99.82.81, < www.elvia.fr > : le premier spécialiste des assurances et assistances de voyage. **Europ Assistance** ☎ 01.41.85.85.85, < www.europ-assistance.fr > : réputé pour ses assistances aux véhicules ; propose des produits adaptés au tourisme en voiture.

Passeport et visa

Les voyageurs européens circulent librement mais doivent être munis d'une **pièce d'identité nationale** en cours de validité. Si vous voyagez en avion, elle sera exigée à l'enregistrement.

● **Services consulaires**. En France. **Ambassade**, 22, av. Marceau,

---

budget

● **Quotidien**. Un paquet de cigarettes : 1,80 à 2 € chez un buraliste. Timbre : 0,55 €. Café : 1 à 1,30 €. Soda : 1,50 €. Eau minérale + sandwich : 2,90 € (hors station balnéaire).

● **Restauration**. Entre 10 et 15 € dans un bar à tapas ; plus de 30 € dans un restaurant haut de gamme (27 € le menu gastronomique dans un parador).

● **Hôtellerie**. Chambre double : entre 120 et plus de 200 € dans un hôtel 4 ou 5 étoiles ; entre 80 et 120 € dans un 3 étoiles ; entre 50 et 80 € dans un 2 étoiles ; entre 50 et 60 € dans une casa rurale ; entre 40 et 50 € dans une pension ou un apparthôtel de base.

● **Transports**. Location de voiture (1 j., catégorie A) : entre 30 et 40 €. Liaison Tenerife-Grande Canarie en avion (aller simple) : 49 €. Liaison Tenerife-Grande Canarie en bateau (aller) : 32,10 €. Essence sans plomb : 0,75-0,80 €/l. Gasoil : 0,70 €.

● **Loisirs**. Entrée dans un musée : 2 à 6 €. Entrée au Loroparque de Tenerife : 24 €. Autres parcs d'attractions : env. 12 €. A/R téléphérique du Teide à Tenerife : 22 €. ●

75008 Paris ☎ 01.44.43.18.00 (chancellerie) et ☎ 01.44.43.18.43 (service culturel), < www.amb-espagne.fr >. **Consulat**, 165, bd Malesherbes, 75017 Paris ☎ 01.44.29.40.00. **En Belgique**. **Ambassade**, 19, rue de la Science, 1040 Bruxelles ☎ (02) 230.03.40. **Consulat**, 85-87, rue Ducale, 1000 Bruxelles ☎ (02) 509.87.70. **En Suisse**. **Ambassade**, Kalcheggweg, 24, 3000 Bern 16 ☎ (031) 350.52.52. **Consulat**, 7, rue Pestalozzi, 1202 Genève ☎ (022) 749.14.60.

Douane

Pour les achats réservés à un usage personnel, pas de déclaration, ni droits ni taxes à payer à votre retour en France. **Infos Douane Service**, centre de renseignements aux usagers de la douane, Z.I. 2, 59309 Valencienne cedex ☎ 0.820.02.44.44, < www.douane.gouv.fr > < ids@douane.finances.gouv.fr >. *Ouv. lun.-ven. 8 h 30-18 h.*

Permis de conduire

Il faut obligatoirement l'avoir obtenu depuis plus d'un an.

Animaux

Chiens et chats : un certificat de **vaccination antirabique** de plus de 1 mois et de moins de 11 mois, ainsi que le nouveau passeport européen de l'animal.

Faire sa valise

En été, des **vêtements** légers s'imposent. En hiver et au printemps, prévoyez des pulls, une bonne veste ou un manteau léger (soirées fraîches). Emportez imperméable, chaussures de marche, écharpe contre le vent. Pensez à vous protéger du soleil (crème solaire à fort indice de protection, lunettes et chapeau). Les **cartes** fournies par les offices de tourisme sont excellentes. Pour préparer votre voyage, vous pouvez acheter la carte IGN qui comprend toutes les îles.

Argent

Monnaie

La monnaie en vigueur en Espagne est l'**euro**. La plupart des grands hôtels, des restaurants, des agences de location de voitures, des compagnies aériennes et des grands magasins acceptent les **cartes de paiement internationales** (*American Express*, *Diner's Club*, *Eurocard/ MasterCard*, *Visa*). Emportez des **chèques de voyage** ou des postchèques (utiles si vous perdez votre carte). Évitez d'utiliser votre chéquier ; les commissions sont exorbitantes.

Santé

Aucune **vaccination** n'est exigée. Emportez vos **traitements et médicaments habituels**. Protégez-vous du **soleil**, surtout en altitude.

S'informer

Offices de tourisme

● **En France** : 43, rue Decamps, 75784 Paris cedex 16 ☎ 01.45.03.82.50, < www.espagne.infotou

carte bancaire

En cas de perte, faites **immédiatement** opposition (avant le départ, pensez à vous procurer auprès de votre agence le n° de téléphone). De France : **service d'opposition groupé toutes cartes** ☎ 0.892.705.705. **Carte Bleue Visa** ☎ 0.800.90.11.79 (n° vert international), < www.visa.com >. **American Express** ☎ 00.33.1.47.77.72.00, < www.americanexpress.com >. **Diners Club** ☎ (00.33.1) 49.06.17.76, 24h/24, < www.dinersclub.fr >. **Eurocard/ Mastercard** ☎ (00.33.1) 45.67.84.84, < www.mastercardfrance.com >. ●

••• *La mention entre parenthèses précise la langue utilisée sur le site internet : l'espagnol (es), l'anglais (ang) ou le français (fr).*

Sites officiels. <www.canarias.org> (es) : portail de la communauté autonome des Canaries. <www.gobcan.es> (es) : site du gouvernement des Canaries.

Informations touristiques. <www.spain.info> (fr) : site de l'office espagnol du tourisme. <www.canarias-turismo.com> (fr) : site officiel avec des liens à chaque *patronato de turismo insular*.

Moteurs de recherche. <www.icanarias.com> (fr) : complet sur les îles occidentales. <www.ilescanaries.com> (fr).

Actualités et culture. <www.canarias7.es> (es) et <www.canariasahora.com> (es) : toute l'information sur les Canaries. <www.diariodecanarias.com> (es) : le portail des indépendantistes canariens et de mouvance « pro-guanche ».

Îles. Tenerife : <www.puntoinfo.idecnet.com> (fr). La Gomera : <www.gomera-island.com > (ang). El Hierro : <www.el-hierro.org> (es). La Palma : <www.lapalmabiosfera.com> (ang). Grande Canarie : <www.grancanaria.com> (fr). Fuerteventura : <www.fuerteventuraturismo.com> (es). •

risme.com>. **En Belgique** : 97, rue Royale, 1000 Bruxelle ☎ (02) 280.19.26, <www.tourspain.be>. **En Suisse** : 15, rue Ami-Lèvrier, 1201 Genève ☎ (022) 731.11.33, <www.tourspain.es>.

• **Internet**. *Voir encadré ci-dessus.*

Librairies

• **À Paris**. Librairie espagnole, 7, rue Littré, 75006 ☎ 01.43. 54.56.26. **L'Astrolabe**, 46, rue de Provence, 75009 ☎ 01.42.85.42.95. **L'Harmattan**, 16, rue des Écoles, 75005 ☎ 01.40.46.79.10, <www.editions-harmattan.fr>. **IGN**, 107, rue La Boétie, 75008 ☎ 01.43.98. 80.00, <www.ign.fr>. **Librairie Voyageurs du Monde**, 55, rue Sainte-Anne, 75002 ☎ 01.42.86. 17.38, <www.vdm.com>.

• **En province**. **Bordeaux** : La Rose des vents, 40, rue Sainte-Colombe, 33000 ☎ 05.56.79.73.27. **Lyon** : Raconte-moi la Terre, angles des rues Grolée et Thomassin, 69002 ☎ 04.78.92.60.20, <www.raconte-moi.com>. **Marseille** : Librairie de la Bourse Frézet, 8, rue Paradis,

13001 ☎ 04.91.33.63.06. **Strasbourg** : Géorama, 20-22, rue du Fossé-des-Tanneurs, 67000 ☎ 03. 88.75. 01.95.

• **En Belgique**. Anticyclone des Açores, 34, rue Fossé-aux-Loups, 1000 Bruxelles ☎ (02) 217.52.46. **Peuples et continents**, Galerie Ravenstein 17-19, 1000 Bruxelles ☎ (02) 511.27.75.

• **En Suisse**. Travel Bookshop, Rindermarkte 20, 8000 Zurich ☎ (01) 252.38.83, <www.travel bookshop.ch>.

Centres culturels

• **À Paris**. Instituto Cervantès, 7, rue Quentin-Bauchart, 75008 ☎ 01.40.70.92.92, <paris.cervantes. es>. *Ouv. lun.-jeu. 10h-13h et 14h-19h, ven. 10h-13h*. Propose des expositions, conférences, concerts, projections et bien sûr d'excellents cours de langue.

L'institut gère aussi la **bibliothèque espagnole**, 11, av. Marceau, 75016 ☎ 01.47. 20.70.79. *Ouv. lun., jeu. 12h-19h et mar., mer., ven. 11h-17h*. •

Quotidien

Les Canariens partagent avec les Espagnols du continent la même passion pour la loterie.

Argent

Les distributeurs de billets acceptant les cartes bancaires Visa, Eurocard/MasterCard et American Express sont encore plus nombreux qu'en France. La procédure à suivre est expliquée en français. Par précaution, pensez à avoir tout de même un peu d'argent liquide lors de vos excursions à l'intérieur des petites îles.

Arrivée

En avion

Vous atterrirez soit à l'aéroport international Tenerife Sur-Reina Sofia, sur la côte sud, soit à l'aéroport international de Gran Canaria, sur la côte est. Avec certains vols charter, on peut gagner directement Lanzarote ou Fuerteventura depuis des grandes villes de France, de Belgique ou de Suisse. À l'arrivée, des bus (arrêts au bas de chaque aéroport) relient la capitale et la station balnéaire de l'île où vous allez séjourner. Aucun problème non plus pour louer une voiture et rejoindre votre hôtel. Il suffit de prendre l'autoroute (à Tenerife et à la Grande Canarie) et de s'aider de la carte fournie par la société de location. Si vous faites escale à Tenerife avant de rejoindre une autre île par un vol de la Binter Canarias, la compagnie canarienne (qui appartient à Iberia), vous devez allez de l'aéroport Tenerife Sur-Reina Sofia à celui de Tenerife Norte-Los Rodeos. Une navette (ligne 340 ; env. 5 €) relie les deux aéroports. La course en taxi revient plus cher que de louer un véhicule (plus de 50 €).

●●● *Voir les informations pratiques de chaque île.*

En bateau

En embarquant à Cadix, vous accosterez à Santa Cruz de Tenerife, ou après y avoir fait escale, à Las Palmas de Gran Canaria, voire à Arrecife (Lanzarote).

Courrier et e-mail

● **Poste**. Les timbres sont en vente dans les postes, les bureaux de tabac et dans certains kiosques. Le temps d'acheminement du courrier est de cinq jours environ. Les boîtes à lettres sont jaunes, celles destinées à l'étranger portent l'inscription *extranjero*.

● **E-mail**. Les véritables cybercafés sont rares. Les hôtels haut de gamme possèdent des bornes d'accès. Vous pourrez aussi lire vos courriels ou envoyer vos photos depuis les centres téléphoniques, ou *locutorios*, et certaines salles de jeux. L'heure de connexion coûte en 2,50 et 5 €.

Cuisine

Si vous avez réservé un séjour auprès d'un voyagiste, vous serez sans doute en demi-pension. Dans votre hôtel, vous trouverez des buffets offrant un choix plus ou moins vaste de plats internationaux. Évitez-les, surtout dans les stations balnéaires, et partez à la découverte de restaurants où vous pourrez apprécier une cuisine simple, goûteuse et typique. Allez une fois dans le restaurant d'un parador. Le cadre exceptionnel, le service et la qualité justifient amplement la différence de prix.

Les différentes cuisines

En plus des cuisines étrangères, il existe des restaurants canariens, espagnols (basques, catalans et galiciens surtout) et des restaurants de poisson. Ils sont abordables (comptez moins de 25 €/pers. dans un établissement moyen), le vin augmentant sensiblement la note.

La cuisine canarienne est savoureuse, mais la gamme de plats n'est pas large. Les mets sont parfumés grâce aux herbes aromatiques et aux épices variées (poivre, cumin, safran, cannelle, coriandre et piment). Pour éviter toute lassitude, mangez canarien un jour, galicien ou basque le lendemain. Et dégustez des viandes grillées, des fruits de mer ou du poisson, tous excellents aux Canaries.

Le menu canarien

● **Les entrées**. Après le *mojo (encadré p. 137)* ou les *tapas* (amuse-gueule constitués d'olives, de jambon cru, de chorizo, de fromage de chèvre, de poulpes ou de calmars) parfois offerts en apéritif, vous entrerez dans le vif du sujet. Un repas commence par un *rancho canario*, sorte de bouillon de pot-au-feu de légumes de l'archipel (pommes de terre, carottes, pois chiches, choux) et de morceaux de viande. En bord de mer et dans les ports, optez pour une *sopa de pesca-*

gastronomie

Les « papas », une fierté canarienne

La pomme de terre canarienne n'a rien à voir avec celle que l'on connaît ailleurs en Europe. Toute petite, toute ronde et délicieuse au goût, elle proviendrait d'un tubercule d'origine péruvienne introduit ici au début du XVIIe s. par un certain Juan Batista Castro. Il existerait plus de vingt variétés différentes (la *bonita*, la *negra*, la *quinega*, la *up to date*, etc.). Les *papas* accompagnent tous les plats. Elles se dégustent aussi seules avec du *mojo (encadré p. 137)*. Elles sont cuites dans une casserole avec peu d'eau et beaucoup de sel, ce qui leur donne leur aspect ridé caractéristique *(arrugada)*. Une *papa* est toujours mangée avec sa peau. L'enlever est une impardonnable faute de goût ! ●

dos, soupe de poissons plus légère que ce potage ou que l'épaisse soupe de légumes appelée *verduras*. Enfin, si rien de tout cela ne vous tente, il reste le *jamón serrano*, un délicieux jambon cru de montagne, et le *gazpacho*, une soupe froide à base de tomates, de concombres et de mie de pain mixés ; ce plat, fréquent sur les cartes, est andalou.

● **Les plats.** Dans l'intérieur des terres et les montagnes, les plats de viande sont le *conejo en salmorejo* (lapin à la sauce un peu piquante), la *perdiz* (perdrix) et le *cabrito asado* (chevreau rôti), parfois dénommé ici *baifo*. Partout ailleurs, vous trouverez du *cerdo* (porc), du *carnero* (mouton) ou du *cordero* (agneau) servis sous forme de *chuletas* (côtelettes), ainsi que toutes sortes de morceaux de bœuf, l'*entrecote* (entrecôte) et le *solomillo* (aloyau) cuisinés à l'ail *(al ojo)*, aux herbes aromatiques ou grillés *(a la plancha)*. Le *puchero* (estouffade de viande) et le *rancho canario* (ragoût de viande et de légumes) figurent plus rarement sur les cartes.

Le plat de poisson traditionnel est le *sancocho*, pot-au-feu réalisé avec du *maíz* (maïs grillé), des *papas arrugadas (encadré p. 31)*, du *gofio (encadré ci-contre)* et un poisson appelé *cherne* (qui peut être remplacé par de la viande). Le poisson est servi *a la plancha* (frit ou grillé) ou *sancochado* (mariné dans l'huile, le vinaigre et le piment). Les plus fréquents sont le *lenguado* (sole), le *budión* (labre), le *merluza* (colin), le *rodaballo* (turbot), le *boquerón* (anchois), sans oublier l'*atún* (thon), servi *a la plancha*, la *dorada* (daurade) et la *sardina* (sardine). En bord de mer, vous pourrez commander des *cigalas* (langoustines), des *gambas* (crevettes) ou des *chicharros* (cigales de mer), qui ont donné leur nom aux habitants de Tenerife *(los Chicharreros)*. Viande et poisson sont servis avec des *papas arrugadas*, des *garbanzos* (pois

chiches), du maïs ou des *patatas fritas* (frites). Un grand nombre de plats à base de *huevos* (œufs) sont également proposés : *al plato* (au plat), *revueltos* (brouillés), agrémentés de tomates, de petits pois, d'anchois, d'épinards. Les *tortillas* (omelettes) sont cuisinées avec des pommes de terre et du jambon ou du fromage.

● **Les fromages et les desserts.** Le *queso* (fromage de chèvre, de brebis et rarement de vache) est proposé en entrée dans les restaurants chic. Chaque île possède son fromage. Tous sont excellents, mais celui d'El Hierro est le plus recherché. Les *postres* (desserts) sont sucrés. Le *flan*, ou *leche asada* (crème caramel), est omniprésent sur les cartes, ainsi que la crème catalane (crème brûlée) et la mousse au chocolat. Vous trouverez aussi des *huevos moles* (entremets au jaune d'œuf), du *frangollo* (maïs concassé) et le *bienmesabe*, une délicieuse crème d'amandes au miel. Les fruits (pommes, mangues, ananas, papayes) sont décevants. La banane canarienne est peu proposée au déjeuner (plutôt au petit déjeuner), comme la figue et le raisin.

Au lieu de commander un dessert au restaurant, allez vous promener dans les rues à la recherche d'un glacier, d'une pâtisserie ou d'un marchand de *churros*, beignets sucrés ou trempés dans du chocolat. Les *churros* se mangent le matin, même s'ils sont plus digestes le soir.

● **Les boissons.** Pour agrémenter vos repas, demandez une eau minérale canarienne *sin* ou *con gas* (plate ou gazeuse) ou du vin du pays, blanc de préférence. Le vin de Lanzarote et le malvoisie de La Palma sont les meilleurs crus de l'archipel *(encadrés p. 143 et 219)*, talonnés par les différentes appellations produites à Tenerife ; ceux d'El Hierro et de La Gomera ont aussi leurs adeptes, mais ils sont difficiles à trouver en dehors des

Le « gofio »

Ne refusez jamais un plat de gofio, *symbole parmi d'autres de l'identité canarienne.*

Le *gofio* est une pâte blanche de farine de maïs, d'orge ou de froment délayée dans de l'eau. Il peut accompagner les plats – certaines recettes imposant un *puñito* (poignée) de *gofio*. Sucré et
mélangé à du lait, il peut aussi être un dessert. Le *gofio* est vendu,
en sacs de taille parfois respectable, dans toutes les épiceries de
l'archipel. Si l'on en croit les premiers conquérants espagnols, il
constituait la nourriture de base des Guanches (avec le fromage de
chèvre). Le *gofio* est un élément fondamental du *nuestro* canarien,
c'est-à-dire de l'identité canarienne. On raconte que l'initiation au
gofio se faisait très tôt. Dès l'âge de trois mois, les bébés le buvaient
avec du lait dans leur biberon. Aujourd'hui, malgré sa très grande
valeur nutritionnelle, on le consomme de moins en moins. On le
trouve même de plus en plus rarement dans les restaurants. •

îles productrices *(encadré p. 119)*.
Les Canaries fabriquent également
la Dorada, une *cerveza* (bière)
blonde assez légère. Le *café* est de
règle à la fin d'un repas. Comman-
dez-le *solo* si vous l'aimez noir.
À défaut, on vous le servira *con
leche* (crème).

Les amateurs d'alcools goûteront la
liqueur de banane. Si vous n'appré-
ciez guère les saveurs liquoreuses,
reportez votre choix sur le rhum
d'Arucas, produit en Grande Canarie, ou sur le punch au miel.

Fêtes
et manifestations

Les moments forts du calendrier
sont le carnaval, en février *(encadré
p. 35)*, la Fête-Dieu, ou *Corpus Cristi*
(dim. suivant la Pentecôte), et la
semana santa (Pâques). À cela s'ajoutent les *romerías*, fêtes en l'honneur
de la Vierge ou de saints patrons qui
ont lieu dans tous les villages. C'est
l'occasion de parer les rues de guirlandes en papier, de confectionner
des tapis de fleurs ou de lave, de
parader en fanfare derrière des chars

fleuris et des statues richement vêtues. Il faut faire la *fiesta*, car toute *romería* s'accompagne de chants et se termine par une kermesse, avec un bal populaire et des lancers de pétards. Vous entendrez le son du *timple*, une petite guitare à 5 cordes qui accompagne les chants et les danses. À ces dates, ajoutons les fêtes des saints patrons locaux, propres à certaines villes, qui peuvent entraîner la fermeture des magasins.

●●● *Voir les fêtes et manifestations de chaque île.*

 # Hébergement

Quel que soit votre budget, vous n'aurez aucun problème pour trouver un gîte sur les côtes, dans les stations balnéaires de Tenerife, de la Grande Canarie, de Lanzarote et de Fuerteventura, où se concentrent les infrastructures hôtelières. Dans l'arrière-pays et les petites îles (El Hierro, La Gomera et La Palma dans une moindre mesure), il est prudent de réserver à l'avance.

Pendant la haute saison touristique, le prix des chambres est élevé. La plupart des hôtels baissent leurs tarifs d'environ 10 % pendant les mois d'été et jusqu'à 30 % pendant le creux relatif de mai-juin. Attention ! ces dates varient d'un établissement à l'autre. Le prix maximal est appliqué pendant les fêtes religieuses.

●●● *Voir les informations pratiques de chaque île.*

Les hôtels et pensions

Les hôtels sont classés de 1 à 5 étoiles, selon les mêmes normes qu'en France. L'immense majorité des hôtels affichent 3 ou 4 étoiles. Les établissements de catégories inférieures, qui se confondent avec les pensions, sont plus rares.

La plupart des voyagistes vous installeront dans un 3 ou 4 étoiles. Ces établissements présentent le

même gigantisme, certains jouant avec plus ou moins de réussite la carte du « village canarien ». Ces hôtels possèdent une piscine dans une végétation luxuriante, un bar, un dancing, un solarium ; les chambres sont spacieuses et dotées d'un balcon. La différence entre les 3 et les 4 étoiles porte sur la distance qui sépare l'établissement de la mer et sur les services (petit déjeuner, TV ou minibar, climatisation, animations folkloriques, etc.).

Ceux qui recherchent un peu d'authenticité et une plus grande intimité s'orienteront vers les hôtels ruraux *(hoteles rurales)*. Ces petits établissements de charme, souvent luxueux (équivalent de 3 ou 4 étoiles), proposent une dizaine de chambres meublées dans le style traditionnel. Ils sont relativement nombreux à Tenerife, à la Grande Canarie et à Lanzarote. Dans les 1 et 2 étoiles, le confort est plus simple, même si les chambres sont équipées d'une salle de bains et de toilettes individuelles. Ces hôtels *pensión* ou *hostal* n'ont pas de piscine. En outre, vous marcherez longtemps pour atteindre la plage.

Les *apartamentos turísticos* (apparthôtels)

Vous y disposez d'une cuisine parfois équipée d'un lave-linge et d'un lave-vaisselle. Certains hôtels luxueux peuvent proposer des apparthôtels qui s'apparentent à des 4 étoiles, d'où une confusion. Ils sont classés de 1 à 4 clés. Une durée de séjour minimale d'une semaine peut être imposée. Les tarifs sont intéressants (entre 40 et 50 € la nuit pour 2 personnes dans un apparthôtel de base).

Les *casas rurales* (tourisme rural)

Le tourisme rural s'est développé. Cette forme d'hébergement, financièrement intéressante, est importante à La Palma, Tenerife, la Grande Canarie ainsi qu'à La Gomera et El Hierro. Un séjour de 3 nuits mini-

Le carnaval

Les romerías sont des fêtes en l'honneur de la Vierge ou du saint patron de la ville.

Pendant plusieurs jours, il met en liesse les villes de l'archipel. Les carnavals les plus importants se tiennent à La Palma (Santa Cruz), à la Grande Canarie (Las Palmas et Maspalomas surtout) et à Tenerife (Puerto de la Cruz et Santa Cruz). Celui de Santa Cruz de Tenerife est sans conteste le plus couru. Déclaré d'intérêt touristique international, il passe pour le deuxième du monde en importance derrière le carnaval de Rio de Janeiro. Sans parler des masques, des déguisements, des défilés de chars fleuris, des chants, des danses et des musiques frénétiques, l'un des moments forts est la parade de mardi gras qui attire dans les rues des milliers de badauds. La fièvre s'empare alors de la ville, qui n'a pas grand-chose à envier à la cité brésilienne. La particularité du carnaval de Santa Cruz de La Palma est son jour des Indiens (nom donné aux émigrants d'Amérique revenus à La Palma) qui se tient le lundi de carnaval. Vous pourrez assister au lent cortège des *indianos* au son de musiques traditionnelles cubaines. Les participants se jettent du talc, créant une nuée blanche. Le carnaval se termine le mercredi des Cendres, avec le rituel «enterrement de la sardine», un poisson de taille respectable que l'on brûle au milieu des plaisanteries et des sanglots… •

mum est souvent imposé. Il faut réserver à l'avance auprès d'une centrale. Comptez entre 50 et 60 €/j. pour 2 personnes *(p. 25)*.

Les *paradors*

Tenerife, La Gomera, El Hierro, La Palma et la Grande Canarie (fin 2006) possèdent chacune leur parador. Ces hôtels d'État sont installés dans des demeures traditionnelles ou dans des bâtisses modernes très bien situées. Ils ne sont pas trop chers compte tenu de leur confort. En période d'affluence, votre séjour

ne pourra excéder quelques nuits. Retenez votre chambre bien à l'avance à la centrale de réservation en France. Comptez entre 120 et 140 €/nuit *(p.25)*.

Le camping

Il existe peu de campings organisés. En revanche, le camping sauvage est toléré partout. Sauf indication contraire, il suffit de s'installer sur une plage ou de s'entendre avec le propriétaire d'un terrain, puis de planter ses piquets – ce qui n'est pas une mince affaire dans la lave !

Heure locale

En toute saison, il y a une heure de décalage horaire entre la France et les Canaries. Quand il est midi à Paris, il est 11 h sur les plages ensoleillées de l'archipel.

Horaires

Bien que la chaleur soit peu suffocante, les Canariens pratiquent l'art de la sieste. Si la plupart des commerces restent ouverts dans les stations balnéaires, dans les villes, magasins, bureaux et musées ferment de 13 h à 16 h.

● **Banques**. Ouv. lun.-ven. 9 h-14 h, certaines banques ouv. sam. 9 h-13 h.
● **Églises**. Visite 7 h-13 h et 16 h 30-20 h.
● **Magasins**. En règle générale, ouv. 9 h-13 h et 16 h-20 h, sam. 9 h-13 h.
● **Musées**. Ouv. mar.-ven. 9 h-13 h et 16 h-18 h, sam. 9 h-13 h et dim. 10 h-13 h. F. lun. Ces horaires sont donnés à titre indicatif, la plupart des établissements appliquant leurs horaires qui varient au gré des saisons.

● **Postes**. Ouv. lun.-ven. 8 h-14 h, sam. 9 h-13 h. Dans les grandes villes, les bureaux principaux sont ouv. en semaine 8 h-20 h.
● **Restaurants**. Les Canariens vivent à l'heure espagnole : petit déjeuner vers 8 h, collation autour de 10 h, déjeuner vers 14 h et dîner vers 22 h. Les restaurants des hôtels s'adaptent aux habitudes de leur clientèle étrangère. Hormis dans les zones reculées, vous trouverez toujours un lieu où vous restaurer à toute heure.

Informations touristiques

Nous vous conseillons de vous rendre au *patronato de turismo*, le principal office de tourisme. Vous y trouverez une documentation générale souvent fort bien faite (à El Hierro et à La Palma surtout), des cartes gratuites, la liste des manifestations locales ainsi que des brochures sur les sentiers de randonnée dans les parcs nationaux ou régionaux.

●●● *Voir les informations pratiques de chaque île.*

---

fêtes

Jours fériés

● **Janv. 1er** : Nouvel an *(Año Nuevo)*. **6** : Épiphanie *(Los Reyes)*.
● **Fév. 2** : Chandeleur *(Candelaria)*.
● **Mars. 19** : Saint-Joseph *(San José)*.
● **Pâques**. Jeudi *(jueves)* et vendredi *(viernes)* saints.
● **Mai. 1er** : Fête du Travail *(día del Trabajo)*. **30** : Jour des Canaries.
● **Juin. 1er dim.** : Fête-Dieu *(Corpus Christi)*.
● **Juil. 25** : Saint-Jacques le Majeur *(Santiago)*.
● **Août. 15** : Assomption *(Asunción)*.
● **Oct. 12** : Fête nationale (anniversaire de la découverte de l'Amérique par Christophe Colomb ; *día de l'Hispanidád*).
● **Nov. 1er** : Toussaint *(Fiesta de Todos los Santos)*.
● **Déc. 6** : anniversaire de la Constitution espagnole *(día de la Constitución)*. **8** : Immaculée Conception *(Immaculada Concepción)*. **25** : Noël *(Navidad)*. ●

La Grande Canarie dispose de mille et un atouts pour séduire les visiteurs, notamment ses magnifiques plages du sud.

Les hôtels disposent de dépliants publicitaires sur les parcs d'attractions des environs ou les différents services. Les agences de voyages mettent à votre disposition des catalogues (adresses de restaurants, de night-clubs ou de boutiques).

Langue

L'espagnol, ou plutôt le castillan, parlé aux Canaries est légèrement différent de celui de la métropole. Ainsi, les sifflantes « z » et « ce » se prononcent comme les « s » : on les aspire ici en fin de mot, à la manière sud-américaine (par exemple, *buenas tardes*, le salut de l'après-midi, devient *buena tarde*). La prononciation des voyelles peut dérouter les hispanophones, les « o » et les « u », ainsi que les « e » et les « i », se ressemblant parfois. Autre trait commun avec l'Amérique du Sud, les Canariens disent *papas* au lieu de *patatas* (pommes de terre) et *guagua* (« wawa » avec l'accent insulaire) au lieu d'*autobús*. Seuls les familiers de la langue de Calderón

ou les natifs de l'archipel remarqueront les différents accents entre les îles. Si vous ne parlez pas l'espagnol, sachez que les Canariens sont affables et qu'ils feront leur possible pour vous aider ; dans les hôtels, l'allemand et l'anglais sont courants, le français un peu moins.

Médias

 Presse. Les Canariens lisent plus la presse locale que les quotidiens espagnols (*ABC*, *El País* ou *El Mundo*). Vous pourrez feuilleter entre autres titres : *Canarias*, *La Provincia* et *Diario de Las Palmas* (Grande Canarie et Canaries orientales), *La Gaceta* et *La Opinión* (Tenerife et Canaries occidentales). Vous y trouverez une foule de renseignements utiles. Dans les villes et les stations balnéaires, les grands quotidiens et hebdomadaires français, belges et suisses sont distribués le lendemain ou le surlendemain de leur parution. Ils peuvent être difficiles à trouver en dehors de Tenerife et de la Grande Canarie.

● **Radio**. Sur la FM, vous entendrez assez peu de musiques traditionnelles, mais plutôt des variétés. Il n'existe pas de programme en français.

● **Télévision**. Le paysage audiovisuel espagnol ressemble à son homologue français avec ses cinq chaînes généralistes, dont deux publiques (TVE 1 et La 2) et trois privées (Antena 3, Tele 5 et Canal +, filiale de la chaîne française cryptée). À cela, selon les îles, s'ajoutent des chaînes locales (Canal 6, Canal 9, TV Local, TVA, etc.). La plupart des grands hôtels sont câblés et captent les chaînes étrangères, TV 5 en particulier.

 ## Plages

L'archipel possède de superbes plages bordées d'eau limpide. Si vous aimez le sable blanc, privilégiez Fuerteventura et Lanzarote ainsi que les côtes méridionales de la Grande Canarie et de Tenerife. Sur les littoraux nord de la Grande Canarie et de Tenerife et dans les îles de La Gomera, El Hierro et La Palma, les plages sont de sable noir. Le naturisme est surtout pratiqué à Fuerteventura mais, avec ou sans maillot, tout ce petit monde se mélange sans aucun problème.

Politesse et usages

Ola ! Buenos días ! (le matin), *ola ! buenas tardes !* (dès 14 h) et *ola ! buenas noches !* (tard le soir) sont les formules les plus usitées avec le simple *Ola ! Buenas ! Gracias* ou *muchas gracias* (merci ou merci beaucoup) s'utilise avec parcimonie, lorsque vous êtes vraiment enchanté du service rendu. Ne vous offusquez pas d'entendre un claquant *putamadre !* (« putain de mère ! »), c'est ainsi que les Canariens expriment leur satisfaction ! Évitez les bruits intempestifs pendant la sieste, les photographies des gens à leur insu, les tenues vestimentaires inappropriées. Gardez-vous de parler de Franco et de vanter les mérites de la Grande Canarie à un natif de Tenerife et *vice versa…*

 ## Pourboire

Dans les restaurants, le service est généralement inclus dans la note. Un pourboire (10 % du montant) est toujours apprécié. Attention, l'IVA (la TVA espagnole) n'est pas toujours comprise *(incluido)*. Renseignez-vous pour éviter la désagréable surprise d'une surfacturation (7 %).

 ## Santé

Pharmacies, médecins et infrastructure sanitaire sont bien présents. En cas de problème, demandez conseil à votre hôtel. L'eau du robinet est généralement imbuvable.

 ## Shopping

Visitez les centres d'artisanat ou les foires pendant les fêtes religieuses. Arrêtez-vous dans les échoppes installées au bord des routes, vous y trouverez une foule de choses peu coûteuses, originales et authentiques (épices, fromage, miel, vin, plantes exotiques, etc.). De par leur statut de région ultrapériphérique, les Canaries jouissent d'une fiscalité réduite qui rend le prix de certains produits attractif. Cependant, ne vous précipitez pas et comparez toujours avant d'acheter.

●●● *Voir les informations pratiques de chaque île.*

● **Alcools et tabac**. Les cigarettes sont vendues environ le tiers du prix pratiqué en France ; les alcools sont aussi moins chers. Les prix varient d'un magasin à l'autre. Attention, la douane n'apprécie guère un dépassement de votre

La lucha canaria

© Bertrand Gardel: Hémisphères Images

La lutte canarienne continue d'attiser les passions et les rivalités inter-îles.

La lutte canarienne, sport traditionnel d'origine paysanne, se pratique par équipe de douze lutteurs qui défendent les couleurs d'une île, d'une ville ou d'un quartier. Lors d'une *brega* (rencontre), deux concurrents s'affrontent dans le *terrero*, un cercle de 10 m de diamètre recouvert de sable. Le vainqueur est celui qui parvient à faire toucher le sol à son adversaire après une prise. En général, il tente de déséquilibrer l'autre en l'attrapant par ses vêtements. Si les deux hommes tombent en même temps, le premier qui heurte le *terrero* est considéré comme battu, et l'équipe adverse marque un point. Aujourd'hui, les lutteurs de Tenerife et l'équipe de Tazacorte à La Palma sont parmi les meilleurs de l'archipel. Ces spectacles sont annoncés par voie d'affichage ou dans la presse régionale. ●

quota de cartouches de cigarettes ou de whisky... Rapportez des cigares de La Palma, du rhum de la Grande Canarie, ou de la liqueur de banane.

● **Artisanat**. La broderie, réalisée à l'aiguille, la vannerie en osier, le jonc ou la feuille de palmier ainsi que la poterie sans tour sont les principaux secteurs de l'artisanat canarien. Parmi les objets canariens, notez les *timples*, les petites guitares des luthiers de Teguise (Lanzarote) ou la soie fabriquée à La Palma.

● **Hi-fi**, **photo**, **informatique et électroménager**. Vous trouverez ce matériel à profusion et à bas prix dans les villes : à Puerto de la Cruz et Santa Cruz à Tenerife, ou à Las Palmas de Gran Canaria, où le choix est le plus grand. N'hésitez pas à marchander. Évitez les supermarchés des stations balnéaires.

● **Parfums**, **bijoux et papeterie**. Vous trouverez votre parfum préféré, des bijoux ou des stylos aux griffes prestigieuses à des prix intéressants. L'*aloe vera* est la spécialité de Lanzarote, mais aussi de Fuerteventura. Vous en trouverez facilement et sous différentes formes. La plante de la famille des liliacées aux vertus cicatrisantes, connue pour son effet bénéfique sur la peau et comme antalgique local, apaisera vos coups de soleil. Le marchandage n'est pas d'usage pour ces objets. Faites attention aux contrefaçons que vendent certains marchands ambulants.

● **Vêtements et accessoires**. Le prêt-à-porter (notamment le cuir) coûte un peu moins cher qu'en France. Si vous passez à Las Palmas de Gran Canaria ou à Santa Cruz de Tenerife, faites le tour des boutiques et allez au *Corte Inglés*, le grand magasin espagnol (*p. 73*).

Sports et loisirs

Entre l'équitation à Tenerife et à la Grande Canarie, un safari en Jeep à Fuerteventura et du karting au sud de Tenerife, le choix est vaste. Un vélo (randonnée ou VTT) se loue facilement. Les amateurs de rallyes autos pourront assister au célèbre El Corte Inglés *(oct.)*. Il existe des golfs réputés à la Grande Canarie et à Tenerife. La plupart des hôtels de grand luxe disposent de courts de tennis. Les amoureux de la nature feront des balades inoubliables à Tenerife, La Palma, La Gomera et El Hierro. Chaque île possède un parc naturel strié de sentiers de randonnée balisés, de difficulté et de longueur variables…

● **Le *juego del palo***. D'origine guanche, repris par les bergers après la conquête, le *juego del palo* est un combat au bâton, d'environ 1,80 m de long, qui oppose deux hommes dans une sorte de jeu d'escrime. Les compétitions sont rares et se déroulent à l'occasion de certaines *fiestas* à Fuerteventura.

● **Sports nautiques**. La plupart des hôtels possèdent une piscine. Si vous vous baignez sur les côtes septentrionales et sur les littoraux volcaniques, sachez que les courants peuvent être violents et que la mer charrie des galets coupants. Des chaussures de baignade sont indispensables à El Hierro. La planche à voile, le surf et la plongée se pratiquent au sud de la Grande Canarie, à Tenerife et surtout à Lanzarote et à Fuerteventura. Vous pourrez louer du matériel dans les stations balnéaires. La pêche au gros en haute mer (espadon, requin, etc.) laisse un beau souvenir. Des excursions sont proposées dans la plupart des ports de l'archipel (Las Palmas, Puerto de Mogán et la Grande Canarie). Vous verrez peut-être des dauphins, des petites baleines, des tortues marines…

L'archipel compte une vingtaine de ports de plaisance, les plus importants étant ceux de Las Palmas et de Puerto de Mogán. L'office de tourisme édite une liste des points d'ancrage. À noter : les très belles régates de voiles latines (à Las Palmas et à Puerto Rico, à la Grande Canarie), des courses d'embarcations dotées d'une voile triangulaire. Dates annoncées dans la presse.

Téléphone

Les cabines téléphoniques sont nombreuses ; elles fonctionnent avec des cartes, disponibles dans les postes, les bureaux de tabac et certains kiosques. Les cartes prépayées sans puce, issues d'opérateurs privés, sont beaucoup plus avantageuses (dans les bureaux de tabac).

On peut aussi téléphoner depuis les locaux de la Telefonica, la compagnie de téléphone espagnole *(ouv. 9 h-21 h ou minuit selon les cas)* ou depuis des officines spécialisées. Le paiement s'effectue au guichet en fin de communication.

---

téléphoner

● **En Belgique**. Composez le 00.32, suivi du numéro de votre correspondant (sans le 0).

● **Au Canada**. Composez le 00.1, suivi du numéro de votre correspondant.

● **En Espagne**. Composez l'indicatif régional, suivi du numéro de votre correspondant.

● **En France**. Composez le 00.33, suivi du numéro de votre correspondant (sans le 0).

● **Au Luxembourg**. Composez le 00.352, suivi du numéro de votre correspondant.

● **En Suisse**. Composez le 00.41, suivi du numéro de votre correspondant (sans le 0). ●

Transports intérieurs

Se déplacer dans les îles

● **En voiture**. Le réseau a été considérablement modernisé dans l'ensemble des îles. Les routes intérieures restent très sinueuses. Évitez de circuler sur les littoraux en cas de vent fort et de pluies qui font tomber des pierres sur la chaussée. La vitesse est limitée à 120 km/h sur autoroute, à 100 km/h sur axe rapide, à 90 km/h sur route et à 50 km/h en ville. Le port de la ceinture de sécurité est obligatoire. Tous les véhicules doivent également être équipés de deux triangles de danger ou de présignalisation. De plus, il est obligatoire d'être muni d'un gilet de sécurité réfléchissant. Ne laissez rien dans votre voiture, notamment la nuit ou dans les grandes villes, surtout à Las Palmas de Gran Canaria. Une bonne nouvelle enfin : l'essence coûte env. 30 % moins cher qu'en France.

● **Location**. Il est prudent de réserver votre véhicule à l'avance, surtout si vous le retirez à l'aéroport et que vous souhaitez une catégorie précise. Dans les stations balnéaires, des loueurs locaux proposent des tarifs plus avantageux que les grandes sociétés, mais vérifiez bien l'état de la voiture. Vous pourrez également louer des deux-roues.

● **En bus**. En attendant la mise en service de la première ligne de chemin de fer canarienne (*à Tenerife, p. 68*), le seul moyen de transport en commun est la *guagua*, c'est-à-dire l'autobus. Parfait pour rejoindre votre station balnéaire à la descente de l'avion, le car permet d'aller partout pour une somme modique… à condition de ne pas être pressé car les liaisons sont rares. Voyager en autocar est aussi une excellente occasion de rencontrer des Canariens.

● **En taxi**. Il est idéal pour de petites courses urbaines. Dans le cas d'une excursion, il se révèle plus onéreux qu'une location de voiture.

Liaisons inter-îles

● **En avion**. Les liaisons inter-îles sont assurées par la compagnie Binter Canarias. Ce poste de dépense ne grèvera pas trop votre budget. Pour relier deux îles de provinces différentes (de El Hierro à Lanzarote), vous changerez soit à Tenerife, soit à la Grande Canarie. Par précaution, réservez quelques jours à l'avance. La plupart des vols inter-îles en provenance ou au départ de Tenerife s'effectuent à l'aéroport de Tenerife Norte-Los Rodeos, près de La Laguna. Les horaires varient selon les saisons.

● **En bateau**. Vous l'emprunterez pour effectuer de courtes traversées, comme celle du bras de mer séparant Fuerteventura de Lanzarote, ou pour rejoindre La Gomera depuis Tenerife (*nombreux départs quotidiens*). Les navires à grande vitesse de la Líneas Fred. Olsen mettent la Grande Canarie à 1 h de Tenerife, et celle-ci à env. 2 h 30 d'El Hierro et de La Palma. À la clé, une économie d'env. 35 % par rapport à l'avion (*voir p. 24*). Des ferries classiques assurent les liaisons inter-îles, mais ils sont à éviter en raison de la longueur des traversées. À moins d'embarquer une voiture, ce que rien ne justifie, il est inutile de réserver à l'avance. Les horaires paraissent chaque jour dans la presse locale.

Urgences

Police ☎ 092. Urgences ☎ 112.

Voltage

Il est partout de 220 V. ●

découvrir

Héritage

Le roque Nublo, à la Grande Canarie, était considéré comme sacré par les Guanches.

es « îles Fortunées » (les Canaries, ainsi appelées par les Anciens) vivaient sans faire parler d'elles, perdues aux limites du monde connu, jusqu'au jour où un conquistador français aborda leurs rivages, au début du XVᵉ s. Dès lors, ces terres lointaines, entre Afrique et Amérique, allaient lier leur destinée à celle de l'Europe.

Surgies de la mer

L'archipel des Canaries ne s'est pas formé en une seule fois d'une unique et formidable éruption volcanique, mais à la suite de séismes qui se sont succédé durant environ 18 millions d'années. Les îles les plus anciennes appartiennent au groupe oriental : Lanzarote et Fuerteventura (16 à 20 millions d'années), suivies de la Grande Canarie (13 à 14 millions d'années). Les Canaries occidentales sont nées plus tard :

Pages précédentes : avant de se lancer à l'assaut de l'Atlantique, Christophe Colomb faisait escale dans l'archipel des Canaries.

Tenerife et La Gomera (8 à 10 millions d'années), puis La Palma et El Hierro (2 ou 3 millions d'années).

L'origine communément admise de l'archipel fait intervenir la théorie des « *hot spots* ». À certains points du manteau terrestre, le magma s'accumule, créant des pressions considérables. Après plusieurs millions d'années, le magma fracture la croûte terrestre et s'échappe à la surface du globe sous la forme d'éruptions volcaniques. Ainsi seraient nées d'abord Lanzarote et Fuerteventura. En dérivant vers l'est avec le continent africain, les deux îles auraient créé une nouvelle accumulation de magma qui, en se libérant, aurait donné naissance aux autres îles de l'archipel jusqu'aux plus occidentales, et donc aux plus jeunes d'entre elles.

Les « îles Fortunées »

Leur existence est attestée dès la plus haute Antiquité, bien avant l'arrivée des premiers conquistadors. À la recherche d'argent, d'étain et de pourpre, les Phéniciens semblent avoir été les premiers étrangers à toucher l'archipel (vers 1000 av. J.-C.), suivis, quelques siècles plus tard, par les Égyptiens sous Néchao II (VIIᵉ s. av. J.-C.), puis par des navigateurs carthaginois et romains.

L'archipel est bien vite auréolé de mythes et de légendes. Considérées par Hésiode comme la limite du monde connu, les îles que les Anciens appellent les «Fortunées» passent pour être le lieu d'élection des héros et des guerriers morts. Plus tard, Platon y situe l'Atlantide (*encadré ci-dessous*). Au Iᵉʳ s. de notre ère, Pline l'Ancien cite deux îles : Canaria, ainsi nommée parce qu'un grand nombre de chiens (*canis* en latin) vivent à la Grande Canarie, selon la légende, et l'«île Pourpre» (Fuerteventura), aux rivages peuplés de baleines. Le géographe Ptolémée, au IIᵉ s. apr. J.-C., fait passer le méridien 0, c'est-à-dire là où la Terre s'achève, à l'extrémité occidentale de l'île d'El Hierro, à la punta de Orchilla. L'archipel tombe ensuite dans l'oubli jusqu'au Moyen Âge.

Les premiers Canariens

Les îles Canaries sont déjà peuplées vers 3000 av. J.-C. Des vestiges et des ossements datant de l'époque préhistorique laissent penser que l'immigration s'est faite en deux vagues successives, par l'arrivée d'hommes de Cro-Magnon d'abord, puis par la venue de Berbères d'Afrique du Nord au cours du Iᵉʳ millénaire av. J.-C.

Ce sont les descendants de ces derniers, vivant alors encore à l'âge de la pierre, que les explorateurs génois et portugais rencontrèrent vers la fin du XIIIᵉ s. Ces marins donnèrent aux indigènes le nom générique de « Guanches », terme désignant à l'origine les seuls «fils de Chinet » (de *gwan chin*, les «enfants du grand volcan»), c'est-à-dire les habitants de Tenerife.

Des explorations aux conquêtes

Les premiers explorateurs du Moyen Âge, dont le Génois Lancelotto Malocello (Lancelot de Malvoisel), qui aborde à Lanzarote en 1312 et lui lègue son nom, se bornent à croiser dans les eaux canariennes, sans tenter de coloniser les îles. Au milieu du XIVᵉ s., les expéditions, qui se heurtent déjà à l'hostilité des Guanches, sont des opérations de reconnaissance. Tout le monde s'accorde à penser que les Canaries sont improductives, sauf

L'Atlantide ?

Platon est à l'origine du mythe de l'île engloutie de l'Atlantide. Dans le *Critias* et dans le *Timée*, un vieillard d'Égypte apprend à Solon l'existence passée de l'Atlantide, qu'il situe au-delà des Colonnes d'Hercule (le détroit de Gibraltar), vers les Canaries. Il y a environ un millénaire, ce continent était une nation puissante, lui raconte-t-il. Les sages qui la gouvernaient y faisaient régner la félicité et la paix, plaçant la vertu au-dessus de tout, « considérant la masse de leur or et le reste de leurs biens » comme « une charge à supporter ». Pour son plus grand malheur, les maîtres de cette terre bénie de Poséidon rêvèrent d'asservir le monde situé en deçà des Colonnes d'Hercule. Ils se heurtèrent aux Grecs, et leur tentative échoua. Peu de temps après, « dans l'espace d'un jour et d'une nuit », l'île fut engloutie dans la mer sous l'effet d'un grand cataclysme… ●

Le Normand conquérant

© Photothèque Hachette

Jean de Béthencourt (1360-1425), ancien compagnon de Du Guesclin, est l'un de ces nobliaux que la guerre de Cent Ans a dépossédés de leurs terres. Nourri de romans de chevalerie, le Normand rêve de renouveler le geste de Tancrède, héros de la première croisade, qui s'était vu couronner prince d'Antioche et de Galilée au XIIᵉ s. Homme pragmatique et probablement avide de richesses, Béthencourt pense aussi partir des Canaries pour se lancer à la recherche du mythique fleuve d'or qui, selon la légende, court en Afrique. En 1402, embarquant à La Rochelle avec Gadifer de La Salle et une petite armée d'environ 300 hommes, il s'attaque aux îles les moins peuplées, Fuerteventura et Lanzarote, dont il s'empare. En 1405, il parvient à soumettre El Hierro, avant de battre en retraite devant la résistance des guerriers de La Palma et de la Grande Canarie. ●

peut-être la Grande Canarie et Tenerife, mais ces dernières sont trop peuplées pour qu'on puisse espérer s'y installer durablement. La conquête n'est donc pas à l'ordre du jour. Si Luís de La Cerda, fils naturel du roi d'Espagne Alphonse de Castille, est nommé « gouverneur de tous les territoires à conquérir » par le pape Clément VI, il n'entreprend aucune tentative pour investir l'archipel et son titre reste honorifique. Il ne s'y rend même jamais, tout comme son successeur, le Normand Robert de Bracamonte.

Jean de Béthencourt, le conquistador

Le cousin de ce dernier, Jean de Béthencourt (*encadré ci-dessus*), éprouve au contraire un vif intérêt pour cet archipel. Avec le gentilhomme poitevin Gadifer de La Salle, il entreprend sa conquête en 1402. Le Normand débarque à Lanzarote, avant de s'emparer de Fuerteventura, où il fonde Betancuria.

Après cet exploit, ce conquérant, dont l'épouse est originaire de Séville, part demander du secours à Henri III de Castille, qui lui décerne le titre de « roi des Canaries ». Il évince Gadifer de La Salle, qui lui laisse le champ libre. Béthencourt estime qu'avec l'appui d'une nation puissante il peut faire plier les farouches tribus guanches des îles voisines, réputées dangereuses parce qu'elles vivent sur des terres escarpées propices à la guérilla. La Castille, dès le début de la conquête, prend ainsi pied en terre canarienne.

Les débuts de la colonisation

À un moment où le Portugal, à la recherche de la route des Indes, aborde à Madère (1419) et accoste toujours plus loin sur le continent africain, la Castille se doit de posséder une tête de pont dans l'Atlantique. La colonisation des îles conquises par Béthencourt est donc entamée d'urgence. Des bateaux appareillent de Séville, leurs cales remplies de cochons et de chèvres, mais aussi de semences pour cultiver les terres et rendre les colons moins dépendants de l'approvisionnement des navires de passage. Parallèlement, des maçons, des menuisiers et des charpentiers sont recrutés pour construire les indispensables forteresses. Élevées sur les côtes, ces places fortes vont permettre de lutter efficacement contre les rebelles guanches repliés dans les terres et qui n'ont pas encore été convertis de force ou réduits en esclavage.

Espagne et Portugal : les frères ennemis

Au cours du XVe s., la situation devient extrêmement confuse, pour ne pas dire inextricable. Maciot de Béthencourt, qui hérite des terres conquises par son oncle, n'a pas l'adresse de celui-ci et manque d'argent. Il cherche à vendre l'archipel au plus offrant, d'abord à la Castille, puis à l'ennemi mortel de celle-ci, le Portugal. Les deux parties revendiquent chacune un droit sur les Canaries, et livrent bataille au large des côtes. Les plus intrépides des conquistadors, soutenus par l'un ou par l'autre camp, tirent alors leur épingle du jeu. L'un d'eux, Hernán Peraza, parvient à « pacifier » définitivement Lanzarote et Fuerteventura, puis El Hierro et La Gomera en 1440.

En dépit des hauts faits de Peraza et d'autres, les îles les plus fertiles – la Grande Canarie, La Palma et Tenerife – sont encore indépendantes. L'intégration effective de l'archipel à la couronne d'Espagne, en 1476, puis l'accord conclu dans la foulée entre le Portugal et la Castille accélèrent considérablement le processus de conquête. En 1478, Juan Rejón, avec le soutien d'Isabelle la Catholique, soumet la Grande Canarie après des batailles acharnées. Un répit d'une vingtaine d'années est accordé aux Guanches de Tenerife et de La Palma, du fait de la crise que connaît la Castille à la fin du XVe s. À peine relevée, celle-ci envoie dans l'archipel Alonso Fernández de Lugo, qui parvient à faire plier les farouches guerriers de La Palma (1492-1493), puis, non sans mal, ceux de Tenerife (1494). La conquête a duré près d'un siècle.

Les Canaries et le Nouveau Monde

Après les massacres, les bains de sang et les déportations, les derniers Guanches deviennent les esclaves des colons castillans, catalans, portugais ou flamands qui envahissent les Canaries.

Les hommes du Moyen Âge s'étaient trompés et les Anciens avaient vu juste : les Canaries méritaient bien leur nom d'îles Fortunées. Le vignoble et la très rentable canne à sucre *(encadré p. 50)* s'y acclimatent à merveille, apportant richesse et prospérité aux descendants des premiers conquérants qui s'octroient les terres. L'archipel profite également de sa situation sur la route du Nouveau Monde. Dès 1492, Christophe Colomb s'y arrête, tout comme le feront les navigateurs du siècle suivant. À partir du XVIe s., les Canaries – le port de Las Palmas de Gran Canaria en particulier – deviennent ainsi l'escale obligée des navires espagnols qui reviennent des Amériques, leurs cales chargées d'or et de bois précieux.

Revers de la médaille, cette richesse suscite la convoitise des pirates qui écument les côtes africaines en se livrant au très lucratif trafic d'esclaves. En 1522, l'un d'eux, Juan Florin, parvient même à s'emparer d'une partie du trésor de Moctezuma envoyé par Cortés à Charles Quint… Face à cette menace, les Espagnols élèvent des fortins un peu partout sur les littoraux. Mais cela ne suffit pas. À plusieurs repri-

Les Guanches

Les gravures représentent des motifs géométriques ou des formes faisant allusion à la sexualité.

Les Canaries ont été peuplées dès l'âge préhistorique. Les premiers conquérants, étonnés de découvrir des hommes dans ces îles lointaines, donnèrent à ce peuple de bergers et de guerriers le nom de Guanches, les «enfants du grand volcan».

Le mystère guanche

Les différences morphologiques entre les premiers habitants de Tenerife – les seuls qui devraient porter le nom de Guanches – et leurs cousins des îles orientales laissent plusieurs questions sans réponse. Étaient-ils originaires d'Afrique du Nord ou d'Europe ? Pourquoi n'ont-ils jamais tenté de rallier des îles pourtant proches les unes des autres ?

Un peuple d'éleveurs

Les Guanches vivaient de l'élevage de chèvres, de maigres récoltes (le froment et l'orge servant au *gofio*), de chasse, de pêche et de cueillette. La plupart logeaient dans des grottes en altitude. Celles-ci étaient souvent ornées de peintures géométriques rouges, noires et blanches, ou gravées de figures anthropomorphes parfois accompagnées de motifs en spirale. Aux Canaries orientales, les Guanches habitaient aussi dans des maisons de pierres regroupées en hameaux.

Le passé guanche, reflet du particularisme local, fait la fierté des Canariens. Un parc d'attractions, Mundo Aborigen, s'attache à le faire revivre à la Grande Canarie.

La langue guanche

Il y a en fait plusieurs langues guanches, chaque île ayant eu son propre dialecte. Si l'on en croit les toponymes gardés par les colons espagnols, notamment ceux commençant ou se terminant par «t» (Tenerife, Tacoronte, etc.) ou d'autres à consonance nettement nord-africaine (La Gomera, Güímar, etc.), le parler des premiers habitants révèle une évidente parenté avec celui des Berbères de l'Atlas marocain. Les lettres figurant dans les rares gravures rupestres, par leur similitude avec l'écriture libyque antérieure à la conquête romaine, viennent confirmer cette hypothèse. On retrouve aujourd'hui certains de ces signes dans l'écriture des Touaregs.

La société guanche

Le chef de tribu (appelé *mencey* à Tenerife et *guanarteme* à la Grande Canarie) régnait sur l'ensemble d'une île (à Lanzarote) ou sur un territoire délimité par une frontière. Le pouvoir était héréditaire, transmis au frère du souverain défunt. L'investiture d'un roi était confirmée par un conseil des Anciens. Les tribus étaient nombreuses dans les îles occidentales (jusqu'à douze à La Palma), d'où la difficulté pour les conquérants de les soumettre.

Le roi gouvernait avec le grand prêtre d'Alcorán, dieu du Ciel que l'on priait pour qu'il apporte la pluie. Dans la hiérarchie venaient ensuite les nobles, chefs de clan seuls habilités à chasser et à pêcher, puis les éleveurs de chèvres et les cultivateurs. Tous étaient de redoutables guerriers.

La terre, considérée comme un bien commun, était redistribuée chaque année par les chefs de tribu. Les paysans payaient alors une sorte de dîme, constituée d'animaux ou d'une partie de la récolte entreposée dans des greniers collectifs.

La femme guanche

Tous les chroniqueurs européens s'accordent à donner une grande importance à la femme dans la société guanche. Elle décorait les grottes, gérait le stockage du grain et fabriquait les poteries usuelles ainsi que celles destinées aux cérémonies religieuses.

Les rites funéraires

Grâce aux témoignages des prêtres catholiques pendant l'Inquisition et au grand nombre de momies retrouvées dans les grottes, le rite funéraire est l'aspect le mieux connu de la civilisation guanche.

Seuls les nobles avaient l'honneur d'être momifiés, les autres défunts étant simplement recouverts de blocs de lave. D'abord nettoyés, puis éviscérés et laissés au soleil avant l'embaumement, les corps étaient ensuite enveloppés dans du cuir ou de l'osier et ensevelis dans une grotte semblable à celles qu'habitaient les vivants. Les morts pouvaient aussi être enterrés dans des tumuli regroupant des dynasties entières. ●

© Bertrand Gardel/Hémisphères Images

Cette idole a été retrouvée dans une grotte où reposait une famille de l'aristocratie guanche. Elle révèle d'étonnantes influences africaine et méditerranéenne.

La canne à sucre

© Photothèque Hachette

La canne à sucre est devenue la première ressource économique de l'archipel au lendemain de la Conquête.

Les besoins en sucre ne cessent de croître dans l'Europe de la fin du Moyen Âge. Là où le climat le permet, dans les royaumes latins d'Europe, mais aussi à Chypre, en Italie du Sud et en Andalousie, on crée de nouvelles plantations. La production n'est jamais suffisante, les prix grimpent, et il devient toujours plus urgent de trouver de nouvelles terres. C'est alors que l'on se tourne vers les îles atlantiques, vers Madère et les Canaries. Les plantations de canne à sucre, où travaillent de rares survivants guanches et des esclaves africains, deviennent, dès le XVe s., le secteur économique clé de l'archipel. Mais le rendement est faible. Au XVIe s., le prix du sucre canarien est déjà prohibitif face à celui des Antilles et surtout du Brésil. Beaucoup de planteurs s'orientent alors vers la production de vin. ●

ses, les opulentes cités canariennes sont pillées et incendiées, notamment Betancuria, capitale de Fuerteventura, en 1539.

Deux siècles en demi-teinte

Mieux que les autres îles, Tenerife fait face à la crise de la canne à sucre, au XVIe s., en produisant massivement du vin de Malvoisie, recherché dans toute l'Europe. Alors que la Grande Canarie entame son déclin, elle connaît un nouvel essor économique. En 1610, quand la couronne d'Espagne autorise les Canaries à commercer directement avec le Nouveau Monde, l'aristocra-

tie de La Laguna se montre plus entreprenante que les autorités de Las Palmas. Le port par lequel transitaient les galions des conquistadors au siècle précédent est alors peu à peu délaissé au profit de Santa Cruz de Tenerife.

Au XVIIIe s., le fossé entre les îles orientales et les îles occidentales ne cesse de se creuser. Ainsi les producteurs de vins de Tenerife sont-ils les seuls à trouver de nouveaux débouchés après la défection de l'Angleterre *(encadré p. 52)*. Les Canariens émigrent alors massivement vers les colonies espagnoles du Nouveau Monde *(encadré p. 58)*. En 1730-

1736, un grand séisme secoue l'île de Lanzarote, et les sinistrés viennent encore grossir les rangs des candidats au « grand saut » outre-Atlantique. Quant à la Grande Canarie, après l'installation à Tenerife de la Capitainerie générale, la plus haute autorité de l'archipel, elle ne pense plus qu'à maintenir les symboles de son ancienne suprématie, le tribunal de l'Inquisition et l'évêché.

Le temps des juntes

Les Canaries entrent indirectement dans la tourmente de la Révolution française et des guerres napoléoniennes. En 1797, l'amiral Nelson assiège l'opulente Santa Cruz, mais il est défait et abandonne tout espoir de s'emparer de Tenerife ; c'est au cours de cette bataille qu'un boulet lui emporte le bras.

En 1808, Napoléon place son frère Joseph sur le trône d'Espagne, évince ainsi les Bourbons et déclenche en Espagne une révolte qui s'étend jusqu'aux Canaries. Comme sur le continent, deux juntes, décidées à lutter contre le joug français, se forment, l'une à Tenerife et l'autre à la Grande Canarie. Leurs velléités séparatistes sont bien vite déçues. Rapidement dissoutes, elles se reforment vers le milieu du XIXe s., toujours à Tenerife et à la Grande Canarie, non sans accentuer le fossé identitaire entre les deux principales îles de l'archipel.

L'économie en déroute

Les juntes canariennes ne sont pas les seules à profiter d'une Espagne moribonde : les anciennes colonies d'Amérique du Sud proclament leur indépendance, et d'innombrables familles canariennes se trouvent privées des subsides que leur envoyaient leurs enfants émigrés.

Devant la débâcle économique, Tenerife cherche d'autres débouchés agricoles. On plante des mûriers pour stimuler l'élevage du ver à soie, encore pratiqué à La Palma. Une île si grande ne peut vivre d'une activité aussi artisanale. On pense alors à la cochenille *(encadré p. 214)*, que l'on vient d'importer du Mexique. La culture des figuiers, dont les larves se nourrissent, provoque la disparition des pins, des pieds de vigne et des plantations de canne à sucre. Lors de la découverte des teintures chimiques, à la fin du XIXe s., personne ne regrette l'abandon de l'élevage de la cochenille, considérée alors comme un fléau. Seules Lanzarote et Fuerteventura en poursuivent l'élevage.

Introduite au milieu du XIXe s., la banane *(p. 86-87)* constitue une sorte de planche de salut pour l'agriculture de l'archipel. Les premières exportations ont lieu dès 1880. Produite à Tenerife, à La Palma et à la Grande Canarie, elle envahit le marché mondial jusqu'en 1914, date à laquelle la chute dramatique des prix entraîne un grave recul économique et par conséquent une nouvelle vague d'émigration.

Les Canaries au XXe s.

C'est en 1927 que Tenerife accepte le partage de l'archipel en deux provinces : les Canaries orientales et les Canaries occidentales. Cette décision, tant de fois remise, entérine l'importance croissante de l'île de la Grande Canarie et du port de sa capitale Las Palmas de Gran Canaria, revenu au premier plan parce qu'il a mieux su s'adapter à la navigation moderne et aux bateaux à vapeur.

Quelques années plus tard, l'avènement de la République fait naître un grand rêve dans l'archipel, celui de l'autonomie face au pouvoir espagnol. Le déclenchement de la guerre civile, en 1936, puis l'établissement de la dictature de Franco renvoient ce projet *sine die*.

Les vins des Canaries

Le vin de Malvoisie est une des spécialités de Lanzarote.

À partir du XVIIe et jusqu'au début du XVIIIe s., le vin est le produit le plus exporté de l'archipel. Le cépage malvoisie, originaire des îles de la mer Égée, s'acclimate bien sous les cieux de l'Atlantique. Il est particulièrement apprécié des Anglais qui s'en assurent le monopole avec la création de la Compagnie des îles Canaries. Rapidement, les négociants s'enrichissent et l'on voit fleurir de somptueuses demeures baroques *(p. 226)*.

Au XVIIe s., une invasion de sauterelles ruine les plantations de Tenerife ; dans le même temps, la concurrence du malaga et surtout du madère se fait durement sentir. Au début du XVIIIe s., la guerre de Succession d'Espagne (1701-1714) affecte durablement le trafic maritime, empêchant les négociants d'écouler leurs stocks. Ces derniers perdent aussi leur principal client, l'Angleterre, qui, en vertu du traité de Methuen (1703) avec le Portugal, s'engage à acheter le vin de Madère. Colgan, négociant irlandais, trouve une parade qui va permettre à Tenerife de ne pas subir la récession : fabriquer du «faux madère» moitié moins cher en utilisant un vin de qualité inférieure ! L'idée est géniale, mais il faut trouver un débouché à l'ersatz. L'Irlandais se tourne vers ses cousins nord-américains et vers les colonies sud-américaines.

À la fin du XVIIIe s., la production décline face à la concurrence du vin de la péninsule Ibérique dont le coût est encore moindre. ●

Les Canaries sous la dictature

Après avoir été en quelque sorte le berceau de la guerre civile *(encadré ci-contre)*, les Canaries, sous la dictature, servent à la relégation des opposants au régime. Le Caudillo ne se montre pas ingrat envers cet archipel qui lui a servi de base de conquête. Il lui attribue un régime fiscal particulier et lance un programme gouvernemental d'investissements. Avec cette manne, les auto-

© Bertrand Gardel/Hémisphères Images

rités, conscientes des risques de la monoculture de la banane, encouragent la production de la tomate, de la pomme de terre et du tabac. L'extension croissante des terres cultivables, grâce à la culture sous serres, ne permet cependant pas à tous les Canariens de travailler – tant s'en faut. Jusqu'à la fin des années 1970, la population de l'archipel dépasse à peine le million d'habitants. L'émigration persiste, et les départs demeurent toujours plus nombreux que les retours.

Retour à la démocratie

En 1975, Franco meurt et Juan Carlos devient roi d'Espagne. Le vent de liberté qui souffle alors sur le continent touche aussi l'archipel. Un groupe de séparatistes, le Mouvement pour l'autodétermination et l'indépendance de l'archipel des Canaries (MPAIAC), lance alors son *fuera Godos*, « dehors les Goths », nom donné aux Espagnols du continent. Deux années durant (de 1976 à 1978), l'archipel est alors secoué par une vague d'attentats dirigés contre les symboles de la métropole, notamment les installations militaires. En 1977, une alerte à la bombe est à l'origine de la terrible collision entre deux avions gros-porteurs sur les pistes de l'aéroport de Los Rodeos de Tenerife, faisant près de 600 victimes.

Une répression musclée et la promulgation de la Constitution espagnole de 1978 calment définitivement le jeu. En 1982, l'archipel se voit accorder un Parlement élu, entérinant son autonomie administrative au même titre que les seize autres régions espagnoles.

L'essor du tourisme

Au XIXe s., l'archipel était surtout fréquenté par l'élite britannique et les croisiéristes qui faisaient escale à Las Palmas. L'engouement pour les Canaries remonte à la fin des années 1950. La Grande Canarie est la première à se lancer dans

l'aventure, suivie par Tenerife, qui ouvre un aéroport international en 1959. Initialement confiné à quelques sites comme Puerto de la Cruz, à Tenerife, le tourisme ne cesse de s'étendre avec la démocratisation du transport aérien. Des villes nouvelles entièrement créées pour les estivants sont construites dans le sud de la Grande Canarie (Maspalomas-Playa del Inglés) et de Tenerife (Playa de Las Américas-Los Cristianos), ainsi qu'à Lanzarote (Puerto del Carmen) et à Fuerteventura (Playa Jandía et Corralejo). Du fait de l'exiguïté de leurs plages de sable noir, les îles de La Palma, El Hierro et La Gomera restent en retrait. De quelques milliers dans les années 1950, le nombre de touristes affluant dans l'archipel passe en moins de vingt ans à plus de 2 millions. ●

Actualité

© Bertrand Gardel/Hémisphères Images

Les Canaries accueillent environ 10 millions de visiteurs chaque année, pour la plupart attirés par ses plages et par le soleil.

Sept îles peuplées d'à peine 2 millions d'habitants voient affluer chaque année entre 9 et 10 millions de visiteurs, des Européens dans leur immense majorité… Un record qui n'empêche pas les Canaries de se tourner vers d'autres horizons et de préserver leur identité.

Une province espagnole autonome

À l'instar des autres provinces espagnoles, les Canaries sont autonomes depuis 1982. Pour ménager certaines susceptibilités et des rivalités ancestrales, le gouvernement, élu pour quatre ans, siège alternativement dans les capitales de Tenerife et de la Grande Canarie, Santa Cruz de Tenerife et Las Palmas de Gran Canaria. Dans le même esprit, les grandes institutions publiques et politiques sont réparties entre les deux capitales, voire parfois dédoublées. La spéci-

ficité des autres îles n'a pas non plus été oubliée : chaque *cabildo* (conseil municipal insulaire) jouit en effet d'une certaine autonomie dans les domaines de la culture, de la santé, de la voirie et de l'alimentation en eau.

La loi organique de 1996 accorde plus d'autonomie à l'archipel. Elle renforce le pouvoir des *cabildos*, effet de la décentralisation de l'administration autonome et du transfert de compétences aux organismes insulaires. Les inégalités entre les îles ont ainsi pu être atténuées.

Aujourd'hui, l'heure est à de nouvelles réformes du statut d'autonomie. La CC (Coalición Canaria), qui détient plus du tiers des sièges au Parlement canarien, souhaite que Madrid prenne mieux en compte la singularité de l'archipel et son insularité. Elle réclame, en particulier, la gestion directe des ports et des aéroports, ainsi que le contrôle de l'espace aérien et des eaux territoriales.

Plus généralement, beaucoup de Canariens attendent une meilleure reconnaissance de leur identité, et pourquoi pas celle d'une « nation canarienne», peuplée de citoyens qui auraient «le devoir de déterminer leur futur en tant que peuple », selon les termes d'un projet approuvé par la Catalogne en octobre 2005. La possibilité de dissoudre le Parlement autonome constituerait un grand pas en avant vers l'autodétermination.

Un discours nationaliste tempéré prévaut donc aux Canaries. Seule une petite minorité refuse la politique de petits pas et réclame l'indépendance, à commencer par les membres du CNC (Congrès national canarien) ou du MPAIAC, lequel a abandonné toute action violente depuis le début des années 1980. Les indépendantistes entendent renouer avec le passé aborigène et les racines berbères de Taknara, nom des Canaries en langue guanche. Ils souhaitent mettre un terme au colonialisme espagnol qui militarise l'archipel et détourne les ressources du tourisme à son profit.

« Un pont jeté entre trois continents »

Lors de l'adhésion de l'Espagne à la Communauté européenne en 1986, les autonomistes canariens se sont inquiétés du risque de se fondre dans un moule qui ne correspondrait pas à la réalité de l'archipel. Ils craignaient entre autres de perdre leur statut de zone franche, ce qui aurait ruiné le commerce insulaire, dont la spécificité est de jouer un rôle de plate-forme entre l'Europe, l'Afrique et l'Amérique du Sud. La création d'une «zone spéciale des îles canariennes» (ZEC) et l'adoption du plan Poséican, qui prend en compte les problèmes d'insularité et d'éloignement des Canaries, ont calmé les esprits. Selon ces accords, l'archipel continue de jouir de son statut particulier. Mieux encore, la zone de fiscalité réduite de la ZEC, prorogeable au-delà de son terme prévu en 2008, doit promouvoir le développement économique et social des îles. Les productions canariennes et les courants commerciaux traditionnels vers l'Afrique et l'Amérique du Sud seront maintenus.

De l'agriculture au tourisme

Les Canaries ont bâti leur richesse sur l'agriculture. Aujourd'hui, les productions traditionnelles (canne à sucre, tabac, cochenille et vin) relèvent de l'activité artisanale. La petite banane canarienne ne peut concurrencer son homologue sud-américaine, aux coûts de production imbattables *(p. 86-87)*. En fait, les plantations survivent grâce aux subventions de la « métropole » qui achète la quasi-totalité des 400 000 tonnes produites chaque année à la Grande Canarie, à Tenerife ou à La Palma. Les États-Unis ont longtemps accusé l'Union européenne (la France et l'Espagne) d'entrave au libre-échange, déclenchant la fameuse « guerre de la banane » et ses sanctions financières.

Après une trêve conclue en 2001, un accord en forme de cessez-le-feu a finalement été trouvé fin 2005, au grand dam de pays africains comme la Côte-d'Ivoire, lâchés par les Européens sous la pression de l'OMC. Les agriculteurs canariens ont été encouragés à développer d'autres cultures. Sous les serres en plastique poussent des tomates exportées vers la Hollande et l'Europe du Nord. On y trouve aussi des pommes de terre – les fameuses *papas* – acclimatées ici bien plus tôt qu'en Europe, des légumes et des fruits exotiques, ainsi que des plantes d'ornement, produits plus rentables et moins sujets aux variations de cours. Dans le même sens, les années 2000 enregistrent un bond significatif de la production de vin dans la pro-

Histoire d'un succès

Jusqu'en 1983, le tourisme attirait chaque année de 2 à 3 millions de visiteurs. Passé à 5,5 millions en 1988, le nombre de touristes s'envole à partir de 1991, frôlant les 9 millions dès 1994. La guerre du Golfe, le conflit en ex-Yougoslavie et les dévaluations de la peseta orientent une nouvelle clientèle vers ce paradis peu coûteux. Malheureusement, la construction de complexes hôteliers enlaidit peu à peu les littoraux. Après 2001, quand la barre des 10 millions est dépassée, un public sensible à la qualité de l'environnement, surtout scandinave, commence à « bouder » les Canaries. Afin d'endiguer cette évolution, un effort de préservation des sites est désormais de mise. Anglais, Allemands, Néerlandais, Irlandais et Suédois, sans parler des Espagnols du continent, restent les plus nombreux à séjourner aux Canaries, loin devant les Français, qui représentent moins de 1,5 % des visiteurs. ●

vince de Tenerife. Des agriculteurs n'ont cependant pas pu ou pas voulu négocier le virage, préférant abandonner leurs terres. Ainsi, les surfaces cultivables ont baissé de 20 % durant les dernières années. Ce déclin est confirmé par les chiffres : le secteur primaire n'occupe plus qu'une infime minorité d'actifs (env. 4,5 %), alors qu'il employait près d'un Canarien sur cinq au début des années 1980. La production de denrées alimentaires couvre un quart des besoins ; le secteur de la pêche n'est pas mieux loti, confronté à la diminution des quotas ; la viande, le lait ou les céréales doivent également être « importés » de la péninsule ou de l'étranger.

Les paysages des Canaries sont peu industriels, à l'exception des environs de Santa Cruz de Tenerife où se trouve une grande raffinerie de pétrole, la deuxième d'Espagne en importance, et de Las Palmas de Gran Canaria. L'industrie n'est pas inexistante puisqu'elle occupe environ 5 % des actifs. Toutefois, elle est constituée de petites usines agroalimentaires, de conserveries de poisson ou d'usines d'engrais.

Quant au bâtiment, il a connu son heure de gloire dans les années 1970 et 1980, lorsqu'il a fallu édifier de nouvelles résidences de vacances sur le littoral. Après s'être un temps stabilisé, il est de nouveau en plein essor (15 % des actifs). La relance de la construction a eu le mérite de résorber un chômage qui frappait plus de 35 % des actifs au milieu des années 1990.

L'« or bleu des Canaries »

En peu de temps, le tourisme est devenu le principal secteur économique, loin devant l'agriculture. Ce secteur emploie les 2/3 de la population active et représente 50 % de son PIB. Les 9 à 10 millions de touristes étrangers qui viennent chaque année séjourner une dizaine de jours aux Canaries plébiscitent Tenerife (3,582 millions de visiteurs en 2003). La Grande Canarie en séduit environ 2,9 millions. Lanzarote et Fuerteventura accueillent respectivement 1,85 et 1,41 million de vacanciers par an, chiffres en progression de 5 à 10 % depuis le nouveau siècle. Le chiffre à La Palma s'est stabilisé autour de 120 à 130 000 visiteurs par an ; l'allongement de la piste de l'aéroport en 2005 va sans doute induire une plus grande fréquentation de l'île. Souffrant d'un manque de plages et d'infrastructures hôtelières, La Gomera et El Hierro apparaissent presque oubliées en comparaison.

La pleine saison touristique s'étend d'octobre à mars, quand l'archipel attire chaque mois entre 800 000 et 950 000 visiteurs. Aux Anglais, Allemands et Scandinaves succèdent pendant l'été les Espagnols du continent. Les Anglais séjournent dans le sud de Tenerife, à la Grande Canarie et à Lanzarote. Les Allemands passent leurs vacances dans le nord de Tenerife et dans le sud de la Grande Canarie, mais ils apprécient aussi La Palma, Lanzarote et surtout Fuerteventura, où ils sont plus nombreux que les Anglais. Les Français plébiscitent Tenerife.

Le tourisme, pas plus que l'ensemble du secteur tertiaire, ne parvient pas à endiguer le chômage qui frappe 11,9 % des actifs (10,8 % en Espagne continentale au cours de la même année 2004). Autre revers de la médaille, il a non seulement enlaidi les paysages côtiers dans le sud de Tenerife ou à la Grande Canarie, mais a entraîné une hausse du coût de la vie. Par exemple, il est impossible à un ouvrier agricole de prendre un verre dans un bar de Maspalomas ou d'ailleurs : les tarifs sont les mêmes que ceux en vigueur à Munich ou à Stockholm !

L'identité canarienne

La caricature du Canarien, c'est *Cho'Juáa*, sorte de personnage de bande dessinée. Il s'agit d'un petit bonhomme moustachu coiffé d'un feutre noir qui fume un vieux mégot (ou un cigare). Le costume est à l'avenant : chemise et veste déboutonnées à cause d'une bedaine proéminente, pantalon défraîchi, sans oublier l'inévitable couteau canarien. On le dit joyeux drille, économe, prudent, doté du sens des affaires et plutôt porté sur la boisson et sur la fête. Sa femme, Camildita, est une matrone quelque peu acariâtre qui ramène son époux

dans le droit chemin et le sermonne lorsqu'il a trop bu... Inutile de dire que ce genre de stéréotype amuse et agace en même temps les Canariens. De toute façon, des personnages comme *Cho'Juáa* ne se rencontrent plus, même quand on s'enfonce dans l'arrière-pays de Tenerife ou dans les contrées les plus reculées de Fuerteventura.

Aujourd'hui, l'archétype du paysan canarien a vécu – tourisme oblige. Il s'est assimilé au citadin... que rien ne distingue de l'Espagnol de la « métropole ». Seul l'accent permet de le différencier d'un *Godo*, un « Goth », à savoir un métropolitain. La langue de Cervantès est parlée ici avec des intonations adoucies qui ne sont pas sans rappeler celles en usage à Cuba ou au Venezuela.

L'âme canarienne, l'archipel avant tout

Même s'ils détestent la corrida, les habitants de l'archipel font à certains égards penser aux Andalous, dont beaucoup d'entre eux sont les descendants. Ils partagent avec les habitants du sud de l'Espagne le même sens de la convivialité, le même goût des *tapas*, que l'on mange entre hommes au comptoir accompagnées d'un verre de *vino blanco*, ainsi qu'une pratique fervente du catholicisme. Pourtant, sous peine de le vexer, il ne faut jamais dire à un insulaire qu'il est semblable à un Espagnol de la métropole. Le seul véritable trait commun des Canariens est en effet un sentiment de différence, lié à leur attachement à l'archipel et, plus précisément, à « leur » île.

Cette spécificité se retrouve dans une expression courante ici, *lo nuestro*, qui signifie « le nôtre ». Ce *nuestro*, c'est tout ce qui caractérise les Canaries, du passé guanche aux liens privilégiés avec l'Amérique du Sud en passant par des choses en apparence plus anecdotiques : traditions culinaires (*gofio* et *papas*, rhum et cigares locaux), passion pour la lutte canarienne (encadré p. 39), goût latino-américain pour le déguisement à l'occasion du carnaval (encadré p. 35)… L'originalité du caractère canarien est donc liée à l'histoire et à la situation géographique de l'archipel, entre Europe, Afrique et Amérique du Sud. Les chants traditionnels que l'on peut entendre lors des romerías, où se mélangent mélopées extatiques nord-africaines, tristesse andalouse, saudade portugaise et mouvements chaloupés à la cubaine, constituent peut-être la meilleure expression de l'âme canarienne. L'insularité, alliée à une mesure du temps différente de celle du continent, explique aussi un dernier trait typique : une propension à ne rien brusquer, à jouir de la vie, à discuter de tout et de rien…

Une terre de migrations

Décrire, même de manière grossière, l'habitant des Canaries est chose d'autant plus malaisée qu'une partie importante de la population est constituée d'étrangers ou d'émigrés de retour du Venezuela, de Cuba ou d'Amérique du Nord.

Parmi les étrangers, les Britanniques ont été les premiers à apprécier les saveurs de l'archipel et à s'y installer. Ils ont pris en main le commerce du vin dès le XVIIe s., se sont ensuite orientés vers la production de bananes et de pommes de terre, pour finalement s'emparer du négoce du charbon, destiné à l'approvisionnement des bateaux à vapeur. Aujourd'hui, ils sont environ 30 000 et se sont parfaitement intégrés. Les Allemands sont encore plus nombreux, bien qu'ils soient arrivés plus récemment. Comme les Britanniques, ils ont acheté une maison ou un appartement, ou se sont reconvertis dans l'hôtellerie et la restauration. À La Palma, ils ont beaucoup contribué au renouveau de l'artisanat. Après avoir rénové une maison traditionnelle, ils fabriquent du pain, du fromage ou toutes sortes d'objets qu'ils vendent au marché de Villa de Mazo, aux côtés des paysans canariens. Tout simplement attirés par la douceur du climat, beaucoup d'étrangers viennent couler ici une retraite paisible. Le phénomène explique l'essor de la multipropriété, qui fait aussi de nombreux adeptes dans les rangs espagnols.

Des Indiens, des Japonais, des Coréens et plus récemment des Africains se sont installés à Tenerife et à la Grande Canarie. La plupart sont employés dans la restauration et dans la pêche, une importante flotte

société

L'émigration

À chacune des difficultés qu'a traversées l'agriculture de l'archipel au fil des siècles – déclin de la canne à sucre puis du vin de Malvoisie, enfin chute des prix de la banane –, une part importante de la population s'est trouvée privée d'emploi. Les Canariens ont alors toujours eu le même réflexe : s'embarquer pour l'Amérique. Ils choisirent d'abord les colonies espagnoles du Nouveau Monde, avant de se tourner, au XVIIIe s., vers l'ensemble du continent américain, Amérique du Nord et Canada inclus. Au XXe s., l'Argentine, la Colombie, puis Cuba et le Venezuela devinrent leurs principales terres d'accueil. Ces vagues d'émigration successives expliquent la stagnation quasi constante de la population de l'archipel, qui n'atteignait pas 700 000 habitants pendant la Seconde Guerre mondiale. ●

Les clandestins

Les *pateras*, grandes barques ou simples Zodiac, accostent surtout à Fuerteventura et à Lanzarote, depuis peu à la Grande Canarie. La traversée d'une centaine de kilomètres s'effectue depuis les côtes du Maroc ou même du Sierra Leone. Elle a lieu la nuit pour tromper la vigilance des garde-côtes. La surcharge et la vétusté rendent l'aventure extrêmement périlleuse. La mer rejette régulièrement des corps sur les rochers ou les plages des Canaries. Les clandestins venus d'Algérie, du Maroc ou d'Afrique subsaharienne ont payé ce «voyage de l'espoir» entre 1 500 et 2 500 dollars à des passeurs. Pour beaucoup de ceux qui arrivent aux Canaries, il s'arrête là. Les Marocains interpellés sont rapatriés en vertu d'un accord conclu entre Rabat et Madrid. Les autres et les mineurs attendent dans les centres de rétention surchargés de Lanzarote ou de Fuerteventura, dans l'ignorance complète de leurs droits. Le traitement qu'ils subissent a fait l'objet d'un rapport du Human Rights Watch en 2002. ●

étant basée au port de Las Palmas. Les Indiens et les Pakistanais sont nombreux dans la métropole de la Grande Canarie, ainsi qu'à Santa Cruz de Tenerife et à Arrecife, la capitale de Lanzarote. Les plus entreprenants d'entre eux ont ouvert une boutique de produits détaxés à l'intention des Espagnols de la péninsule et des touristes étrangers. C'est alors la guerre des prix, lutte dont profite bien sûr le client avisé.

Les émigrés ont commencé à revenir au pays à partir des années 1970, si bien qu'aujourd'hui le solde migratoire s'est inversé. Malgré un faible taux de fécondité, la population canarienne augmente à nouveau. De retour dans l'archipel, les expatriés ont ouvert des commerces ou des cafés ; les enseignes de ces établissements rappellent le passé de leur propriétaire.

Cela dit, tous ne sont pas rentrés, et ici chaque famille a un ou plusieurs parents à Cuba ou au Venezuela. Dans ce pays, les Canariens sont tellement nombreux (environ 400 000, qu'ils l'appellent parfois la «huitième île». Assurément, les dirigeants actuels du gouvernement autonome n'ont pas tort de vouloir préserver les liens de l'archipel avec l'Amérique du Sud. ●

Les repères de l'histoire

Aux Canaries	Dates	Dans le monde
Formation de l'archipel.	−23,5 à 1,6 mil. d'années	Ère tertiaire (Miocène et Pliocène).
v. 3000. Arrivée des premiers hommes de Cro-Magnon.	**IIIᵉ mil.**	2700-2300. Ancien Empire égyptien.
1100-1000. Les Phéniciens, premiers étrangers à toucher les «îles Fortunées». Arrivée des Berbères.	**IIᵉ mil. av. J.-C.**	v. 1230. Guerre de Troie.
680. Les navigateurs de Néchao II voient l'archipel au large des côtes africaines.	**Iᵉʳ mil. av. J.-C.**	750-323. Jusqu'à la mort d'Alexandre, les Grecs dominent en Méditerranée. 750-600. Essor des Perses et des Assyriens.
Pline l'Ancien mentionne l'*Insula Canes* (la Grande Canarie) et l'île Pourpre (Fuerteventura).	**Iᵉʳ s. apr. J.-C.**	La Gaule, province romaine.
Ptolémée fixe le méridien 0 à l'extrémité de l'île d'El Hierro.	**IIᵉ s.**	Apogée de l'Empire romain.
1312. Le Génois Lancelotto Malocello (Lancelot de Malvoisel) aborde Lanzarote.	**XIVᵉ-XVᵉ s.**	1309-1377. Les papes en Avignon.
1339. Première carte de navigation des îles.		1337-1453. Guerre de Cent Ans.
1402. Début de la conquête par Jean de Béthencourt, qui aborde à Lanzarote.		1402. Les Ottomans sont battus à Ancyre (Ankara) par le Mongol Tamerlan.
1404-1405. Jean de Béthencourt soumet El Hierro et Fuerteventura.		1419. Les Portugais s'installent à Madère.
1440. Pacification de La Gomera.		1434. Longeant l'Afrique, le navigateur portugais Gil Eanes double le cap Bojador, au sud des Canaries.
1476. Intégration de l'archipel à la couronne d'Espagne. Deux ans plus tard, Juan Rejón soumet la Grande Canarie.		
1492-1493. Conquête de La Palma ; Christophe Colomb fait escale aux Canaries avant de se lancer vers le Nouveau Monde.		1492. Chute de Grenade, dernier royaume musulman d'Espagne, et expulsion des juifs.
1494-1496. Les Guanches de Tenerife baissent les armes. Fin de la conquête des Canaries.	**XVIᵉ s.**	1501. Début de l'importation d'esclaves africains dans le Nouveau Monde.
1537. Interdiction officielle (non appliquée) du trafic d'esclaves.		1523-1535. Conquête de la Colombie par les Espagnols.
Âge d'or des Canaries, qui subissent de fréquents raids de pirates.		1556-1598. Règne de Philippe II d'Espagne.
1610. Les ports canariens sont autorisés à commercer avec le Nouveau Monde.	**XVIIᵉ s.**	Le Siècle d'or espagnol.
1730-1736. Une éruption volcanique détruit une grande partie de Lanzarote.	**XVIIIᵉ s.** **XIXᵉ s.**	1755. Grand tremblement de terre de Lisbonne.
1797. L'amiral Nelson tente sans succès d'assiéger Santa Cruz de Tenerife.		1797. Victoire de Bonaparte à Rivoli. 1815-1830. La Restauration en France.

Plafond de l'église del Salvador à La Palma

1815. Introduction de la banane.

1822. Santa Cruz de Tenerife devient capitale des Canaries.

1837. Abolition du statut féodal du Señoría, en vigueur jusque-là à Fuerteventura et à Lanzarote.

1852. Les ports canariens sont déclarés ports francs.

1880. Premières exportations de bananes.

1927. Partage de l'archipel en deux provinces, orientale (capitale Las Palmas de Gran Canaria) et occidentale (capitale Santa Cruz de Tenerife).

1936. De Tenerife, Franco embarque pour Tétouan avant de rejoindre l'Andalousie.

Essor du tourisme.

1976-1978. Vague d'attentats indépendantistes.

1982. Élection du premier Parlement autonome canarien.

1986. Un statut particulier au sein de l'Union européenne est octroyé aux Canaries.

1999. La Coalición Canaria (autonomistes) obtient près de 37 % des suffrages aux élections du Parlement des Canaries.

2003. Pour la première fois, une femme à la vice-présidence du gouvernement autonome des Canaries.

2007. élection du Parlement autonome.

1820

1920

1930

1960-1970

1980

1990

2000

2006-2007

1821-1830. Guerre d'indépendance en Grèce.

1837. Avènement de la reine Victoria en Grande-Bretagne.

1851. Première Exposition universelle à Londres.

1881. Intervention française en Tunisie.

1926. Hirohito devient empereur du Japon.

1936-1939. Guerre civile en Espagne.

1969-1974. Richard Nixon, président des États-Unis.

1975. Mort de Franco et retour de la démocratie en Espagne.

1981. Assassinat du président égyptien Anouar el-Sadate.

1986. Entrée de l'Espagne dans la Communauté européenne.

2000. Réélection de José María Aznar (PP) à la tête du gouvernement espagnol.

2001. Attentats aux États-Unis et guerre en Afghanistan.

2004. Attentats à Madrid. Le gouvernement Aznar est battu aux élections après avoir accusé l'E.T.A. J. L. Rodríguez Zapatero est élu président et rapatrie les troupes d'Irak.

2006. 500ᵉ anniversaire de la mort de Christophe Colomb.

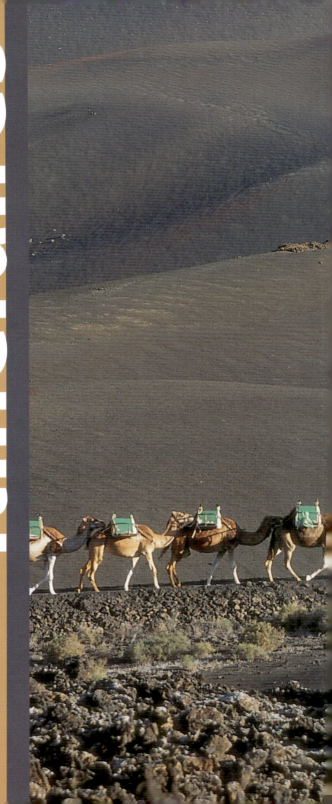

itinéraires

Tenerife, l'île majeure

Le Teide, qui se voit de tout l'archipel, servait de repère aux navigateurs du Siècle d'or.

Tenerife, la plus grande île canarienne, offre les paysages les plus variés de l'archipel et nombre de curiosités naturelles : petites plages de sable noir ou blanc, végétation exubérante et bananeraies à perte de vue, immenses champs de lave dominés par la grande silhouette noire du pico del Teide, forêts de pins et de lauriers, grandes stations balnéaires avec soleil garanti toute l'année, rien ne manque à ce triangle volcanique paradisiaque de 2 000 km² où, chaque année, affluent près de 5 millions de touristes.

LES DESCENDANTS DE BETZNURIIA

Tenerife fut habitée sans doute apr. 3 000 av. J.-C. L'île doit son nom d'origine probablement berbère – « montagne enneigée » – aux Guanches *(p. 48-19)*. Jusqu'à la conquête espagnole, ceux-ci vivent sous l'autorité de neuf rois, ou *menceyes*, qui affirment descendre d'un seul et même souverain, Betznuriia. L'agriculture et l'élevage de troupeaux – porcs, chèvres et moutons –

Pages précédentes : la qualité de vie du dromadaire a fait un bond considérable aux Canaries! D'animal de trait, il est devenu animation touristique...

constituent leurs ressources. Les tribus et districts de l'île cohabitent dans une bonne entente ; ils se partagent les pâturages des hautes plaines de Las Cañadas del Teide. Les Guanches de Tenerife paraissent mieux armés que leurs frères des autres îles face aux dangers de la colonisation espagnole ou portugaise. Avec courage, ils repoussent plusieurs tentatives successives d'invasion et sont les derniers à plier. Devant leur résistance et faute de pouvoir faire face à de nouvelles dépenses, la Couronne espagnole doit laisser la conquête de Tenerife à des entreprises individuelles. En guise de dédommagement, elle permet aux conquérants de se tailler des domaines sur les terres soumises.

UN FOYER DE RÉSISTANCE GUANCHE

Alonso Fernández de Lugo, le gentilhomme qui vient de se rendre maître, en 1492-1493, de La Palma, trouve des investisseurs susceptibles de financer sa conquête de Tenerife. En 1494, celui que l'on surnomme *el conquistador* débarque et envahit l'île. Au lieu d'affronter des hommes aguerris, il use d'un vieux stratagème : la division. Il s'empresse de conclure des accords avec les chefs de tribus contre le puissant prince qui commande la vallée de La Orotava. Après l'intervention de renforts, les Guanches du Nord sont décimés par une épidémie d'encéphalite, sans doute apportée par les envahisseurs, et doivent rendre les armes. En 1496, les survivants sont baptisés plus ou moins de force, et la plupart d'entre eux sont contraints à l'esclavage. D'autres sont envoyés en Europe pour témoigner de la réussite de la conquête. Après la longue série de massacres perpétrés pendant les années 1494-1496, les Guanches ne sont plus que quelques centaines, alors qu'ils étaient plusieurs milliers avant l'arrivée des troupes de Fernández de Lugo.

en bref…

- **Superficie**. 2 034 km².
- **Dimensions**. 85 km sur 50 km env.
- **Alt. max**. Pico del Teide : 3 718 m.
- **Population**. 812 839 hab.
- **Densité**. 399,62 hab./km².
- **Capitale**. Santa Cruz de Tenerife (219 446 hab.), capitale des Canaries occidentales.
- **Autres municipalités**. La Laguna (137 314 hab.), Arona (59 395 hab.).
- **Principales ressources**. Agriculture (banane, tomate et pomme de terre), industrie (cigare et conserve de poisson) et tourisme.

CANNE À SUCRE ET MALVOISIE

En dehors d'une pacification accélérée, de l'implantation d'indispensables structures administratives et de la fondation d'une capitale à La Laguna, le premier geste des colons est de développer l'agriculture de l'île. Très vite, la canne à sucre, cultivée par des ouvriers venus du Portugal, assure une grande prospérité. Elle enrichit considérablement Castillans et autres Génois, qui ont financé la conquête d'Alonso Fernández de Lugo.

L'âge d'or de la canne à sucre est cependant de courte durée. La concurrence des cannes brésiliennes met à mal ce secteur clé de l'économie. Tenerife doit se reconvertir et s'oriente alors vers la production de vin *(encadré p. 52)*. Celle-ci devient rapidement bien supérieure à celle des autres îles. Aux XVIIe-XVIIIe s., le malvoisie, réclamé par l'Europe, est devenu sa principale source de richesse. En témoignent les somptueuses demeures baroques *(voir lexique p. 226)* qui bordent les rues de La Orotava et de La Laguna.

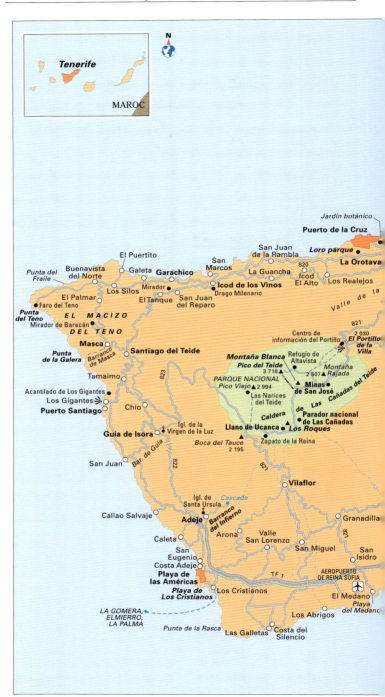

N

Tenerife

MAROC

Jardín botánico

Puerto de la Cruz

Loro parque •

San Juan
de la Rambla

El Puertito

San
Marcos

La Orotava

820

Icod

Los Realejos

La Guancha

El Alto

Punta del
Fraile

Buenavista
del Norte

Galeta   **Garachico**

Icod de los Vinos

Valle de la

Punta del
Fraile

Los Silos

Mirador

El Palmar

El Tanque   San Juan
del Reparo

Drago Milenario

Faro del Teno

**Punta
del Teno**   Mirador de Baracán

E L   M A C I Z O

821

Centro de
información del Portillo

2 030   *El Portillo
de la
Villa*

D E L   T E N O

Masca

*Punta
de la Galera*

Barranco
de Masca

Santiago del Teide

Montaña Blanca
Pico del Teide
3 718▲

Refugio de
Altavista

Montaña
2 507 ▲ *Rajada*

de Las Cañadas del Teide

823

Tamaimo

PARQUE NACIONAL
Pico Viejo▲ 2 994

2 507 ▲

▲ **Minas**
de San José

Acantilado de Los Gigantes

Los Gigantes ⇒

Puerto Santiago

Chío

Las Narices
del Teide

Caldera

de   **Parador nacional
de Las Cañadas**

Guía de Isora

Igl. de la
Virgen de la Luz

Llano de Ucanca ▲

Los Roques

Boca del Tauce
2 195

Zapato de la Reina

Bar. de Guía

822

821

San Juan

Vilaflor

Igl. de
Santa Ursula

Cascade

Callao Salvaje

Adeje

*Barranco
del Infierno*

Valle
San Lorenzo

Granadilla

Caleta

Arona

San Miguel

821

San
Isidro

San
Eugenio

Costa Adeje

**Playa de
las Américas**

AEROPUERTO
DE REINA SOFIA ✈

*Playa de
Los Cristianos*

Los Cristianos

TF 1

El Medano

*Playa
del Medano*

LA GOMERA,
ELMIERRO,
LA PALMA

Los Abrigos

Punta de la Rasca   Las Galletas

Costa del
Silencio

TENERIFE *(plan de Santa Cruz p. 72, des randonnées dans la pointe nord-est p. 78*

Las Palmas
de Anaga
Roque
Bermejo
Benijo
Almaciga
Chinobre
Chamorga
Taganana
Punta
del Hidalgo
Punta del
Hidalgo
Las Montañas de Anaga
Col El Bailadero
Bajamar
**Pico
del Inglés**
Tejina
**Forêt de las
Mercedes** ●
Mirador de las
Casas de la Cumbre
Tegueste
**Mirador
Cruz del Carmen**
San
Andrés
Las Canteras
Las Mercedes
Playa de las Teresitas
Mesa del Mar
La Laguna
Guamasa
*SANTA CRUZ
DE LA PALMA*
Tacoronte
● Golf
El Sauzal
AEROPUERTO
DE LOS RODEOS
*LAS PALMAS
DE GRAN CANARIA*
TF 5
La Matanza
La Esperanza
**SANTA CRUZ
DE TENERIFE**
CADIZ, BARCELONA
*Pico de
las Flores*
La Victoria de la
Santa María
del Mar
EL HIERRO
Santa
Ursula
● Las Raices
TF 1
LA GOMERA
Mirador de
Humboldt
Tabaiba
Los Órganos
Las Caletillas
Montaña
de la Crucita
Candelaria
● Basílica de la Virgen
Arafo
Güimar
● Observatoire
météorologique
Mirador de
Don Martin
El Puertito
Fasnia
OCÉAN
Los Roques
ATLANTIQUE
Arico
Viejo
Arico
Poris de Abona
● Faro de Abona

0   4   8 km

et de Puerto de la Cruz p.82)

Un paradis bananier

Tenerife, l'île la plus prospère et la plus peuplée de l'archipel (70 000 hab.), malgré une émigration massive vers le Nouveau Monde, connaît une seconde crise grave à la fin du XVIIIe s., lorsque sa production vinicole décline face à celle de la péninsule. Au même moment, des révolutions éclatent dans les différentes colonies espagnoles d'Amérique du Sud, qui empêchent les émigrés canariens d'envoyer l'argent à leur famille restée au pays. La famine sévit.

Si la culture de la cochenille (encadré p. 214) fournit un temps une bouffée d'oxygène à l'île, c'est l'introduction de la banane « chinoise », à partir du milieu du XIXe s., qui apporte la prospérité. La banane (p. 86-87) devient dès lors le baromètre de la santé économique de Tenerife. Lorsque les exportations baissent, l'émigration vers Cuba ou le Venezuela prend des proportions alarmantes. Des boîtes aux lettres ont d'ailleurs été créées sur l'île pour ces destinations ! Aujourd'hui encore, en dépit d'une agriculture diversifiée – notamment avec la culture de tomates et de pommes de terre sous serres –, la banane reste le principal produit agricole de l'île.

Le boom touristique

Les progrès du tourisme vont endiguer cette énorme dramatique hémorragie, permettant à Tenerife de rassembler aujourd'hui environ 40 % de la population de l'archipel. Connaissant dans ce domaine un départ un peu plus tardif que la Grande Canarie, l'île aménage des plages artificielles à partir du sable du Sahara et développe son parc hôtelier à un rythme soutenu. Dès les années 1960, elle rattrape sa rivale de l'est avant de la dépasser.

Aujourd'hui, Tenerife attire un nombre croissant de visiteurs. Le cap des 5 millions a été franchi en 2004, soit plus de 6 fois la population insulaire ! Les autorités ont mis un terme à la prolifération des complexes hôteliers qui rivalisaient en gigantisme. Seule la construction de cinq étoiles accompagnés d'un terrain de golf est désormais autorisée. Évidemment, la mesure ne concerne pas les lotissements bon marché qui prolifèrent ici comme à Lanzarote ou à la Grande Canarie. Une ligne de train qui longerait la côte (Tren del Sur) est prévue à l'horizon 2010 : elle décongestionnera l'autoroute du Sud en reliant Santa Cruz à Playa de las Américas via l'aéroport Sur-Reina Sofia.

> *Carte* p. 70-71. *Carnet d'adresses* p. 93 •

programme

Une semaine serait idéal pour découvrir Tenerife tout en profitant de ses plages et du soleil, mais trois jours suffiront pour voir l'essentiel. Vous séjournerez à **Playa de las Américas** (côte sud) ou à **Puerto de la Cruz**.

Jour 1. Découverte de la **pointe nord-est***** de l'île (gagnez directement **Santa Cruz**** par l'autoroute) et de **La Laguna***** (p. 76).
Jour 2. Visite de la **côte nord**** (p. 79), **Puerto de la Cruz***** (p. 80) et **La Orotava***** et ses environs (p. 79), puis du ♥ **macizo del Teno***** à l'extrême nord-est (p. 88), avant de longer la côte jusqu'aux plages du sud (p. 74). **Jour 3**. Gardez le meilleur pour la fin – le centre de l'île : le monde volcanique de **Las Cañadas del Teide***** (p. 91) et la **Carretera dorsal***** (p. 92), la magnifique route des crêtes qui relie le **Teide** à **La Laguna**. •

Le carnaval de Santa Cruz de Tenerife est l'un des grands moments de la vie culturelle d'une ville en pleine métamorphose.

© Patrick Frilet / Hémisphères Images

Santa Cruz de Tenerife★★

> *À env. 80 km N-E de Playa de las Américas et 45 km N-E de Puerto de la Cruz.* **Plan p. 70-71. Carnet d'adresses p. 93.**

En dépit d'une banlieue étendue, d'un front de mer aux allures de voie rapide et d'une circulation difficile, Santa Cruz est une ville agréable. Son animation, ses boutiques, ses restaurants authentiques, l'activité de son port enfin – l'un des plus importants d'Espagne – lui confèrent un certain charme.

DE « LA CROIX »
AU STATUT DE CAPITALE

Le 3 mai 1494, le conquistador Alonso Fernández de Lugo débarque dans l'île. En signe de conquête, il fait élever une croix de bois, la « Santa Cruz ».

La ville acquiert peu à peu de l'importance au cours du XVIe s. Elle passe alors pour un repaire d'aventuriers et de mercenaires, et devient le refuge de toutes sortes d'individus pourchassés par la justice et l'Inquisition.

Le déclin du port de Garachico, au nord, obstrué par une coulée volcanique au milieu du XVIIe s., constitue une chance pour Santa Cruz : c'est désormais ici qu'accostent les bateaux venus du Nouveau Monde. Malgré les attaques de pirates, comme celle de Robert Blake en 1657, Santa Cruz poursuit sa croissance. En 1723, la Capitainerie générale – l'une des plus importantes instances officielles canariennes – quitte La Laguna pour s'installer dans la cité. Elle est suivie par la plupart des autres administrations de l'archipel. Il faut cependant attendre 1822 pour que Santa Cruz soit promue au rang de capitale des Canaries. Elle gardera ce titre jusqu'en 1927, date de la création de la province des Canaries orientales, dont la capitale est Las Palmas de Gran Canaria *(p. 150)*. Aujourd'hui, la ville compte près de 220 000 hab. Son agglomération a rejoint celle de La Laguna, qui sera unie à la capitale par une nouvelle ligne de tramway (achèvement prévu en 2007). On évoque même l'idée d'intercommunalité. La ville s'est donnée un

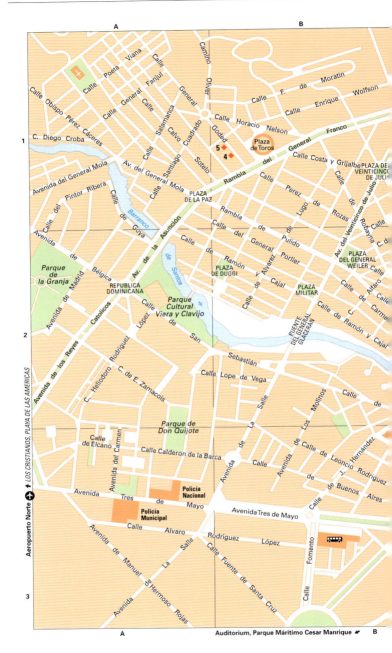

SANTA CRUZ DE TENERIFE *(plan de Tenerife p. 66)*

nouveau quartier à l'ouest, autour d'un centre de congrès et d'un auditorium futuriste dessiné par Santiago Calatrava. Le vieux *barrio* de la Concepción, entièrement réhabilité, accueillera dans les prochaines années un musée d'Art contemporain dédié à l'enfant du pays, le peintre surréaliste Óscar Domínguez.

LA PLAZA DE ESPAÑA

CD2 La grande place circulaire a été dessinée à la veille de la guerre civile, après la démolition du château de San Cristobal. Ornée d'une grande croix rappelant la fondation de la ville, elle s'ouvre sur le front de mer que borde une bruyante avenue. Elle est dominée par l'imposant bâtiment de la poste et par le Cabildo Insular (1934-1940) qui abrite l'office du tourisme.

Autour de la plaza de la Candelaria

C2 Piétonnière et animée en raison de ses nombreuses terrasses de cafés, cette place est ornée de l'**obélisque du Triunfo de la Candelaria**★, œuvre sculptée au XVIIIe s. à Gênes par Pasquale Bocciardo. L'harmonie de la place a quelque peu souffert de la construction de nombreux immeubles sans grâce. L'édifice le plus ancien est le **palacio de Carta** (1752), rare exemple d'architecture civile de l'âge baroque dans la ville. L'ancienne **Camara oficial de Comercio, Industria y Navigación** est un bel exemple d'Art déco.

Dans le prolongement de la place, la **calle del Castillo** offre une agréable promenade. La rue piétonnière est bordée de bâtisses anciennes du début du XXe s., pour la plupart occupées par des enseignes franchisées.

Autour du museo de Bellas Artes

C2 À droite, dans la calle José Murphy, vous arrivez devant l'**église baroque San Francisco C2**, fondée au XVIIe s. et remaniée au siècle suivant. En face de l'agréable jardin qui occupe l'emplacement de l'ancien cloître, le **museo de Bellas Artes** (*ouv. en été lun.-ven. 10 h-19 h ou 20 h et sam.-dim. 10 h-14 h ou 15 h; entrée gratuite ☎ 922.24.43.58*) mérite une visite pour son intéressant *Saint Joseph* de Ribera et pour son ensemble de tableaux flamands des XVIe-XVIIe s. La pièce majeure reste le grand triptyque de Pieter Coecke Van Aelst (mort en 1556), élève anversois de Bernard van Orley très marqué par le style italien qu'il découvrit lors d'un séjour à Rome. Le musée offre aussi l'occasion de découvrir des maîtres canariens du XIXe s. dont l'art révèle un profond enracinement dans l'archipel.

Après un coup d'œil à l'intéressante bâtisse de style historiciste du **Círculo de Amistad 12 de Enero**★ (1904-1934), au bout de la calle José Murphy, traversez le jardin et gagnez, par la calle del Pilar, le **parque García Sanabria C1**, musée de sculptures contemporaines en plein air. Sur la rambla del General Franco, près de la calle de Viera y Clavijo **B1**, remarquez *Le Guerrier Goslar* de Henry Moore. En poursuivant assez loin cette avenue vers le sud (prenez votre voiture), vous déboucherez devant une œuvre de Joan Miró, *La Mujer botella (La Femme bouteille)*.

Vers le marché

En revenant à la calle del Castillo et en poursuivant en direction de la plaza Santo Domingo, vous déboucherez près de la plaza Isla de Madera **C2**, où se dressent le **Teatro Guimerá** (1849 ; < www.teatro guimera.es >), accueillant les représentations du festival de *ipera* de Tenerife (sept.-nov.). Juste à côté, Le centre d'art La Recova abrite le **centro de Fotografía** (expositions temporaires ☎ 922.29.07.35), appelé à déménager dans le grand bâtiment moderne situé au-delà du puente General Serrador, de l'autre côté du barranco de Santos. Le vaste édifice, dont l'achèvement est prévu à l'horizon 2007-2010, deviendra le centre d'art contemporain qui manquait à Tenerife. Il accueillera le siège de l'instituto Óscar Dominguez de Arte y Cultura contemporánea. En face, le mercado de Nuestra Señora de África **BC3**, très animé le matin, est assez exotique. Sa vaste cour intérieure est bordée d'arcades.

● **Le musée de la Nature et de l'Homme*** (museo de la Naturaleza y el Hombre, calle Fuente Morales **C3** ; *ouv. t.l.j. sf lun. 9 h-19 h ; entrée payante* ☎ *922.53.58.16*). Occupant un ancien hôpital de style néo-classique de la seconde moitié du XVIIIe s., ce grand musée moderne possède deux sections : archéologie (objets d'art africain et précolombien, vie des Guanches) et histoire naturelle (fossiles, minéraux et

faune marine). De l'autre côté du barranco de Santos se dresse **Nuestra Señora de la Concepción C2-3**, la plus ancienne et la plus importante église de la ville (XVIe-XVIIIe s.), ornée de retables et de statues baroques. Avant de revenir plaza de España, flânez dans le quartier voisin réhabilité.

Autour de l'avenida Tres de Mayo

Ceux qui souhaiteraient découvrir le nouveau visage de Santa Cruz prendront l'avenida Bravo Murillo vers le sud jusqu'à atteindre l'avenida Tres de Mayo, avec sa gare routière toute neuve et son grand magasin El Corte Inglés. Plus loin se dessine la silhouette de l'**auditorium** hors plan par B3** (☎ 922. 56.86.00 ; <www.auditoriodetenerife.com >), réalisé par Santiago

© Bertrand Gardel/Hémisphères Images

L'archipel est devenu une sorte de conservatoire des espèces végétales du globe.

Contrairement aux arbres, les espèces endémiques de fleurs et d'arbustes à fleurs sont rares aux Canaries. Les plantes courantes dans l'archipel – hibiscus, bougainvillées, lantanas et acacias – ont été introduites après la conquête. Il en est de même des fleurs des jardins : strelitzias (oiseaux de paradis) originaires d'Afrique du Sud, hortensias provenant d'Extrême-Orient, sans oublier les variantes de jasmins et des fleurs en clochettes blanches ou rouges dites « trompettes d'ange » (*Brugmansias*), venues d'Amérique du Sud. Souvent fragiles, les fleurs endémiques de l'archipel se rencontrent surtout dans les zones élevées, sur le Teide et dans le massif de l'Anaga, dans le nord-est de Tenerife, ainsi que dans la caldera de Taburiente à La Palma. Il s'agit de marguerites jaunes ou blanches, de genêts fleurissant au printemps et de *tajinaste*, un arbuste qui colore de rouge les étendues volcaniques. Quant à la rarissime violette du Teide, elle se trouve seulement sur les hauteurs les plus inaccessibles. ●

Chaque année, les 14 et 15 août, Candelaria attire des milliers de Canariens venus de tout l'archipel. Ils viennent rendre hommage à Nuestra Señora de Candelaria (Notre-Dame de la Chandeleur), sainte patronne des Canaries. Selon la légende, la statue de la Vierge « originale » se serait échouée sur la plage de Candelaria à la fin du XIVe s., une centaine d'années avant l'arrivée des Espagnols. Elle aurait été vénérée par les Guanches et placée dans l'une des nombreuses grottes en bord de mer. En 1826, un raz-de-marée l'engloutit, et c'est une copie du XIXe s. que vous verrez dans l'église ou dans les rues lors de la *romería (p. 226)* de Candelaria.

●●● *Voir également l'encadré Jours Fériés p. 36.*●

Calatrava et inauguré en 2003. Le prestigieux orchestre symphonique de Tenerife y a élu résidence. Très plastique, l'œuvre est coiffée d'un toit en forme de voile du plus bel effet, qui culmine à 50 m de hauteur. Au sud de l'auditorium s'étend le parque marítimo Cesar Manrique, un espace de loisirs avec piscines dominé par la Montaña del Palmetum (colline aux 5 000 palmiers). Le projet en cours de Palmetum est incertain, faute de crédits et de la disparition de nombreuses espèces : de 410 en 1999, elles ne sont plus que 250 aujourd'hui. L'octogone situé au cœur du site devait accueillir un musée du Palmier, mais son maillage a été très malmené par une tempête en 2002... À deux pas de la raffinerie, se trouve le **Recinto Ferial** (1996), centre international d'expositions et de congrès dessiné par Santiago Calatrava.

La côte sud

> *Itinéraire d'env. 85 km de Playa de las Américas à Santa Cruz de Tenerife via Arico.*

C'est incontestablement la partie la plus ingrate de Tenerife. La voie rapide traverse une succession de *barrancos* arides descendant vers la mer, couverts çà et là de serres de plastique. La côte est grignotée par les lotissements de vacances, tandis qu'un environnement industriel annonce l'arrivée à Santa Cruz.

Playa de las Américas et Los Cristianos

> *À env. 20 km O de l'aéroport Tenerife Sur-Reina Sofia et env. 80 km S-O de Santa Cruz.* **Carnet d'adresses** *p. 98, à Arico el Nuevo p. 95.*

Playa de las Américas et Los Cristianos est un complexe touristique qui s'étend sur plusieurs kilomètres à l'extrémité sud de Tenerife. Imaginez une conurbation ininterrompue composée d'hôtels aux allures de gratte-ciel, de *residenciales* et autres *apartamentos* étirant leurs terrasses en escalier. Ajoutez fast-foods, pubs, boîtes de nuit avec karaoké et restaurants..., des estivants venus des quatre coins de l'Europe, une bonne dose de musiques tonitruantes, et vous aurez un aperçu de Los Cristianos et de Playa de las Américas. C'est là, à environ 20 km à l'ouest de l'aéroport international de Tenerife Sur-Reina Sofia, que vous avez toutes les chances de séjourner, à moins que vous ayez opté pour Puerto de la Cruz, sur la côte nord. Ses plages de sable, abritées par des digues et surpeuplées, sont le principal atout de la station, avec l'ambiance de farniente et l'animation aux terrasses des cafés.

Si vous résidez ici, parmi la pléthore d'excursions (renseignements à l'office de tourisme et dans les hôtels), privilégiez celle qui vous mènera à l'île de la Gomera *(p. 103)*. L'embarquement a lieu au port de Los Cristianos.

Vers Arico

> *À 40 km N-E de Playa de las Américas.*
Carnet d'adresses p. 95.

Depuis Playa de las Américas ou Los Cristianos, préférez l'autoroute – la route intérieure est décevante. Passé l'aéroport et une fois à la hauteur de Poris de Abona, sortez de l'autoroute et dirigez-vous vers Arico dans l'intérieur des terres. La route *(7 km N)*, qui serpente au flanc d'un *barranco*, mène à Arico Viejo puis au joli village d'**Arico el Nuevo★**, dont les maisons blanches se blottissent autour d'une église au porche canarien. L'endroit, qui est peu connu, est ravissant.

Güímar★

> *À 26 km N-E. d'Arico. Carnet d'adresses p. 96.*

L'important centre viticole voit affluer des touristes depuis la récente création de « pyramides guanches » par l'explorateur et anthropologue norvégien Thor Heyerdahl (1914-2002). Le **parque etnográfico Pirámides de Güímar** *(ouv. t.l.j. 9 h 30-18 h ; entrée payante* ☎ *922.51.45.10, < www.piramides deguimar.net>)* comprend 5 pyramides orientées en fonction du soleil. Leur forme en escalier, voisine de celles du Pérou ou du Mexique, voire d'Égypte, évoquerait de possibles contacts entre deux mondes. Telle était la conviction de Thor Heyerdahl, à l'origine de cette reconstitution osée, théorie rejetée en bloc par la plupart des archéologues « officiels ». On voit aussi les bateaux en osier avec lesquels l'explorateur a traversé les mers. Un certain côté « Disneyland guanche » et un prix d'entrée prohibitif achèvent de créer le malaise.

Candelaria★

> *À 11 km N-E de Güímar et 20 km S-O de Santa Cruz. Carnet d'adresses p. 95.*

Cette cité de pèlerinage attire beaucoup de monde. L'église *(suivre les indications « basílica »)* date des années 1950 ; les signes de dévotion et les fresques entourant la statue de la Vierge justifient la visite *(encadré ci-contre)*. Les statues des neuf rois guanches en armes qui tournent le dos à la mer sont impressionnantes.

© Agnès Boutteville

À Playa de las Américas et Los Cristianos, les architectes jouent la carte de l'exotisme factice, mélangeant réminiscences andalouses et style hispano-mauresque.

La pointe nord-est★★★

> *Itinéraire d'env. 90 km au départ de Santa Cruz de Tenerife.*

Cette extrémité est un paradis que peu de touristes connaissent. On y voit quelques-uns des plus beaux panoramas marins de l'île, le plus souvent à travers les trouées de la grande forêt de las Mercedes. Les côtes sont parsemées de jolis villages perdus, et les petites plages sont peu fréquentées, car seulement accessibles aux randonneurs.

La Laguna★★★

> *À 8 km N-O de Santa Cruz de Tenerife. Parking derrière la plaza del Adelantado, près du marché (indications). Carnet d'adresses p. 97.*

La Laguna, le « lac », doit son nom au petit lac où le conquistador Alonso Fernández de Lugo fonda la ville au XVe s. Siège des gouverneurs de l'archipel en 1496, elle accueillit la première université des Canaries

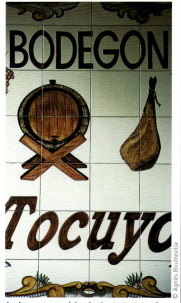

La Laguna possède plusieurs tascas où l'on peut déguster, à l'andalouse, des tapas arrosés d'excellents vins de l'île.

en 1701. Capitale au temps de la conquête, La Laguna est aujourd'hui la deuxième ville de l'île. Elle reste toutefois le centre universitaire et culturel de Tenerife, animé pendant l'année scolaire, ainsi que le centre religieux de l'île. Située à 500 m d'altitude, il y fait plus frais que dans le reste de Tenerife. La cité, construite sur un plan à damier, aux rues bordées de demeures des XVIIe et XVIIIe s., est plus espagnole que canarienne. Son centre historique est classé au patrimoine de l'humanité par l'Unesco.

LA VIEILLE VILLE★★★

Vous partirez de la plaza del Adelantado, ombragée et ornée d'une fontaine en marbre autour de laquelle il fait bon flâner. Sur le côté droit, le **palacio de Nava★** est une belle bâtisse qui mélange éléments baroques et néoclassiques. À gauche se dresse le couvent **Santa Catalina de Siena★**, monastère dominicain fondé au XVIIe s. De l'autre côté de la calle Obispo Rey Redondo s'élève la mairie, avec sa façade néoclassique (XIXe s.) un peu lourde : à l'intérieur se cachent boiseries et fresques historiques.

La **calle Obispo Rey Redondo★★**, aussi appelée calle La Carrera, est bordée par quelques-uns des plus beaux édifices de la ville : la **casa del Corregidor★** (XVIe s.), reconnaissable à son splendide portail platteresque, et la **casa Alvarado Bracamonte★** (1624-1631), dite aussi casa de los Capitanes, parce qu'elle fut le siège de la capitainerie générale des Canaries au XVIIIe s.

L'église Nuestra Señora de los Remedios, fondée en 1515 par Alonso Fernández de Lugo, a été considérablement transformée après 1819, lorqu'elle fut promue au rang de cathédrale du nouveau diocèse. L'intérieur abrite diverses œuvres d'art (chaire en marbre de Carrare et sculptures), ainsi que le tombeau d'*el conquistador*. En poursuivant la calle Obispo Rey

patrimoine

Les dykes

La pointe nord-est de l'île de Tenerife est jalonnée de lignes de pierres orientées nord-est – sud-ouest et dont la hauteur excède parfois plusieurs mètres : on les appelle les dykes. Malgré les apparences, ces « murs » n'ont pas été élevés par l'homme. Ce sont d'anciennes artères par lesquelles la lave s'écoulait il y a des milliers d'années. •

Redondo au-delà de la cathédrale, vous longerez la façade de style éclectique du Teatro Leal (1915), avant de vous diriger vers le clocher-campanile (fin XVIIᵉ s.) de l'église Nuestra Señora de la Concepción*, fondée en 1511. Remarquez le **plafond*** en bois ouvragé du plus pur style canarien, la chaire en bois de cèdre, le maître-autel en argent ciselé et les fonts baptismaux, où les chefs guanches reçurent l'onction lors de leur conversion *(p. 50-51)*. En prenant la calle Belen à droite de l'église puis la calle San Agustín, encore à droite, vous découvrirez de belles demeures du XIXᵉ s., puis le **joli clocher*** de l'église de l'ancien couvent San Agustín, où l'Instituto de Canarias a élu domicile. Situé dans une demeure du XVIᵉ s. (construite par la famille génoise Lercaro), l'intéressant **museo de Historia de Tenerife*** *(calle San Agustín, 22 ; ouv. t.l.j. sf lun. 9 h-19 h ; entrée payante ☎ 922.82.59.49)* donne un aperçu de la vie sociale, culturelle et économique de Tenerife à travers les âges.

En continuant la calle San Agustín, vous atteindrez le casino et la calle Nava y Grimón (ou calle El Agua), qui reconduit rapidement à droite à la plaza del Adelantado.

Aux environs de La Laguna

> *À env. 1 km E du centre de La Laguna (en direction de la forêt de las Mercedes et de l'Anaga).*

En sortant de La Laguna par la calle Nava y Grimón (la rue qui longe le palacio de Nava), vous passerez devant le santuario del Cristo *(ouv. t.l.j. 8 h-13 h 30 et 16 h-20 h 45 ; entrée gratuite)*, qui abrite une statue vénérée aux Canaries. Il s'agit d'un Christ andalou en bois du XVᵉ s. qu'Alonso Fernández de Lugo a apporté sur Tenerife en 1520. Chaque année, le 14 septembre, la statue est portée en procession dans toute la ville.

Las Montañas de Anaga***

> *Itinéraire d'env. 40 km au départ de La Laguna.*

L'Anaga est un massif volcanique dépassant 1 000 m d'altitude où la nature est restée presque intacte. Une excursion d'une demi-journée sur la route des crêtes permet de découvrir d'étourdissants à-pics sur la mer, alternativement depuis le versant sud « sous le vent », et donc plus sec, et le versant nord, « au vent », couvert de bruyères arborescentes et de lauriers géants.

LA FORÊT DE LAS MERCEDES**

Poursuivez au-delà du santuario del Cristo en suivant les indications. La route rejoint alors la forêt de las Mercedes, qui représente environ la moitié de la surface forestière de l'île. Vous devinerez l'aspect de Tenerife il y a quelques millions d'années : les lauriers et les fougères arborescentes grimpent jusqu'au sommet des Montañas de Anaga, où la nature luxuriante laisse place à une végétation arbustive que l'on jurerait méditerranéenne *(p. 164-165)*.

Faites une pause au **mirador Cruz del Carmen**** (920 m), où vous pourrez jouir du panorama de la forêt et de La Laguna. Un panneau vous informe des randonnées *(30 mn de balade).*

La route atteint peu après le sommet de l'Anaga (1 024 m), puis le **pico del Inglés★★★**, qui doit son nom à un Anglais qui se serait jeté dans le vide. La vue, circulaire, des deux versants de l'île est vertigineuse. Elle s'étend jusqu'au Teide *(p. 90)*, dont la masse sombre s'élève au sud, et jusqu'à l'île de la Grande Canarie. Des promenades bien balisées sont possibles également ici *(1 h 50 à 2 h 30).*

Prenez à gauche vers Chamorga pour arriver au mirador d'El Bailadero. La route passe d'un versant à l'autre. Elle offre des **vues★★** somptueuses sur la côte sud et la côte nord au **mirador de Las Casas de la Cumbre**. Très étroite et sinueuse, elle s'achève en cul-de-sac au hameau de Chamorga, d'où partent des sentiers de randonnée pour le littoral *(carte et panneau d'informations à l'arrêt de bus situé à l'entrée du village).*

Vers la playa de las Teresitas★★

> *Env. 40 km avec les détours au N-E et retour à Santa Cruz de Tenerife.*

De retour à l'intersection précédente, prenez la direction de las Teresitas ; à gauche, une route mène à la côte nord. Après une descente, vous arriverez au village de ♥ **Taganana★**, établi sur l'arête d'une coulée de lave.

En suivant le littoral ponctué d'écueils, gagnez Almaciga (restaurants de poisson). Après avoir déjeuné ou piqué une tête dans la mer – ici ou à Benijo (sentiers balisés pour atteindre le roque Bermejo) –, revenez sur vos pas et continuez la TF12. La route suit le barranco de las Huertas jusqu'à San Andrés, proche de la playa de las Teresitas *(10 km N-E de Santa Cruz)*, dont le sable blanc a été apporté du Sahara !

La plage devrait bientôt voir sa superficie augmentée pour devenir la «plus grande plage urbaine d'Europe», selon les mots du maire de Santa Cruz. Le projet a été confié au Français Dominique Perrault, à l'origine de la Bibliothèque de France et de plusieurs réalisations en Espagne. La première partie du projet est prévue pour fin 2007, avec un achèvement à la fin de la décennie. En attendant, on pourra se baigner, en veillant à ne rien laisser dans sa voiture.

RANDONNÉES DANS LA POINTE NORD-EST

La pointe nord-est est le meilleur endroit de Tenerife pour les randonneurs.

● **Chinobre-Anambra-Cabezo del Tejo**.

Continuez la route tout droit pendant 2 km après le col d'El Bailadero jusqu'à l'aire de repos. C'est la plus belle randonnée de la pointe : vues superbes des *barrancos*, avec la mer au loin *(env. 2 h).*

● **Depuis Benijo**.

Sur la côte nord, trois sentiers suivent le littoral.

Le plus intéressant, mais aussi le plus long *(env. 3 h)*, atteint la pointe du roque Bermejo (retour possible par le centre *via* Chamorga et El Draguillo). Les deux autres sentiers, moins fatigants et moins longs, vous conduiront à El Draguillo et à Las Palmas de Anaga *(30 mn et 70 mn).*

●●● *Voir également la rubrique randonnée dans notre Quotidien p.26*

RANDONNÉES DANS LA POINTE NORD-EST

La côte nord★★

> *Itinéraire d'env. 80 km de Santa Cruz de Tenerife à Garachico* via *La Orotava et Puerto de la Cruz.* **Carnet d'adresses** à *Tacoronte p. 102.*

De Santa Cruz à Puerto de la Cruz, l'autoroute traverse la partie la plus urbanisée de l'île. Les petites maisons blanches accrochées aux pentes des montagnes s'éparpillent au milieu des bananeraies. Cette promenade sur la côte la plus humide et la plus venteuse de l'île, à défaut de plages vraiment exceptionnelles, vous fera découvrir deux villes au riche patrimoine architectural : Puerto de la Cruz et La Orotava. Vous admirerez aussi des villages pleins de charme, comme Icod de los Vinos et Garachico.

Vers La Orotava

> **Carnet d'adresses** *p. 97.*

Depuis La Laguna, l'autoroute passe près de **Tacoronte★**, important centre viticole producteur de Vina Norte qui possède deux églises, dont l'église Santa Catalina, et une vieille *alhondiga* (halle au blé). À **El Sauzal**, ne manquez pas la casa del Vino La Baranda *(ouv. t.l.j. sf lun. 11 h-20 h ; entrée gratuite* ☎ *922.57.25.35).* Le bâtiment du XVIIᵉ s. est joli, et vous pourrez y déjeuner tout en goûtant les crus de l'île. Vous pouvez aussi acheter des bouteilles, le choix de vins canariens est impressionnant *(encadré p. 52).*

Quittez l'autoroute du Nord après avoir dépassé la sortie vers Santa Ursula pour suivre la direction de La Orotava. En s'élevant dans la montagne, la route prodigue des vues magnifiques de la **valle de La Orotava★★**, avec Puerto de la Cruz établie au bord de la mer en toile de fond. Parvenu au **mirador de Humboldt★★★**, faites une pause pour admirer le panorama. L'Allemand Humboldt, pourtant grand voyageur, serait tombé à genoux en le découvrant !

♥ La Orotava★★★

> *À 43 km S-O de Santa Cruz de Tenerife et 7 km S de Puerto de la Cruz.* **Carnet d'adresses** *p. 97.*

La Orotava est une ville authentiquement canarienne où les vieilles maisons rivalisent de beauté. En arpentant ses rues, découvrez ces demeures des XVIIᵉ et XVIIIᵉ s.

RIVALE DE LA CAPITALE

Fondée au début du XVIᵉ s., la ville prospère et se voit promue au rang de cité par décret royal en 1648. Son port (l'actuel Puerto de la Cruz) en fait le principal centre du nord, concurrençant les capitales de Tenerife, La Laguna et Santa Cruz. Aujourd'hui, La Orotava (alt. 350 m) toise la mer avec indifférence. Au centre du chef-lieu de la plus vaste commune de l'île, l'opulente et élégante cité vit du tertiaire et de la banane, omniprésente dans la vallée qui porte son nom. Son centre historique quasiment intact et son ensemble de maisons nobles du XVIIᵉ s., sans équivalent à Tenerife, est remarquablement mis en valeur.

AUTOUR DE LA PLAZA DE SAN FRANCISCO★★

Stationnez près de la place, face à l'ancien moulin à *gofio* du XVIᵉ s. L'**hôpital de la Santísima Trinidad★** *(ouv. t.l.j. 12 h-20 h ; entrée libre dans le patio ; sonner)* s'élève en balcon sur la vallée (belle vue depuis la terrasse près de l'entrée). Il occupe un couvent dominicain dédié à saint Laurent et surnommé l'« Escorial des Canaries » au XVIᵉ s. Le tourniquet permettant d'échanger des objets est toujours visible.

La callega San Francisco, qui descend de la place, est bordée de maisons anciennes, la **casa de los Balcones★★** (1632) ; en face, la **casa del Turista★★** (XVIIᵉ s.) abrite un magasin d'artisanat et de produits alimentaires locaux. Toutes deux sont typiques de l'architecture traditionnelle *(p. 130-131)* : portes et balcons ouvragés, volets aux allures de moucharabieh et patios verdoyants. Par la calle del Colegio, en face, qui descend en pente raide, vous dépassez un vieux moulin à *gofio* (à gauche), avant de longer la façade harmonieuse garnie de balcons en bois de la **casa Ponte Fonte★** (ou casa Lercaro, 1676). Vous dépassez ensuite le **portail★** de style maniériste de la **casa Monteverde**, édifice du XVIIᵉ s. s'organisant autour d'un patio central. Vous atteignez enfin très vite l'église de la Concepción dont vous découvrez d'abord l'abside.

L'église Nuestra Señora de la Concepción★

Cet imposant édifice baroque du XVIIIᵉ s. apparaît plus espagnol que canarien avec sa coupole et ses deux tours. L'intérieur contient de riches œuvres d'art, dont une *Dolorosa* de José Luján Pérez (1756-1815), sculpteur canarien.

Autour de la plaza de la Constitución★★

De l'église de la Concepción, prenez la calle Cólogan vers la vallée, puis la tranquille calle Viera à droite. Cette rue vous conduira près du couvent Santo Domingo (XVIIᵉ s.), transformé en musée d'Artisanat ibéro-américain *(calle Tomás Zerolo, 34 ; ouv. lun.-ven. 9 h-*

18 h, sam. 9 h 30-14 h ; entrée payante ☎ 922.32.17.46). Remontez la calle Tómas Zerolo, bordée d'un bel ensemble de demeures anciennes. La calle del Escultor, à gauche, atteint la plaza de la Constitución que bordent l'entrée du jardin Marquesado de la Quinta Roja *(ouv. t.l.j. en été 8 h-22 h, 21 h en hiver ; entrée payante)*, le Liceo Taoro (1928) et l'église San Agustín (fin XVIIᵉ s.). À droite, la calle del Escultor conduit à l'*ayuntamiento* du XIXᵉ s. *(voir notre lexique p. 226)*, au-dessus duquel se cache le joli ♥ **jardín botánico★** *(ouv. lun.-ven. 10 h-19 h ; entrée payante)*.

Tout près de là, sur la calle León, vous pourrez visiter le **museo de Cerámica Tafuriaste** *(calle León, 3 ; ouv. t.l.j. 10 h -18 h, dim 10 h-14 h ; entrée payante)*, abritant un millier de céramiques traditionnelles.

La calle Dʳ González García ou la rue des moulins

Située au sud de la plaza San Francisco, la calle Dʳ González García est surnommée la « rue des moulins ». Plusieurs d'entre eux, édifiés aux XVIIᵉ-XVIIIᵉ s., continuent de moudre l'orge, le maïs et le froment pour confectionner la poudre qui sert à préparer, après adjonction d'eau, le fameux *gofio* (encadré p. 33). Autrefois, les moulins de La Orotava fonctionnaient grâce à l'eau provenant d'Aguamansa, à quelque 1 000 m d'altitude audessus de la vallée. Ils tournent aujourd'hui à l'électricité.

Puerto de la Cruz★★★

> À 7 km N de La Orotava et 45 km S-O de La Laguna. **Plan p. 82-83. Carnet d'adresses p. 100.**

Le « port de la Croix », ancien puerto de La Orotava, est le grand centre touristique de la côte nord de Tenerife. Avec son quartier ancien bien conservé, Puerto de la Cruz cible un tourisme plus haut de gamme que Playa de las Américas. Elle attire des visiteurs pour qui

---

programme

La promenade *(el paseo)* est l'activité de prédilection des Canariens. De la **plaza del Charco B2** à la **plaza de la Iglesia C1-2**, écoutez à une terrasse des musiciens qui jouent souvent en plein air. Rendez-vous ensuite dans l'avenida de Colón, au bord de la playa Martiánez **D1**, puis dans l'avenida del Generalísimo **D1-2**, toujours très animées en soirée. ●

La côte nord de Tenerife, grâce à l'humidité apportée par les alizés, est couverte de grandes étendues de bananiers.

la baignade et le bronzage ne constituent pas l'essentiel, et notamment beaucoup d'Espagnols. La moindre clémence du climat sur la côte nord est compensée par l'abondance de curiosités dans les environs.

UN PETIT VILLAGE DE PÊCHEURS

Bâtie au début du XVIIᵉ s., la cité s'enrichit et grandit grâce à l'activité de son port, d'où partent le vin et les bananes produits dans la vallée. À la fin du XIXᵉ s., ce paradis est découvert par une poignée d'Anglais aisés qui en font leur lieu de villégiature et y construisent des palaces. L'essor touristique culmine dans les années 1970, avec la création du lido San Telmo. Des hôtels continuent aujourd'hui de s'élever, mais en dehors de la ville, vers l'ouest.

Le cœur de la ville étant piétonnier, garez votre véhicule à l'ouest de la plaza del Charco **B2** ou sur le parking en terre battue au bord de la mer **C1**.

VERS LA PLAZA DEL CHARCO★

Dans la **vieille ville★★**, où subsistent des vestiges d'anciennes fortifications, vous pourrez faire du shopping (parfum, hi-fi, matériel photo et vidéo), prendre un café ou déguster une glace.

B2 La **plaza del Charco★** est le cœur de la ville. Cette esplanade rectangulaire, bien ombragée, est l'endroit idéal pour prendre un verre sous des lauriers indiens. Dirigez-vous vers la mer et le ravissant petit **port de pêche★★** qui date du XVIIIᵉ s. Son petit fortin et ses édifices de style canarien comme l'ancienne douane au joli patio en font l'un des plus beaux lieux de la ville. À gauche, la bâtisse en forme de barque présente une exposition-vente des meilleurs produits de l'artisanat local. La calle San Felipe traverse ensuite le vieux Puerto de la Cruz où se cache un minuscule Musée archéologique *(calle del Lomo, 9 ; ouv. lun.-sam. 10h-13h et 17h-21h, dim. 10h-13h ; entrée payante* ☎ *922.37.14.65)* qui abrite des céramiques, des bijoux et

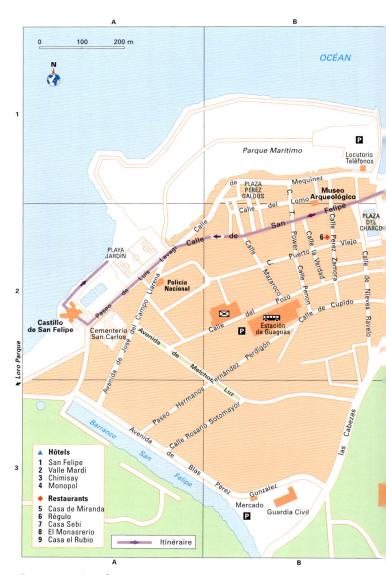

PUERTO DE LA CRUZ *(plan de Ténérife p. 74)*

la reconstitution d'une grotte guanche. En continuant vers l'ouest, vous atteindrez le **castillo de San Felipe★ A2** (début XVIIᵉ s.).

Au-delà s'étend la playa Jardín, avec ses restaurants au bord de la mer.

L'ÉGLISE
NUESTRA SEÑORA DE LA PEÑA★

C1-2 La calle Santo Domingo est l'une des rues les plus pittoresques du vieux Puerto de Santa Cruz. L'église Nuestra Señora de la Peña (XVIIᵉ s.) est joliment mise en

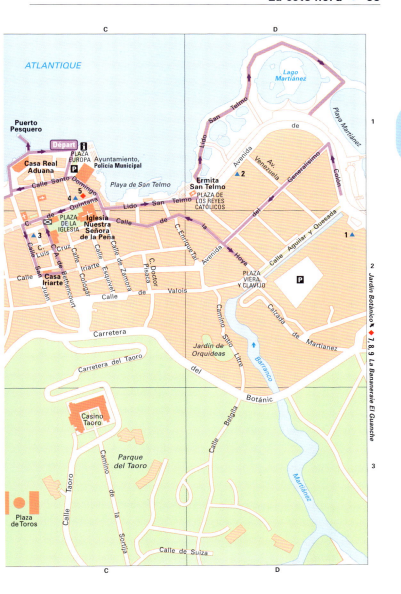

valeur par les palmiers et les parterres fleuris qui ornent son petit parvis. À l'intérieur, vous verrez un retable baroque et des sculptures du même style. Deux d'entre elles sont signées Luján Pérez *(Virgen de los Dolores et Santo Domingo)*.

AUTOUR DE LA CALLE DE QUINTANA★

C1-2 L'ensemble du quartier alentour, notamment la calle de Quintana, piétonnière, offre l'occasion de se rafraîchir en dégustant d'excellentes glaces. On peut apercevoir de belles maisons canariennes. La **casa Iriarte★★ C2**, à l'angle de la calle San Juan et de la calle Iriarte, est la plus jolie avec son patio à la végétation exubérante. La maison abrite un magasin d'artisanat et de dentelles ainsi qu'un musée naval.

VERS LE LIDO SAN TELMO★

CD2 Continuez toujours vers l'est et longez la mer pour atteindre les quartiers modernes, dont la petite chapelle blanche dédiée à **San Telmo★★ D1** (1626, restaurée en 1968), saint patron des pêcheurs, signale l'entrée. Aussi appelé costa de Martiánez, ce lido a été aménagé en 1977 d'après les plans de César Manrique, peintre et urbaniste originaire de Lanzarote (encadré p. 203).

Cette promenade plantée d'arbres et de pelouses, avec ses piscines d'eau de mer construites à deux pas du littoral, est assez chic et caractéristique de l'esprit des années 1970. Emmenez vos enfants au **lago Martiánez★ D1**, un lac artificiel au centre duquel s'élève un îlot de lave accessible au moyen d'une passerelle. La promenade sur l'avenida de Colón **D1** peut se poursuivre jusqu'à la playa Martiánez, incitant plus à la baignade que les piscines surpeuplées du lido San Telmo. Le retour vers le centre s'effectuera par l'avenida del Generalísimo **D1-2**, puis par la calle de la Hoya **CD1-2**, ce qui vous permettra de faire du lèche-vitrines dans la vieille ville.

Aux environs de Puerto de la Cruz★★★

Les environs immédiats de Puerto de la Cruz comptent quatre grandes curiosités. Les deux premières, le jardin des Orchidées et le jardin botanique, sont de purs enchantements. Les deux autres – une bananeraie et le « parc aux perroquets » – sont intéressantes mais déconseillées à ceux que le flux des touristes rebute. De plus, l'entrée de ces deux parcs privés est chère…

● **Le jardin des Orchidées D2** (jardín de Orquídeas ; Camino Sitio Litre ; ouv. t.l.j. 9 h 30-14 h 30 ; entrée payante ☎ 922.38.24.17). Le plus ancien jardin de Tenerife, vieux de plus de deux siècles, abrite une collection exceptionnelle d'orchidées, ainsi qu'un dragonnier très ancien. Il a reçu des visiteurs illustres, comme Agatha Christie.

● ♥ **Le jardín botánico★★** (suivre la carretera del Botánico **D2-3** ; ouv. t.l.j. en été 9 h-19 h, en hiver 9 h-18 h ; entrée payante ☎ 922.38.35.72). Créé en 1786 sous la houlette de Charles III d'Espagne (1716-1788), ce petit jardin botanique a fasciné André Breton. Cet inextricable fouillis d'espèces provenant du Nouveau Monde, mais aussi d'Asie et d'Afrique, a quelque chose de surréaliste. Vous découvrirez, protégés des regards par un haut mur, plusieurs centaines d'arbres et de plantes du monde entier, des ficus géants (à l'entrée), des caféiers, des poivriers, des tulipiers, des pins des Canaries et le fantastique Arbol del caucho (Coussapoa dealbata).

● **La bananeraie « El Guanche »★** à 5 km E du centre, peu avant l'accès à l'autoroute du Nord ; ouv. t.l.j. 9 h-18 h ; entrée payante ☎ 922.33. 18.53, <www.bananaraelguanche. com> ; bus gratuit devant le lago Martiánez (hôtel Atlantis).

Plus varié mais plus petit que le précédent (5 ha), c'est davantage un jardin botanique qu'une véritable bananeraie. À la fin de la visite, vous pourrez déguster une banane et un verre d'une liqueur très sirupeuse.

● **Loro parque★★★** (à 3 km S-O du centre ; ouv. t.l.j. 8 h 30-17 h ; entrée payante ☎ 922.37.38.41, <www.loro parque.com> ; minitrain gratuit devant le lago Martiánez).

Créé en 1972, le « parc des perroquets » attire env. 1,5 million de visiteurs chaque année. Attention, les attractions débutent à 10 h : inutile donc d'arriver à l'ouverture pour éviter les foules. À noter que la fondation Loro Parque a acheté un terrain à Playa de las Américas pour créer un second parc. Trois cents espèces différentes de perroquets, d'aras ou de cacatoès sont réparties dans 250 volières ; dans le zoo, des tigres côtoient des flamants du Chili ; le bassin aux otaries et aux dauphins et le plus grand penguinarium du monde ont aussi leurs amateurs. Très hétéroclite, ce parc de 125 000 m² possède des grottes à chauves-souris, un marché gambien, un village thaïlandais, un orchidarium, un musée de porcelaines, etc. Les plus réfractaires au mercantilisme de cet univers de pacotille rendront les armes en découvrant l'**aquarium★★** où les requins vous passent au-dessus de la tête... Frissons garantis !

Vers Garachico★★

> *Itinéraire d'env. 30 km O de Puerto de la Cruz.* **Carnet d'adresses** *à Icod de los Vinos p. 96.*

Pour continuer l'exploration de la côte nord, empruntez la route qui longe au plus près le littoral (plutôt que celle des hauteurs) et traverse une multitude de petits villages.

♥ **Icod de los Vinos★** est célèbre pour ses vins et son dragonnier *(drago milenario)*. La légende lui donne 2 500 ans, mais, en réalité, il en aurait autour de 800. Le parque del Drago *(ouv. t.l.j. 9 h-18 h ; entrée payante)*, dont la création a suscité moult polémiques, est censé mettre l'arbre vénérable en valeur.

Pour visiter Icod, empruntez le parking souterrain *(suivre les indications « drago milenario »)*, près duquel se trouve la billetterie du parque del Drago et le petit train d'accès. Avant de rejoindre le parc, grimpez sur la place arborée plantée de grands arbres où s'élève l'**église San Marcos★**. L'édifice s'ouvre par un portail Renaissance. Elle possède un **plafond en pin sculpté★**. Le petit **Musée diocésain** *(ouv. 9 h-12 h 30 ; entrée payante ☎ 922.81. 06.95)* abrite une impressionnante croix processionnelle en argent filigrané, arrivée ici de La Havane au XVIIᵉ s. De la terrasse s'offre une belle **vue★** sur le fameux dragonnier millénaire.

Sur le chemin du parque del Drago, vous découvrez à droite un grand

Garachico est une localité pleine de charme qui retrouve son calme le soir venu.

© Agnès Boutteville

Bananes et bananiers

© Bertrand Gardel/Hémisphères Images

Dans les plantations
le travail était précaire.
Quand le cours de
la banane baissait,
les ouvriers, au chômage,
étaient contraints d'émigrer
en Amérique du Sud.

Les bananiers se comptent par milliers aux Canaries. Poussant à ciel ouvert ou sous de grandes serres, ils se cachent dans les creux des barrancos *et dégringolent les pentes des montagnes.*

De l'Asie aux Canaries

Le bananier est originaire du Sud-Est asiatique. Il fut découvert par les Portugais au XVe ou au XVIe s. La « pomme du paradis » fut baptisée *banana*, un mot bantou provenant probablement du Kenya ou du Cameroun. Ce n'est qu'en 1855 que le bananier fait son entrée aux Canaries sous l'impulsion de Sabin Berthelot, consul français à Tenerife. L'arbre s'acclimate à merveille, et les propriétaires terriens créent des plantations partout où cela est possible.

Du rhizome aux régimes

Contrairement aux apparences, le bananier n'est pas un arbre mais une plante arborescente herbacée. Son rhizome souterrain (tige) donne naissance à des feuilles dont les gaines s'imbriquent entre elles pour former un tronc atteignant environ 2 m de haut. Parvenu à l'âge adulte – au bout d'un peu plus d'un an –, il produit une fleur hermaphrodite mauve qui donne le régime de bananes. Au cours de la maturation, le poids croissant de celui-ci peut atteindre 25 à 30 kg.

La récolte a lieu toute l'année et particulièrement au printemps, car le bananier fournit alors son meilleur rendement. Les régimes sont cueillis avant maturité : ils mûriront durant la semaine d'acheminement maritime. Au bout de 20 ans environ, les rendements déclinent, la plante vieillit et le sol s'appauvrit, de jeunes pousses sont alors replantées et la terre est enrichie d'engrais.

Les bananes canariennes ont beau être goûteuses, vous n'en trouverez pas dans le commerce quand vous rentrerez chez vous car elles sont exclusivement destinées au marché espagnol.

Un régime à maturation pèse un tel poids que le bananier a besoin d'un tuteur pour ne pas s'écrouler.

« La petite naine »

La banane canarienne n'a pas le même aspect que les bananes que nous consommons en Europe, qui sont originaires des Antilles ou d'Afrique. Le fruit est plus petit et plus sucré. C'est une banane douce de l'espèce « petite naine » ou « banane chinoise », dite parfois aussi « banane de dessert ». Si le bananier des Canaries demande moins d'eau que ses cousins africains ou antillais, les plantations, ou *platanares*, nécessitent cependant une bonne irrigation. En serre ou à ciel ouvert, un réseau quadrillé de petits canaux assure l'arrosage tous les quinze jours lorsque les pluies se font rares.

Où trouver les « platanares » ?

Les grandes plantations se situent essentiellement à Tenerife et à La Palma, ainsi qu'à la Grande Canarie et, dans une moindre mesure, à La Gomera et à El Hierro. À Fuerteventura, le climat est beaucoup trop sec pour permettre de bons rendements.

Les bananiers poussent de préférence dans les zones les plus humides, c'est-à-dire sur les côtes septentrionales. À Tenerife et à La Palma (environ 80 % de la production canarienne), on peut voir des plantations à deux pas de la mer, qui grimpent à l'assaut des pentes volcaniques jusqu'à environ 500 m d'altitude. Sur les côtes sud, nettement plus sèches, les bananiers poussent sous serre, à grand renfort d'irrigation et de drainage.

Une production tournée vers l'Espagne

Les Canaries produisent 300 000 à 400 000 tonnes de bananes par an, ce qui place l'archipel très loin derrière l'Inde, le Brésil ou l'Équateur. Désormais supplantée par la tomate, première ressource agricole de l'archipel, la « petite naine » canarienne est avant tout destinée à l'Espagne (96 % de la production). D'un coût deux à trois fois supérieur à celui de ses cousines sud-américaine ou africaine, elle ne peut être exportée. ●

Le **massif du Teno**, basaltique et accidenté, est longtemps resté difficilement accessible. À l'instar des montagnes de l'extrémité nord-est de l'île, le Teno est une mine de promenades, notamment autour d'El Palmar (vers le hameau de Teno Alto, à l'ouest) et de Masca. Les randonneurs peuvent voir le contraste saisissant entre le versant nord, verdoyant (lauriers et bruyères arborescentes), et le versant sud, aride, couvert de rares agaves. La faune y est intéressante. Outre des rapaces (faucons et buses), vous aurez peut-être la chance d'apercevoir l'un des rares pigeons à queue blanche ayant élu domicile dans la forêt, au cœur de la montagne.

● **Rens**. à l'**office du tourisme de Puerto de Santiago**, calle Manuel Ravelo, 20 L-35, centro comercial Seguro el Sol (en face de la playa de la Arena) ☎ 922.86.03.48.

●●● *Voir également la rubrique Randonnées pédestres p. 26.* ●

chapiteau, le ♥ **Mariposario del Drago**★ *(ouv. t.l.j. 9h-19h, 18h en été; entrée payante* ☎ *922.81.51.67, < www.mariposario.com >)*, où des papillons sont élevés en semi-liberté (800 espèces différentes). Avant de quitter Icod, pensez à faire un tour dans la rue bordée de vieilles demeures qui sépare l'esplanade de l'église et le parc du dragonnier. Elle aboutit à une charmante place. En chemin, on vous proposera sans doute de déguster du vin et d'étonnantes liqueurs.

Garachico★★

> *À 30 km O de Puerto de la Cruz.* **Carnet d'adresses** *p. 95.*

Cette modeste bourgade était le principal port de Tenerife jusqu'en 1706, date à laquelle elle a été en grande partie détruite par l'éruption du volcan Negro, juste au sud. La ville bénéficie d'un joli **site**★ en face de la mer avec une petite île au large et de beaux monuments.

Le **castillo de San Miguel**★ (XVIe s.) est l'un des rares monuments à avoir échappé à la coulée de lave. Il abrite un petit musée *(ouv. t.l.j. 10h-18h; entrée payante)* consacré à l'histoire de la ville et du Nord de Tenerife *(photos et textes en espagnol)*. La visite vaut surtout pour la vue sur le site *(table d'orientation)* et sur

les piscines creusées dans les rochers. Les autres édifices anciens s'ordonnent autour de la ♥ **grande place**★ du vieux centre : l'église **Santa Ana**★ (XVIe-XVIIe s.), le palais de Los Condes de La Gomera (XVIIe s.; *ne se visite pas)* et l'ancien **couvent San Francisco**★ avec son joli **cloître**★ à balustrades de bois *(ouv. t.l.j. 10h-19h, sam.-dim. 10h-15h; horaires soumis à variations; entrée payante)*. Vous y verrez de vieilles photographies, des fossiles et des minéraux. Les ruelles alentour abritent de belles maisons du XVIIIe s. à balcons et des couvents.

♥ El macizo del Teno★★★

> *Itinéraire d'env. 50 km O de Garachico à Santiago del Teide.*

Le massif volcanique du Teno est situé dans l'extrémité nord-ouest de Tenerife. Très vite, les localités deviennent moins nombreuses et la nature revêt un aspect sauvage et solitaire. Puis la terre s'interrompt à la punta de Teno, battue par les vents.

Attention, ce dernier tronçon est interdit à la circulation en cas de fortes pluies ou de vent pouvant entraîner des chutes de pierre.

Vers la punta del Teno

Los Silos est une petite bourgade tranquille et assez jolie. Sur la place principale typiquement canarienne s'élève l'église **Nuestra Señora de la Luz**, avec sa façade toute blanche de style néogothique (1926). **Buenavista del Norte★** est la dernière localité que vous rencontrerez. Peu connue des touristes, c'est une bourgade de pêcheurs du bout du monde. Le long des rues, balayées par l'air du large, s'alignent des maisons cubiques et quelques demeures patriciennes.

Vous arriverez à la ♥ **punta del Teno★** après avoir parcouru 10 km environ le long de la mer. Sur cette étendue rocailleuse ne pousse qu'une lande rase, ponctuée de quelques éoliennes et de rares serres abritant des bananiers.

Vers Masca

La route se terminant en cul-de-sac, retournez à Buenavista del Norte et, de là, prenez vers le sud (la route de Masca et de Santiago del Teide).

L'**itinéraire★★** dans le parc naturel du Teno grimpe au milieu des bananeraies jusqu'à la bourgade oubliée d'El Palmar, puis traverse, à environ 1 000 m d'altitude, un superbe univers volcanique et des *barrancos* arides. Une halte s'impose au **mirador de Baracán★★**, le plus beau point de vue en allant vers Masca.

À **Masca★**, petit village devenu touristique, une randonnée assez difficile mais superbe suit le *barranco* et vous conduit jusqu'à la mer *(env. 3 h)*. Près de la punta de la Galera, vous pourrez vous baigner dans une petite crique. Inutile d'espérer être seul : plusieurs agences organisent des excursions dans le *barranco* de Masca…

Après une grande descente en lacet, vous arrivez à ♥ **Santiago del Teide★** ; la cité semble écrasée par la masse des volcans environnants. Avec son **église★** blanche et sa rue principale bordée de maisons basses, elle présente un cachet authentiquement canarien.

© Agnès Boutteville

Une image de la tranquilidad *canarienne, effet de l'insularité et d'un climat propice à exercer son « droit à la paresse ».*

En descendant vers le sud

> *Itinéraire d'env. 55 km S de Santiago del Teide à Playa de las Américas. Carnet d'adresses à Adeje p. 95.*

L'ouest de Tenerife, volcanique, offre un avant-goût des paysages que vous rencontrerez lors de votre excursion dans le centre. Deux villages méritent une visite, notamment Guía de Isora et Adeje, ainsi que deux sites naturels : les falaises de los Gigantes et le barranco del Infierno.

Vers Puerto de Santiago

Après Santiago del Teide, la route continue vers le sud et traverse des **paysages★★** volcaniques magnifiques jusqu'à la baie que bordent de somptueuses falaises : l'**acantilado de los Gigantes★★**. Oubliez la station balnéaire construite ici *ex nihilo* et rendez-vous au port de pêche de Puerto de Santiago : un catamaran, le *Nashira Uno*, effectue des croisières *(durée : env. 2 h ; départs t.l.j.* ☎ *922.86.19.18, <www.losgigantes.com>).* Cette promenade en mer sera l'occasion de voir des dauphins au bas des « falaises des géants » ou, qui sait ? des tortues marines et des baleines.

---

randonnée

En raison de sa proximité avec les stations balnéaires du Sud de l'île, l'excursion au **barranco del Infierno** attire un monde fou. Réservez donc à l'avance, surtout en pleine saison. Un maximum de 200 personnes par jour est admis sur le site, et pas plus de 80 en même temps. L'excursion dure 3 h env. La meilleure saison pour découvrir l'endroit est le printemps.
Rens. et rés. (8 h 30-17 h 30) ☎ *922.78.28.85. Pour maximiser vos chances, appelez vers 14 h.* ●

Vers Adeje

> *Carnet d'adresses p. 95.*

De Puerto de Santiago, revenez vers l'intérieur des terres pour rejoindre ♥ **Guía de Isora★** qui, grâce à une irrigation améliorée dans les années 1980, est devenu un centre important de culture de la tomate et de la banane, en allant vers la zone côtière. Sur la jolie place centrale se dresse une **église★** dédiée à la Virgen de la Luz (style Renaissance et mudéjar).

La suite du parcours jusqu'au complexe balnéaire de Playa de las Américas offre peu d'intérêt en dehors du **barranco del Infierno★★**, dans les environs d'**Adeje★**. L'accès au « ravin de l'enfer » s'effectue en grimpant jusqu'à l'église Santa Ana (XVIIe-XVIIIe s.), dotée d'un plafond à caissons peints, puis à la Casa Fuerte, une ferme-forteresse du XVIIIe s. où résidait un exploitant de canne à sucre. Au sommet de la rue en impasse *(billetterie)*, un sentier pédestre de 8 km conduit, au milieu d'une végétation de plus en plus exubérante, à un petit lac et à une chute d'eau de 80 m de hauteur. Autour, les parois rocheuses s'élèvent à plus de 1 000 m, créant un décor qui justifie amplement le nom de « ravin de l'enfer ».

Le Teide★★★ et les terres de l'intérieur★★★

> *Itinéraire d'env. 110 km de Playa de las Américas à La Laguna via El Portillo. Pour Vilaflor, carnet d'adresses p. 102.*

Cette excursion dans le centre de l'île vous fera d'abord traverser la caldera de Las Cañadas del Teide. Puis vous ferez l'ascension du fameux pico del Teide, qui culmine à 3 718 m. Vous suivez la Cumbre dorsal – la route des crêtes –, qui vous fera traverser l'île et découvrir une forêt somptueuse et des vues éblouissantes. De Playa de las Amé-

randonnée

Le parc du Teide

Le parc national ne se livre vraiment qu'aux marcheurs. Les randonnées durent de 30 mn à 6 h. Les plus faciles partent du parador (centre des visiteurs «Cañada Blanca»), les plus difficiles, du centre des visiteurs d'El Portillo. C'est le parc national del Teide qui fournit l'autorisation d'accéder à pied à la plate-forme supérieure du téléphérique. Pour obtenir l'autorisation *(gratuite)*, s'adresser à l'Oficina Adminstrativa del Parque Nacional del Teide, rua Emilio Calzadilla, 5, 4e étage, Santa Cruz de Tenerife ☎ 922.29.01.29 *(lun.-ven. 8 h-14 h)*. Prévoir une photocopie de la carte d'identité. Attention ! La morphologie de la *caldera* change du tout au tout en hiver et la marche à pied, déjà éprouvante en été, devient difficile sous une tempête de neige. De tout temps, prévoir de solides chaussures, faire attention aux insolations, se munir de lunettes de soleil et d'eau. Enfin, attention à l'altitude, qui coupe facilement le souffle.

●●● *Voir également la rubrique Randonnées pédestres p. 26.* ●

---

ricas, prenez la direction de Vilaflor (*via* Arona) et du parc national du Teide (bonnes indications).

La route atteint **Vilaflor★**, la plus haute ville des Canaries (1 600 m), qui vit de ses dentelles au fuseau, de son eau minérale et de son vin. Petites maisons blanches et demeures anciennes sont alignées le long des ruelles et autour de la **place★** en pente douce, où s'élève l'église **San Piedro Apóstol** (XVIe s.-XVIIe s.).

Après Vilaflor, la route grimpe jusqu'au col d'El Retamar (2 100 m). Elle traverse une forêt de pins des Canaries en offrant des vues sur l'île de la Gomera.

Le parque nacional de Las Cañadas del Teide★★★

> *Entrée à Boca del Tauce. Points d'informations aux centres des visiteurs «Cañada Blanca» (ouv. t.l.j. 9 h 15-15 h ☎ 922. 37.33.91) et «El Portillo» (ouv. t.l.j. 9 h-16 h 30 ☎ 922.35.60.00).*

La caldera de Las Cañadas del Teide serait née il y a 1 ou 2 millions d'années suite à un gigantesque cataclysme, suivi d'éruptions il y a 600 000 ans. C'est l'une des plus vastes de la planète : 16 km de diamètre et près de 45 km de circonférence ! Constituée de débris volcaniques accumulés, la caldera (chaudière) ressemble à un immense champ de lave dépourvu de végétation et ponctué çà et là d'éboulis ou de concrétions rocheuses aux formes fantastiques. Roches et graviers offrent une étonnante variété de coloris du blanc au noir en passant par le violet sombre et le rouge. Ces différences de teintes sont dues à la teneur en manganèse et à la présence d'obsidienne qui donnent une tonalité sombre et brillante aux débris volcaniques ou, inversement, à la pierre ponce qui éclaircit les champs de lave.

La route croise ensuite l'arche rocheuse du zapato de la Reina (le «soulier de la reine»), puis domine toute l'étendue de sable gris du **llano de Ucanca★★** (plaine d'Ucanca). Elle atteint ensuite le site de Los Azulejos, des rochers dont la coloration verte est due à la présence d'hydrate de fer, puis celui de **Los Roques★★**, face au parador nacional, près duquel a été installé le centre de visiteurs «Cañada Blanca» *(entrée libre)*. Cet alignement de rochers bruns est le vestige d'un ancien volcan effondré. Un sentier en fait tout le tour en 2 h.

LE PICO DEL TEIDE★★★

> *Accès par téléphérique ; ouv. t.l.j. 9 h-16 h* ☎ *922.69.40.38, < www.tele ferico-teide.com >. F. en hiver et par vent fort ; entrée payante.*

Vous longerez des coulées de lave pétrifiée et atteindrez la route d'accès au téléphérique (2 250 m). Le Teide est le plus haut sommet de toute l'Espagne (3 718 m). C'est un ensemble de plusieurs volcans, le pico del Teide proprement dit étant prolongé à l'ouest par le pico Viejo (2 994 m), par la Montaña Blanca (2 750 m) au sud-est, et par le Rajada (2 507 m) à l'est. La dernière éruption date du XVIIIe s., quand la lave s'échappa pendant plusieurs mois de Las Narices del Teide (les « narines du Teide », à l'ouest). Aujourd'hui, le volcan est endormi. Son activité se limite à des fumerolles, émanations de gaz sulfureux à 80-90 °C sur les flancs d'El Pilón. Déconseillé aux personnes souffrant de vertige et de mal de la montagne, le téléphérique conduit ses 38 passagers de la base du Teide à l'altitude de 3 550 m en 8 mn (*prévoir un pull et un coupe-vent*). Le trajet et la vue depuis la plate-forme sont superbes.

VERS EL PORTILLO DE LA VILLA

Au-delà de la route d'accès au téléphérique, on parvient au **Tabonal Negro★**, une mer de lave brune, puis à la **Montaña Blanca★★**, tapissée de lapilli, pierre ponce de couleur blanche. Plus loin, les **minas de San José★**, une étendue de gravier jaune et vert, ponctuée de rochers, méritent aussi un arrêt. Au centre des visiteurs d'El Portillo (*entrée libre*), bien plus complet que celui de Cañada Blanca, vous trouverez des informations sur Las Cañadas del Teide, son histoire, sa flore et sa faune. Au-delà du centre, une route descend à gauche et rejoint Puerto de la Cruz (*34 km*). Presque aussi belle que la Carretera dorsal, elle traverse une campagne splendide et rencontre des sites naturels comme les orgues de basalte de Los Órga-

nos à La Gomera (*p. 108*). Cette route qui descend en lacet la vallée de La Orotava offre de prodigieux panoramas.

La Carretera dorsal★★★

> *Itinéraire de 43 km depuis El Portillo de Las Cañadas jusqu'à La Laguna.*

Serpentant sur les crêtes volcaniques à plus de 2 000 m d'altitude, cette route part d'El Portillo et rejoint La Laguna. Elle offre des paysages uniques des deux versants de Tenerife et se révèle le complément indispensable de l'itinéraire précédent. Ce parcours oblige à nuancer l'idée qui veut que Tenerife ait été complètement abîmée par l'urbanisation. Ici, on veille à ce que nul ne saccage le magnifique trésor que constitue la grande forêt de pins de la Esperanza. Après avoir dépassé l'observatoire météorologique, vous aurez peut-être la chance de voir se dessiner au large la silhouette de la Grande Canarie. L'itinéraire abonde en surprises, comme ces étranges motifs en forme de méandres colorés nés lors du traçage de la route.

Vers la montaña de la Crucita, aux pentes dénudées recouvertes de sable noir ou rouge, un œil attentif découvrira un sentier descendant vers le sud : c'est celui qu'empruntent certains habitants de La Orotava et du nord de l'île pour se rendre au pèlerinage de Candelaria (*encadré p. 74*), située en contrebas. Au-delà, la route traverse une grande forêt de pins des Canaries et d'eucalyptus, le **bosque de la Esperanza★★**. Faites une pause au mirador del Sur et au mirador del Norte, donnant chacun sur l'un des deux versants de l'île. En descendant vers La Laguna, vous remarquerez les métamorphoses de la végétation, avec notamment l'apparition de fougères vers 1 400 m d'altitude, puis d'une végétation de type arbustif aux alentours de 1 200 m d'altitude. ●

Carnet d'adresses

© Bertrand Gardel/Hemisphères Images

❶ **Cabildo Insular**, plaza de España, Santa Cruz de Tenerife **C2** ☎ 922. 23.95.92, < www.tenerife.com >. *Ouv. en été lun.-ven. 8 h-17 h, sam. 9 h-12 h ; en hiver lun.-ven. 8 h-18 h, sam. 9 h-13 h.* **Tenerife Norte-Los Rodeos** ☎ 922.63.51.92. *Ouv. lun.-sam. 9 h-21 h.* **Tenerife Sur-Reina Sofia** ☎ 922.39.20.37. *Ouv. en été lun.-ven. 8 h-19 h, sam. 9 h-12 h ; en hiver lun.-ven. 9 h-21 h, sam. 9 h-13 h,* <www.puntoinfo.idecnet.com >.

Arrivée

> En avion

● **Aéroport**. La plupart des avions internationaux atterrissent à l'aeropuerto Tenerife Sur-Reina Sofia *(60 km S-O de Santa Cruz)*, près des plages du sud. **Aeropuerto Tenerife Sur-Reina Sofia** ☎ 922.75.90.00.

● **Bus**. L'arrêt se trouve devant la porte Arrivées. L'autobus n° 340 relie les deux aéroports et rejoint Puerto de la Cruz *(4 départs de 9 h 45 à 23 h 30 ; 2,70 €)*, le n° 341 assure la jonction Tenerife Sul-Santa Cruz de Tenerife *(de 6 h 50 à 5 h ; 5,30 €)* ; le n° 487 fait la liaison Tenerife Sul-Los Cristianos-Playa de las Américas *(de 8 h 10 à 3 h 15 ; de 1,70 à 2 €)*. **Rens.** ☎ 922.53.13.00.

● **Liaisons inter-îles**. L'aeropuerto Tenerife Norte-Los Rodeos, à environ 10 km à l'ouest de Santa Cruz, accueille les vols intérieurs de la compagnie Binter Canarias. De très nombreux vols quotidiens (plus d'une dizaine) sont assurés vers la Grande Canarie, Fuerteventura, Lanzarote et La Palma. La fréquence des liaisons avec El Hierro *(env. 7 vols/j.)* et surtout avec La Gomera *(2 à 4 vols/j.)* est moindre. Horaires dans la presse locale, notamment *La Opinión* et *La Gaceta*. Escapade à Madère possible *(2 vols par semaine en été)*. **Aeropuerto Tenerife Norte-Los Rodeos** ☎ 922.53.31.00.

> En bateau

Depuis Cadix en Andalousie, un ferry de la **Trasmediterránea** rejoint Santa Cruz. Départ *mar. 18 h, arrivée jeu. 16 h 30*.

Depuis la **Grande Canarie**, le plus rapide pour rallier Tenerife (Santa Cruz) est d'emprunter le bateau de la **Líneas Fred. Olsen** au départ d'Agaete *(6 à 8 départs/j. ; env. 1 h)*. Bus gratuit au départ du parque Sanat Catalina à Las Palmas de Gran Canaria mis à disposition des passagers pour rejoindre le port d'Agaete (60 mn avant le départ du bateau).

La même compagnie **Fred. Olsen** assure 1 liaison/j. avec La Estacca *(El Hierro ; env. 2 h 30)* et Santa Cruz de La Palma *(env. 2 h 30)*, et 5 liaisons/j. avec San Sebastián de La Gomera *(env. 30 mn)*. Dans tous les cas, les bateaux à grande vitesse accostent au port de Los Cristianos. Horaires soumis à variations saisonnières *(voir dans la presse locale et les agences de voyages)*. La réservation est seulement nécessaire en cas d'embarquement d'un véhicule.

La **Naviera Armas SA** assure des liaisons régulières avec Santa Cruz de Tenerife, mais le temps de trajet est beaucoup plus long : 6 h 15 depuis La Palma (Santa Cruz), 3 h 15 depuis la Grande Canarie (Las Palmas), 9 h depuis Lanzarote (Arrecife) et 14 h 15 depuis Fuerteventura (Puerto del Rosario). **Rens. Líneas Fred. Olsen** ☎ 902.10.01.07, <www. fredolsen.es> **Naviera Armas SA** ☎ 902.45.65.00, <www.navieraar mas.com >. **Trasmediterránea** ☎ 902.45.46.45, < www.trasmedi terranea.es >.

Circuler

> En voiture

C'est le meilleur moyen pour se déplacer. Les routes, en dehors des deux voies rapides (autoroutes gratuites du Nord et du Sud), sont bonnes quoique sinueuses. Vous louerez un véhicule dans les aéroports, à Santa Cruz de Tenerife, à Puerto de la Cruz et à Playa de las Américas. Rés. si vous souhaitez une voiture d'une catégorie précise.

> En car

Le réseau d'autocars de la **TITSA** dessert toutes les localités. Horaires dans les grandes gares routières, dans la presse ou auprès des offices du tourisme. La Tarjeta Titsa Bus Pass offre jusqu'à 50 % de réduction sur les trajets de plus de 20 km et des réductions dans certains musées. Rens. ☎ 922.53.13.00, < www.titsa.com >.

Fêtes et manifestations

Le temps fort est la **fête de l'Assomption**, le **15 août**. Ce jour-là, une foule de pèlerins se réunit à **Candelaria**, pour vénérer la Vierge du lieu, patronne des Canaries.

Jan.-Fév. Festival de musique des Canaries (< www.festivaldecana rias.com>). **Fév.** Carnaval de **Santa Cruz** (< www.carnavaltenerife. com>), de **Puerto de la Cruz**, **Candelaria**, **La Orotava**, **Los Realejos**

et **Tacoronte**. Fiesta del Socorro à Güímar, le **7**. **Mars-Avr**. Fêtes de la Semaine Sainte à La Orotava. **Mai**. Fêtes de Mayo, commémoration de la fondation de **Santa Cruz de Tenerife** (processions et concours de croix florales). Pèlerinages de San Isidro à **Los Realejos** (*9 km S-O de Puerto de la Cruz*), chars fleuris et bals populaires, le **15**. **Juin**. Fête-Dieu à **La Laguna** et à **La Orotava** (concours de tapis floraux). **Juil**. À **La Laguna**, pèlerinage de San Benito Abad (chars fleuris), le 1er dim. du mois ; foire artisanale. **Août**. Romería de San Agustín à Arafo (dernier sam. d'août), commémorant un miracle intervenu en 1751, le **5**. Romería de San Roque à **Garachico** (chars fleuris), le **16**. **Sept**. Fêtes religieuses (défilés et processions) ; fête del Cristo à **La Laguna**, le **14**, et festival Sabandino (groupes folkloriques canariens) ; fiestas del Cristo Rescatado à **Icod de los Vinos**, 2e **quinzaine du mois**. **Sept.-oct**. Saison d'opéra à **Santa Cruz**. Rens. ☎ 922.27.25.35. **Nov**. San Andrés, le **29**, fête du vin nouveau, **La Orotava**, **Puerto de la Cruz** et Icod de los Vinos. Fotonoviembre, festival international de photographie à **Santa Cruz**.

Enfants

● **Musée de la Science et du Cosmos**, calle Vía Láctea, à **La Laguna** (*ouv. t.l.j. sf lun. 10 h-20 h ; entrée payante* ☎ *922.31.52.65*).Expériences très ludiques.

● **Parcs d'attractions**, Playa de las Américas-Los Cristianos (*ouv. t.l.j. 10 h-18 h ; entrée payante*). Bus gratuit du centre-ville.

● **Parcs et jardins**.

Cactus Park, 4 km E ☎ 922.78.02. 92. Jardin de cactées.

Camel Park, Guaza Arona, 5 km E ☎ 922.76.55.56. Balades à dos de dromadaire.

Las Águilas del Teide, Arona, 3 km N, route de Vilaflor ☎ 922.72. 90.10. Réserve d'oiseaux.

Parques exoticos de Tenerife, autopista del Sur, sortie 26, 8 km E. Jardin botanique et zoologique.

Parque zoólogico, Llano Azul, 4 km E ☎ 922.75.17.53. Singes.

Adeje
> Visite p. 90.

❶ Pour les informations touristiques et les hôtels de Costa Adeje, voir à Playa de las Américas.

Restaurant
♦♦ **La Antigua**, calle Piedra Redonda, 6 ☎ 922.71.01.56. *F. dim et sept.* Bonne cuisine canarienne.

Arico el Nuevo
> Visite p. 75.

Hôtel
▲▲▲ **Viaña Vieja** ♥, calle La Luz, 8 ☎ 922.16.11.31, fax 922.16.12.05. *10 ch.* Petit hôtel rural avec patio.

Candelaria
> Visite p. 75.

❶ Av. de la Constitución, 9 ☎ 922.50.36.55. *Ouv. lun.-ven. 9 h-17 h.*

Garachico
> Visite p. 88.

❶ Calle Esteban de Ponte, 5 ☎ 922.13.34.61, < www.garachico.es >. *Ouv. lun.-sam. 10 h-15 h.*

Hôtels
▲▲▲▲ **Quinta Roja**, glorieta San Francisco, s/n ☎ 922.13.33.77, fax 922.13.33.60, < www.quintaroja.com >. *20 ch.* Magnifique hôtel établi dans l'imposante demeure du XVIIe-XVIIIe s. du marquis de La Quinta Roja, située sur la place principale de Garachico.

▲▲▲▲ **San Roque** ♥, calle Esteban de Ponte, 32 ☎ 922.13.34.35, fax 922.13.34.06. < www.hotelsanroque.com >. *20 ch.* Jolie bâtisse. La

décoration recherchée des ch. de ce havre de paix justifie ses prix élevés.

Restaurants
♦♦ **Isla Baja**, calle Esteban de Ponte, 5 ☎ 922.83.00.08. Bonne adresse de cuisine canarienne. Joli patio.

♦♦ **Mesón del Norte**, carretera General de Masca, 1, Las Portelas, Buenavista del Norte, dir. Masca *(12 km O de Garachico)* ☎ 922.12.80.49. L'une des meilleures tables du nord-ouest : cuisine canarienne et ambiance familiale.

♦♦ **Rocamar**, calle Esteban del Ponte, 11 ☎ 922.83.01.76. Bons plats canariens et large choix de poissons dans une belle demeure à patio.

Enfants
Camello Center, carretera General, 4, El Tanque *(5 km S)* ☎ 922.13.61.91. Balade à dos de chameau ou de dromadaire... avec délivrance de permis de conduire !

Shopping
Centro de Artesanía el Limonero, calle Esteban de Ponte, 5 ☎ 922.83.00.00. Dans une jolie rue de Garachico, centre d'artisanat (vin, fromages, objets en cuir et céramiques) faisant aussi point d'informations touristiques. **Museo de Carpintería Antigua**, avenida República de Vene-

---

golf

Tenerife n'a rien à envier à la Grande Canarie avec ses greens établis entre ciel et terre... Les plus beaux : **Abama Golf**, Playa de San Juan, Guía de Isora ☎ 922.74.60.00, < www.abamahotelresort.com >. Une démesure à l'image du complexe hôtelier d'Abama : 22 lacs, 25 000 palmiers, sans parler des cascades et de l'île de la Gomera en toile de fond. Dispose de sa propre « académie de golf». **Amarilla Golf & Country Club**, San Miguel de Abona *(sortie 24 de l'autopista del Sur en direction de Las Galletas)* ☎ 922.73.03.19, < www.amarillagolf.es >. Théâtre de l'Open de Tenerife 1990. Parcours de 6 km dessiné par Donald Stearn. Avec centre hippique. **Buenavista Golf**, Isla Baja, Buenavista del Norte ☎ 922.12.90.34, < www.buenavistagolf.es >. L'un des derniers-nés, magnifique, avec un parcours de plus de 6 km avec le massif du Teno et la mer pour tout horizon. **Golf Costa Adeje** <www.golfcostaadeje.com >, **Golf del Sur** <www.golfdelsur.net >, **Golf Las Américas** <www.golf-tenerife.com >.

●●● *Voir également la rubrique Golf p. 26.* ●

---

zuela, 17 *(sortie O de Garachico)* ☎ 922.83.03.33. Plus d'un millier d'objets d'artisanat, mais aussi vente des vins des 5 appellations contrôlées de Tenerife à la vinothèque.

Güímar

> *Visite p. 75.*

❶ Av. Obisbo Pérez Cáceres, 18 ☎ 922.51.15.90, < www.guimar.es >. *Ouv. lun.-ven. 9 h-14 h.*

Hôtels

▲▲▲ **Hotel Rural Finca Salamanca**, carretera Güímar-El Portillo *(1,5 km S de Güímar)* ☎ 922.51.45.30, fax 922.51.40.61. < www.hotel-fincasalamanca.com >. *20 ch. et 4 suites.* Manoir dans un parc de 50 000 m². Prix abordables. Excellent restaurant *(F. mar.).*

▲▲ **Casona Santo Domingo ♥**, calle Santo Domingo, 32 ☎ 922.51.02.29, fax 922.51.44.51. < www.casonasantodomingo.com >. Bel hôtel rural établi dans une demeure canarienne du XVIIIᵉ s. dans le centre de Güímar. Chambres donnant sur un gracieux patio. Avec bon restaurant et *bodeguita* pour déguster les vins de l'île. Prix étonnamment peu élevé en regard du confort proposé.

Adresse utile

Museo de Carpintería Antigua, avenida República de Venezuela, 17 *(sortie O de Garachico)* ☎ 922.83.03.33. Plus d'un millier d'objets d'artisanat, mais aussi vente des vins des 5 appellations contrôlées de Tenerife à la vinothèque.

Icod de los Vinos

> *Visite p. 85.*

❶ Calle San Sebastián, 6 ☎ 922.81.21.23, <www.icodelosvinos.com >. *Ouv. en saison lun.-ven. 9 h-18 h, sam.-dim. 10 h-13 h.*

Restaurants

♦♦ **Amarca**, avenida Marítima, 29, Playa de San Marcos ☎ 922.81.51.36. *F. le lun.* Restaurant au nom d'une princesse guanche pour s'attabler près de la plage dans un cadre paisible.

♦♦ **El Carmen**, avenida de Canarias, 1 ☎ 922.81.06.31. Bonne cuisine canarienne à des prix corrects.

♦ **Bodegón El Refugio**, carretera General, 130, El Amparo ☎ 922.81.24.42. *F. le jeu.* Bonne cuisine authentiquement canarienne dans un cadre tout simple. Avec un beau choix de vins de la région et pas trop de touristes.

La Laguna

> *Visite p. 76.*

❶ Kiosque sur la plaza del Adelantado ☎ 922.63.11.94, < www.ayto lalaguna.com >. *Ouv. lun.-ven. 8 h-18 h, sam. 8 h-16 h.* Propose vis. guidées gratuites du centre classé par l'Unesco.

Restaurants

♦♦ **La Cordera**, calle La Cordera, 2 ☎ 922.25.30.08. *F. lun.* Bonne cuisine canarienne. Abordable. Dans la vieille ville.

♦♦ **El Maestro**, calle Viana, 45 ☎ 922.26.53.60. *F. dim. soir, lun. et mar.* Cuisine savoureuse servie dans une salle rustique où sont exposés des artistes locaux.

♦ **Posada Los Mosqueteros** ♥, calle Santo Domingo, 24 ☎ 922.25. 49.65. *F. dim. Tasca* pittoresque, décorée d'objets anciens, où les plats varient selon l'arrivage du jour. Et l'occasion de découvrir la jolie église Santo Domingo.

On pourra aussi manger sur une terrasse dominant le délicieux jardin du **casino** ♥ (palacete Rodríguez de Azero ; XIXe s.), à l'angle des calles San Agustín et Nava y Grimón.

Pâtisserie

Dulceria La Princesa, plaza de la Concepción ☎ 922.25.98.21. *Ouv. lun.-sam. 10 h-13 h et 16 h-21 h, dim. 10 h-13 h 30.* L'institution pâtissière de La Laguna, avec des tartes à grimper aux rideaux et des créations originales comme les *panellés de gofio* (biscuits au *gofio*).

Shopping

Marché couvert, plaza del Adelantado. Haut en couleur. **La Vega Lagunera**, calle Bencomo, 23 ☎ 922.31.40.83. Cigares confectionnés sous vos yeux.

Cybercafé

La Caja del Mail, calle Tabares de Cala, 13 ☎ 922.31.49.90. Jeux, *chat…*

Enfants

Musée de la Science et du Cosmos, calle Vía Láctea ☎ 922.31. 52.65. *Ouv. mar.-dim. 9 h-19 h ; entrée payante.* Dans le campus universitaire, nombreuses expériences scientifiques interactives.

La Orotava

> *Visite p. 79.*

❶ Carretera del Escultor Estévez, 2 ☎ 922.32.11.42 ou 922.32.30.41, < www.villadelaorotava.org >. *Ouv. lun.-ven. 8 h 30-18 h.*

Hôtels

▲▲▲ **Alhambra**, calle Nicandro González ☎ 922.32.04.34, fax 922.32. 34.33, < www.alhambrateneriffa. com >. *5 ch.* Près du Musée ibéro-américain, une luxueuse résidence du XVIIIe s. réaménagée dans un style arabisant avec expositions d'œuvres contemporaines. Les fumeurs iront au jardin…

▲▲▲ **Hotel Rural Victoria**, calle Hermano Apolinar, 8 ☎ 922.33.16. 83, fax 922.32.05.19. À éviter pendant la Semaine sainte, pendant laquelle il sera difficile de fermer l'œil. *35 ch.* Très bel hôtel installé dans la casa Rosal (XVIIe s.).

Restaurant

♦♦ **Sabor Canario**, calle La Carrera, 17 ☎ 922.32.27.93, <www.sabor canario.net >. *F. dim.* Touristique, mais la cuisine canarienne est d'excellente qualité. Également *8 ch.* (< www.hotelruralorotava. com >).

Il est aussi possible de déjeuner dans le cadre splendide de la **casa Ponte Fonte** (calle Colegio, 6). Moins touristiques, des bars sympathiques étendent de petites terrasses sur la plaza de la Constitución.

Enfants

Pueblo Chico, camina Cruz de Los Martillos, autopista del Norte (sortie 35) ☎ 922.33.40.60, < www.pueblo

chico.com>. Pour jouer à Gulliver chez les Lilliputiens : reconstitution en miniature des principaux monuments et sites de Tenerife.

Shopping

Vaste choix d'artisanat (produits alimentaires, vins, broderie, poteries, meubles, etc.) aux adresses suivantes *(ouv. lun.-sam. 8 h 30-18 h)* :

Artenerife (casa Torrehermosa), calle Tómas Zerolo, 27. **Casa Burgos**, calle Viera, 25. **Casa de los Balcones**, calle San Francisco, 3-4, <www.casa-balcones.com>. **Casa El Molino**, calle Carrera, 23. **Casa Tafuriaste**, calle León, 3. Insurpassable pour les poteries et ouv. même le dim. *(10 h-14 h)*. **Casa Lercaro**, calle Colegio 5-7, <www. casalercaro.com>. Beaux meubles et objets de décoration.

Deux adresses pour acheter un sac de *gofio* directement chez le producteur : **Molino « Chano »**, calle Doctor González, 3 ; **Molino « La Máquina »**, calle Colegio, 3.

Playa de las Américas – Los Cristianos

> *Visite p. 74.*

❶ Calle General Franco (Casa de la Cultura), Los Cristianos ☎ 922.75. 71.37. *Ouv. lun.-ven. 9 h-15 h 30, sam. 9 h-13 h.* Centro comercial City Center, Playa de las Américas ☎ 922.79.66.68. *Ouv. lun.-ven. 9 h-21 h, sam. 9 h-17 h*, <www.arona. org>. Costa Adeje : Playa de Fanabé, avenida Litoral ☎ 922.71. 65.39. *Ouv. lun.-ven. 9 h-17 h (16 h en été)*, <www.costa-adeje.net>.

Hôtels

Ils s'étendent sans discontinuité de Costa Adeje, à l'ouest, jusqu'à Los Cristianos, à l'est. La plupart répondent aux standards 4 étoiles, leurs prix étant proportionnels à la proximité avec la plage... Pour payer moins cher, mieux vaut passer par un voyagiste, ou opter pour la solution de l'apparthôtel *(demander conseil aux offices de tourisme)*.

▲▲▲▲ **G. H. Bahia del Duque**, playa del Duque, Costa Adeje ☎ 922.74. 69.00, fax 922.74.69.16. <www. bahia-duque.com>. *360 ch.* L'hôtel le plus luxueux de la place, sinon des Canaries.

▲▲▲ **Jardín Tropical**, calle Gran Bretaña, s/n, Costa Adeje ☎ 922. 74.60.00, fax 922.74.60.60, <www. jardin-tropical.com >. Éclatant de blancheur au milieu d'un jardin tropical de 12 000 m².

▲▲▲ **La Siesta**, avenida Rafael Puig, 15, Playa de las Américas ☎ 922. 79.23.00, fax 922.79.22.20, <www. lasiesta-hotel.com>. *280 ch. avec coin cuisine.* Plage à 300 m.

Restaurants

Ils se comptent par centaines entre Costa Adeje et Los Cristianos. Allez de préférence dans l'arrière-pays, à Valle de San Lorenzo *(8 km N-E)*. Si vous voulez dîner au bord de la mer, rendez-vous à Los Abrigos *(14 km S-E)* et El Medano *(14 km E)*.

♦♦♦ **El Jable** ♥, calle Bentejuí, 9, San Isidro *(17 km O)* ☎ 922.39.06.68. *F. dim. et lun. midi.* L'un des meilleurs restaurants de l'archipel.

♦♦ **La Marea**, avenida Marítima, à l'angle de la calle La Sirena, Los Abrigos. *F. lun. et 2e quinzaine de sept.* Près de la mer. Restaurant de poisson réputé.

♦ **Las Gangaras**, camino Machín, Buzanada, entrée de Valle San Lorenzo en venant de Los Cristianos ☎ 922.76.64.23 <www.lasgan garras.com>. *F. lun. soir.* Restaurant-grill canarien avec un bon rapport qualité-prix.

♦ **Mesón Las Rejas**, carretera del Sur, 31, La Camella, Arona ☎ 922. 72.08.94. *F. dim.* Entre Playa de las Américas et Valle de San Lorenzo, vers l'intérieur des terres, adresse de qualité pour déguster du bœuf en croûte de sel ou une bonne daurade grillée aux amandes.

Attractions et excursions

Du survol en montgolfière à l'excursion en bateau à l'Acantilado de los Gigantes jusqu'à l'attaque de corsaires, en passant par l'inévitable Aquapark et la kyrielle de parcs d'attractions, les opportunités sont innombrables. Pour avoir une idée des possibilités, allez à l'office de tourisme de Costa Adeje, de Playa de las Américas ou de Los Cristianos. Vous y trouverez une multitude de brochures publicitaires. Sans doute vous proposera-t-on une excursion alors que vous êtes tranquillement en train de siroter un verre en terrasse... Dans la majorité des cas, des navettes vous conduiront gratuitement sur les lieux.

> Parcs

Bananera-Jardines del Atlántico, autopista del Sur *(sortie 26)* ☎ 922. 72.03.60. *Accès payant (vis. guidées de 10 h à 16 h 15).* Parc floral à bananiers.

Camel Park, Guaza Arona, à 5 km E de Playa de las Américas par la route d'Arona *(sortie 27 de l'autoroute)* ☎ 922.72.11.21. *Ouv. t.l.j. 10h-17h. Accès payant.* Balade à dos de dromadaire.

Las Águilas, à 3 km E de Playa de las Américas par la route d'Arona *(sortie 27 de l'autoroute)* ☎ 922.72.90.10. *Ouv. t.l.j. 10h-18h. Accès payant.* Parc écologique avec démonstration de vols de perroquets et d'aigles.

Parques exóticos de Tenerife, autopista del Sur *(sortie 26)* ☎ 922. 79.54.24. *Ouv. t.l.j. 10h-18h.* Jardin botanique (cactées) et zoologique.

Tenerife-Zoo, Llano Azul, 4 km N-E ☎ 922.79.07.20. *Ouv. 9 h 30-18 h. Accès payant.* Spécialisé dans les singes.

Shopping

Vous trouverez à Playa de las Américas une kyrielle de supermarchés et de magasins hors taxe mais vous risquez de dépenser plus qu'à Santa Cruz ou Puerto de la Cruz.

Vie nocturne

La plupart des boîtes s'égrènent le long du front de mer. Comme les bars, elles sont surtout fréquentées par des Britanniques de plus en plus éméchés au fil de la nuit. Le **Métropolis** (hôtel *Conquistador*), à l'angle de la calle Arenas Blancas et de l'avenida de Francisco Andrade Fumero (playa de Troya), semble défier le temps et les modes (techno et salsa). **Las Véronicas** (près de l'hôtel Tenerife Sol) est le quartier chaud, connu pour attirer une population attirée par l'absorption de toutes sortes de substances. **Casino de Las Américas**, hôtel *Gran Tinerfe*, avenida del Litoral, Costa Adeje ☎ 922.79.37.12, <www.casinotenerife.com >. *Ouv. 11 h-2 h (machines à sous) ; salle du casino ouv. t.l.j. 20 h-3 h, jusqu'à 4 h le sam.*

Adresses utiles

● **Compagnies maritimes**. Pour l'excursion à l'île de La Gomera, rendez-vous au port de Los Cristianos. Trois compagnies assurent la liaison, la première étant de loin la plus rapide : **Líneas Fred. Olsen** ☎ 922.79.05.56, <www.fredolsen. es >. Env. 30 mn de trajet. *Départs toutes les 3 h de 7 h 30 à 18 h 30.* **Garajonay Exprés** ☎ 902.34.34.50, <www.garajonayexpress.com >. 3 minicroisières/j. *(7 h 50, 12 h et 18 h)* avec escales à San Sebastián de la Gomera, Playa Santiago et Valle Gran Rey. **Naviera Armas SA** ☎ 922.79.61.78, <www.naviera armas.com >. 2 départs quotidiens *(8 h 30 et 13 h 45).* Horaires au port ou dans la presse.

● **Cybercafés**. Ils sont infiniment nombreux et offrent souvent la possibilité de graver vos photos sur CD. Dans n'importe quelle salle de jeux, possibilité de surfer sur Internet.

● **Gare routière**. Avenida de Juan Carlos I, à la sortie de Los Cristianos en allant vers l'autoroute ☎ 922.79.54.27.

● **Location de voitures**. Europcar-Betacar, appartamentos Los Geranios ☎ 922.42.80.42. **Hertz**, avenida Rafael Puig, Playa de las Américas ☎ 922.79.23.20. Nombreuses agences sur le front de mer, notamment au port de Los Cristianos.

● **Taxis** ☎ 922.79.54.14.

● **Urgences**. Hospital Costa Adeje ☎ 922.75.26.26. **Police** ☎ 922.79.78.11.

Puerto de la Cruz

> *Visite p. 88, plan p. 82-83.*

❶ Plaza de Europa **C1** ☎ 922.38.60.00, < www.puertodelacruz.org >. *Ouv. lun.-ven. 9 h-19 h, sam. 9 h-12 h.*

Hôtels

Les numéros en gris renvoient aux adresses localisées sur le plan de Puerto de la Cruz, *p. 82-83*.

Le parc hôtelier est vaste. Les hôtels donnant sur le lido San Telmo sont les plus luxueux.

▲▲▲▲ **San Filipe 1**, avenida de Colón, 22, **D1** ☎ 922.38.33.11, fax 922.37.37.18, < www.h10.es/ca/h_sanfelipe_t.hl >. *300 ch*. Confortable et luxueux.

▲▲▲▲ **Valle Mar 2**, avenida de Colón, 4 **D1** ☎ 922.38.48.00, fax 922.38.34.08, < www.vallemar.com >. Face à la mer ; les piscines d'eau de mer du lido san Telmo sont de l'autre côté de la rue.

▲▲▲ **Chimisay 3**, calle Agustín de Béthencourt, 14 **C2** ☎ 922.38.35.52, fax 922.38.28.40, < www.hotel-chimisay.com >. *67 ch*. En plein centre, bon rapport qualité-prix.

▲▲▲ **Monopol ♥ 4**, calle de Quintana, 15 **C1** ☎ 922.38.46.11, fax 922.37.03.10, < www.monopoltf.com >. *100 ch*. Dans une maison canarienne traditionnelle. Ravissant patio fleuri. Adresse de charme.

Restaurants

♦♦ **Casa de Miranda 5**, calle Santo Domingo **C1** ☎ 922.37.38.71. Spécialiste de poissons dans l'une des plus belles maisons de la ville, de 1730.

♦♦ **Régulo 6**, calle Pérez Zamora, 16 **C2** ☎ 922.38.45.06. Dans la vieille ville, dans une maison canarienne du XVIIIe s. Un très bon rapport qualité-prix.

Les meilleurs établissements, et ceux que fréquentent les Canariens, se cachent dans les hauteurs de Puerto de la Cruz, à El Durazno, avant de rejoindre l'autopista del Norte :

♦♦ **Casa Sebi 7**, camino El Durazno, **hors plan par D2** ☎ 922.38.98.46. *F. dim. soir et mar.* Petit restaurant intime pour déguster des plats plus sophistiqués qu'ailleurs.

♦♦ **El Monasterio 8**, Las Montañeta-Los Realejos, à 5 km S *(autopista del Norte, direction Los Realejos, sortie La Montañeta)* **hors plan par D2** ☎ 922.34.07.07. Un étonnant complexe de restaurants dans un ancien couvent du XVIIe s. Semble attrape-touriste, mais bon, copieux, et avec un service d'une redoutable efficacité.

♦ **Casa El Rubio 9**, calle La Escuela, 3, El Durazno **hors plan par D2** ☎ 922.38.07.01. *F. lun.* Savoureuse cuisine canarienne dans un cadre sans prétention. Accueil très sympathique.

Shopping

Puerto de la Cruz est le meilleur endroit de l'île pour faire des emplettes de cigarettes, d'alcool et de produits électroniques. Les boutiques se regroupent calle Santo Domingo **C1**, le long du Lido de San Telmo **C1**, calle de la Hoya **C2** et dans la zone piétonnière comprise entre l'église Nuestra Señora de la Peña et la plaza del Charco **C1-2**.

Casa de la Aduana, calle la Aduana **C1**. *Ouv. lun.-sam. 10 h-20 h.* Tout l'artisanat de l'île et vinothèque.

Kiosco Artenerife, explanada del Muelle **B1**. *Ouv. lun.-ven. 9 h 30-13 h et 16 h-19 h 30, sam. 10 h-13 h.* Exposition-vente de céramiques et d'objets « créatifs ».

Vie nocturne

Casino Taoro C3 ☎ 922.38.05.50, <www.casinotenerife.com>. *Ouv. lun.-ven. 20 h-3 h, sam.-dim. 20 h-4 h.* Dans une somptueuse bâtisse (fin XIXᵉ s.) s'élevant dans les hauteurs de la ville et entourée d'un magnifique **jardin★**. Son transfert près du lago Martiánez est à l'étude.

Adresses utiles

● **Cybercafé**. Plaza, plaza del Charco **B2** ☎ 922.37.66.78. Vitesse de connexion élevée.

● **Gare routière**. Paseo Fernández Perdigón **B2** ☎ 922.38.18.07.

● **Location de voitures**. Hertz, calçada Martiánez, 17, ed. Yago **D1** ☎ 922.38.47.19.

● **Taxis** ☎ 922.38.49.10

● **Urgences** ☎ 922.37.84.48/49.

Santa Cruz de Tenerife

> *Visite p. 69, plan. 70-71.*

❶ L'office de tourisme a installé plusieurs kiosques d'informations en différents points de la ville, notamment plaza de España **CD2** et calle del Castillo **C1**.

Hôtels

Les plages du sud offrent tant d'attraits que résider en ville n'est intéressant qu'en période de carnaval.

Les numéros en gris renvoient aux adresses localisées sur le plan de Santa Cruz *p. 82-83.*

▲▲▲▲ **Mencey 1**, calle Dr José Naveiras, 38 **C1** ☎ 922.60.99.00, fax 922.28.00.17, <www.starwood hotels.com>. *293 ch.* Le meilleur hôtel de Santa Cruz, sur les hauteurs de la ville, à deux pas du parc García Sanabria.

▲▲ **Atlántico 2**, calle del Castillo, 12 **C2** ☎ 922.24.63.75, fax 922.24. 63.78. *60 ch.* Abordable et central.

Restaurants

◆◆◆ **Clavijo Treinta y Ocho 3**, calle Viera y Clavijo, 38 **C1** ☎ 922.27. 10.65. *F. lun.* Cuisine castillane avec des produits de première qualité. Cadre élégant et petite terrasse bien agréable donnant sur l'une des rues les plus chic de Santa Cruz.

◆◆◆ **El Coto de Antonio 4**, calle General Goded, 13 **B1** ☎ 922.27. 21.05. *F. dim. et en août.* Près des arènes, cuisine de haute volée dans une ambiance intime et très smart.

◆◆◆ **Los Troncos 5**, calle General Goded, 17 **B1** ☎ 922.28.41.52. *F. dim. soir et mer.* Cuisine canarienne. Établissement jouissant d'une réputation méritée.

Pâtisseries et glaciers

Dulcería Torre La Paz, calle Fernando Primo de Rivera, 13 **C1**. Pâtisseries traditionnelles. **López Echeto**, calle de Numancia, 18 **C1**. Douceurs traditionnelles et glaces d'exception. On trouvera également plusieurs glaciers en arpentant la calle del Castillo **C2**.

Shopping

Il y en a pour tous les goûts. Les magasins d'artisanat – pas toujours de très bon goût –, de parfums et de produits détaxés abondent autour de la **plaza de Candelaria C2**, tandis que la **calle Castillo BC2** est devenue le domaine des enseignes franchisées. Les boutiques chic se regroupent **calle Viera y Clavijo** et alentours **C1-2**. Enfin, la visite du **mercado de Nuestra Señora de Àfrica BC3** s'impose, au même titre que celle du grand magasin **Corte Inglés** au 7, avenida Tres de Mayo **B3** (alimentation, disques et livres, etc.). **Artenerife**, plaza de España **C2**. *Ouv. lun.-ven. 10 h-13 h et 16 h-19 h 30, sam. 10 h-13 h.* Tout l'artisanat de l'île dans cette structure en verre située en face de la poste.

Adresses utiles

● **Compagnies maritimes**. **Líneas Fred. Olsen**, Estación Marítima ☎ 922.29.00.11. **Naviera Armas SA**, Estación Marítima ☎ 922.28.90.12. **Trasmediterránea**, Estación Marítima ☎ 902.45.46.45.

● **Consulats**. **Belgique**, calle Villalba Hervás, 4 ☎ 922.24.11.93. **France**, calle Jose María de Villa, 1, 1er ét. (près du mercado) **B2** ☎ 922.23.27.10.

● **Cybercafé**. **Internet Locutorio**, plaza de Candelaria **C2**, au-dessus du Mc Donald's.

● **Gare routière**. Avenida Tres de Mayo **B3** ☎ 922.21.90.77.

● **Location de voitures**. **Hertz**, avenida Anaga, 7 **hors pl. par D1** ☎ 922.27.48.05.

● **Poste**. Correos, plaza de España **C2**.

● **Urgences**. Numéro central ☎ 112.

Tacoronte

> *Visite p. 79.*

❶ Carretera Tacoronte-Tejina (La Estación); *ouv. lun.-ven. 9 h-14 h.*

Restaurant

◆◆◆ **Casa del Vino La Baranda**, près de la sortie de l'autoroute du Nord, dir. El Sauzal *(2 km O)* ☎ 922.57.25.35. <www.tenerife.es/casa-vino>. *F. lun.* Bodega. Plats inventifs et service impeccable.

Vilaflor

> *Visite p. 90.*

◆◆◆ **El Nogal**, Camino Real (La Escalona) ☎ 922.72.60.50, fax 922.72.58.53, < www.hotel nogal.com >. *20 ch.* Maison canarienne traditionnelle (XIXe s.) pour profiter du calme et du charme de Vilaflor. Chambres charmantes avec plafonds en bois. Piscine et restaurant.

Sur la carretera del Norte, endroits excellents fréquentés par une clientèle canarienne : ◆◆◆ **El Tablón de la Canela**, La Caridad ☎ 922.63.78.79. *F. dim. soir.* ◆◆ **La Vara**, Los Naranjeros ☎ 922.56.38.20. *F. dim. soir.* ●

folklore

La **Fête-Dieu** *(2e dim. après la Pentecôte)*, importante dans l'archipel, est célébrée de manière singulière à Vilaflor. Au lieu des traditionnels tapis de fleurs accompagnant les processions, on confectionne ici des tapis de terre volcanique dont les motifs religieux ont été dessinés à la craie et recouverts de terres de différentes couleurs provenant des environs. L'ensemble crée un spectacle de toute beauté. ●

La Gomera, l'île ronde

LA GOMERA

D epuis la mise en service du bateau à grande vitesse des Líneas Fred. Olsen, la Gomera n'est plus qu'à 30 mn de Tenerife. La plus petite île de l'archipel après El Hierro, avec seulement 25 km de diamètre, est devenue un lieu d'excursion pour les estivants de Los Cristianos. Heureusement, la rareté des plages l'a sauvée des promoteurs et le tourisme reste peu développé, de type essentiellement individuel. Ses forêts de lauriers et sa végétation luxuriante attirent beaucoup d'amoureux de la nature, en particulier un important contingent de randonneurs qui trouvent ici une kyrielle de sentiers bien balisés. Il faudra absolument passer au moins une nuit à La Gomera : l'île est ensorcelante tôt le matin et à la tombée de la nuit, quand ses montagnes sont envahies par la brume.

L'ÎLE DE GOMER

Connue des Phéniciens, citée par Pline l'Ancien et par Ptolémée, La Gomera est nommée Pluvialia, l'île sans rivière, où l'humidité ne provient que de la rosée et des pluies. Plusieurs hypothèses ont été émises

en bref...

- **Superficie**. 370 km².
- **Diamètre**. 25 km.
- **Alt. max**. Mont Garajonay : 1 487 m.
- **Population**. 21 220 hab.
- **Densité**. 57,35 hab./km².
- **Capitale**. San Sebastián de La Gomera (7 984 hab.).
- **Autres municipalités**. Valle Gran Rey (4 725 hab.), Vallehermoso (3 200 hab.), Hermigua (2 176) Alajeró (1 894 hab.) et Agulo (1 221 hab.).
- **Principales ressources**. Agriculture (banane, tomate et fruits tropicaux), pêche (thon et cabillaud) et tourisme. •

quant à l'origine de son nom. Certains avancent qu'il dériverait de Goumier de La Salle, l'un de ses gouverneurs français, d'autres évoquent le mot *goma*, arbre à caoutchouc présent dans l'île. Son origine est plus probablement biblique : il proviendrait de Gomer, fils de Japhet et petit-fils de Noé.

Une nouvelle conquête espagnole

Les premiers conquérants accostent une île très peuplée. Les guerriers guanches de l'île résistent vaillamment aux attaques de Jean de Béthencourt *(encadré p. 46)*, qui débarque ici au tout début du XVᵉ s. Les hommes de Fernando Ormel de Castro ne font guère mieux quelques dizaines d'années plus tard. Comme les troupes du Normand, celles de l'Espagnol doivent rembarquer avec précipitation.

Vers 1450, Hernán Peraza l'Ancien, déjà maître de Lanzarote, de Fuerteventura et d'El Hierro, parvient à asseoir son autorité sur les quatre rois guanches de l'île. Les exactions des nouveaux venus sont mal supportées par la population indigène,

et les Guanches de La Gomera *(p. 48-49)* se rebellent à plusieurs reprises, assiégeant le château de San Sebastián où les Espagnols se sont réfugiés. Vers 1487-1488, une émeute meurtrière coûte la vie à Hernán Peraza le Jeune et entraîne des représailles sanglantes.

La Gomera, qui accueille plusieurs fois Christophe Colomb *(encadré p. 148)* faisant escale sur la route du Nouveau Monde, est surnommée « isla Colombina ».

Au cours du XVIᵉ s., les colons et les derniers Guanches coexistent pacifiquement. Fertile, l'île devient – comme sa voisine Tenerife – une terre de canne à sucre et de cultures méditerranéennes en terrasse, avant l'introduction, plus récente, de la banane *(p. 86-87)*. Mais les ressources manquent et, jusqu'au XXᵉ s., beaucoup de Gomeros quitteront l'île pour l'Amérique du Sud.

Une île préservée

Comme l'ensemble des Canaries occidentales, La Gomera possède une côte sud aride et un littoral nord verdoyant en raison des alizés. Peu touchée par le tourisme sédentaire, l'île a vu longtemps sa population décliner. Celle-ci a recommencé à augmenter mais reste très en dessous des 40 000 habitants, chiffre des années 1940. La banane et la culture de la tomate ou de fruits tropicaux ne parviennent pas à faire vivre tout le monde. Si l'exode vers Cuba et le Venezuela a presque cessé, les jeunes, attirés par les débouchés du tourisme, partent désormais s'installer à Tenerife.

> *Carte p. 103. Carnet d'adresses p. 109.* •

••• Pour situer la Gomera au sein des Canaries occidentales, voir la carte en rabat avant de couverture.

San Sebastián de La Gomera a débordé de la colline surplombant le port pour escalader les pentes du barranco de la Concepción.

© Agnès Boutteville

San Sebastián de La Gomera★

> *Carnet d'adresses p. 111.*

À la pointe est, la capitale de La Gomera est aussi son principal port. Bâtie en promontoire sur la mer, celle que les insulaires appellent «la Villa» aligne dans sa partie basse des rues tranquilles bordées de maisons anciennes et une grande place ombragée. Ses principales curiosités – la torre del Conde, l'église de la Asunción et la casa Colombina – sont proches les unes des autres.

La **torre del Conde★** (vers 1450), isolée dans un parc *(ouv. t.l.j. en hiver 9 h-20 h ; jusqu'à 21 h en été ; accès libre)* à deux pas de la mer, a été construite par Hernán Peraza l'Ancien. Cet édifice en brique est le principal vestige des fortifications élevées par les conquistadors. Transformé en musée *(ouv. mar.-sam. 10 h-20 h ; entrée gratuite)*, il présente des fac-similés de cartes anciennes et une évocation des anciennes fortifications. La calle Real, qui débute plaza de la Constitución, est devenue toute pimpante depuis le rava-

lement de ses anciennes demeures. Jouxtant la place à droite, le Pozo de Colón *(ouv. lun.-sam. 9 h-13 h et 15 h 30-17 h, dim. 10 h-13 h ; entrée libre)*, ancienne maison des douanes, accueille l'office de tourisme. Dans la cour, la fontaine aurait approvisionné Christophe Colomb avant son départ pour le Nouveau Monde en 1492. Une inscription vient le rappeler : « C'est avec cette eau que l'Amérique a été baptisée… ». Plus loin, l'église de la Asunción (XVe-XVIe s.) est le sanctuaire où ce dernier aurait prié avant d'embarquer pour les Amériques. Au n° 60, la **casa Colombina★** *(en restauration en vue d'accueillir le museo de Colón)* est la demeure où il logeait quand il faisait escale à La Gomera. Plus loin, le petit ermitage de San Sebastián, à nef unique, marquait la limite de la ville jusqu'au XIXe s. Enfin, allez voir l'hôtel *Parador Conde de La Gomera (p. 109)* bâti en balcon sur la ville.

En contrebas, vous découvrirez une plage mieux abritée et plus calme que celle proche du port, la playa del Cueva. À 5 km nord de San Sebastián, la playa de Avalo est agréable.

programme

Deux jours suffisent pour voir l'essentiel de l'île sans se presser. Ceux que les virages ne rebutent pas trop peuvent faire le tour dans la journée, mais ils n'auront guère de temps pour se balader en forêt, se baigner sur les petites plages de sable noir, flâner dans les villages tranquilles ou jouir des panoramas marins. **Jour 1**. Visitez le **parque nacional de Garajonay★★★** *(p. 106)*, avec une petite balade en forêt. **Jour 2**. Partez à la découverte de **Valle Gran Rey★★** et de la **côte nord★★** *(p. 107)*. ●

Le tour de l'île★★★

> *Itinéraire d'env. 115 km au départ de San Sebastián de La Gomera.*

Cette promenade offre un bon aperçu de la diversité des paysages de l'île. Elle vous fera découvrir le centre montagneux, traverser la fantasmagorique forêt moussue du parc de Garajonay et descendre la Valle Gran Rey, une coulée de verdure où les bananiers sont omniprésents. Le retour vers San Sebastián s'effectuera par la verdoyante côte nord. En chemin, vous pourrez vous baigner sur une plage tranquille.

Vers le parque nacional de Garajonay★★

> *Itinéraire d'env. 20 km depuis San Sebastián de La Gomera jusqu'à l'entrée du parque nacional. Carnet d'adresses Playa de Santiago p. 111.*

De San Sebastián, franchissez le barranco Santiago pour emprunter la route de Valle Gran Rey qui s'élève dans les hauteurs de l'île. L'itinéraire traverse plusieurs *barrancos* arides striés de terrasses qui descendent vers la mer. Peu après l'intersection vers Playa de San-

tiago, petite localité balnéaire *(16 km S)* sans grand intérêt en dehors de ses restaurants en bord de mer, la végétation devient de plus en plus exubérante au fur et à mesure que vous approchez du cœur de l'île et du parque nacional de Garajonay.

Le parque nacional de Garajonay★★★

> *Itinéraire d'env. 14 km. Centre d'informations du parc « Juego de Bolas », à 3 km S-O d'Agulo (voir p. 108) ; annexe à La Laguna Grande (voir ci-contre).*

Ce parc, déclaré patrimoine mondial par l'Unesco en 1986, est la principale curiosité de l'île. Sur environ 4 000 ha, il rassemble plus de 400 espèces végétales différentes, dont une cinquantaine endémiques. Le centre de l'île abrite la *lauresilva* la mieux conservée des Canaries, dont l'origine remonte à l'ère tertiaire. Les lauriers, hauts de 10 m environ, atteignent une extraordinaire densité, tout particulièrement au **bosque del Cedro★★**. En raison de l'humidité ambiante apportée par les alizés, les troncs sont envahis par la mousse, formant de fantasmagoriques paysages forestiers.

Le parc ne livre ses richesses qu'aux randonneurs. Les innombrables sentiers sont bien balisés, et des pancartes indiquent la destination ainsi que la durée de la balade. Prenez au moins l'un de ces chemins, même pour quelques minutes, et enfoncez-vous dans la forêt, vous ne le regretterez pas ! La route rencontre parfois des mers de nuages que forment les alizés en se heurtant aux crêtes. Elle traverse de splendides paysages avant d'atteindre le **mirador de Los Roques★★**, où la vue des deux versants de l'île est superbe. Environ 1 km après le mirador, une route à droite *(direction El Cedro et Agulo)* relie la côte N. À quelques centaines de mètres, vous trouverez sur la gauche une piste carrossable pénétrant dans la *lauresilva* pour atteindre le site de Caserio del Cedro *(à 2,7 km)*, cœur géographique de l'île où il est possible de camper *(nombreuses possibilités de randonnées)*. Revenu sur la route principale, vous rencontrez le **mirador de Tajaqué★**, donnant sur le versant sud de l'île, puis le site de **La Laguna Grande**. L'ancien cratère, où se réunissaient les Guanches pour célébrer leurs rites, est très fréquenté par les groupes et les randonneurs *(nombreux sentiers ; centre de visiteurs, café et restaurant)* ; de là, il est possible de filer vers le nord jusqu'au centre de visiteurs « Juego de Bolas », près d'Agulo *(à 9 km, p. 108)*.

Vers La Rajita

> *Détour d'env. 17 km S jusqu'à La Rajita via Chipude.* **Carnet d'adresses** *à El Cercado p. 110.*

À quelques kilomètres, une route, à gauche, conduit à Las Hayas. Poussez à El Cercado *(7 km S de l'embranchement)* pour acheter une poterie fabriquée sans tour par de vieilles femmes dans l'une des sombres demeures de la rue principale du village. À La Rajita *(17 km S)*, sur la côte sud, vous verrez des serres de plastique où poussent des bananiers.

La côte ouest★★★

> **Carnet d'adresses** *à Arure p.110.*

Dans l'intérieur, les *barrancos* assurent une protection contre les vents tout en profitant de l'humidité des alizés. Les cultures les plus variées sont permises, comme celle de la vigne autour d'Arure ou celle des bananiers qui envahissent les versants du *barranco* de Valle Gran Rey. De retour de La Rajita et après avoir dépassé Las Hayas, une route à gauche relie **Arure★**. Le village viticole s'étend sur les pentes d'un *barranco* près de l'ermitage Virgen de la Salud ; il a conservé quelques maisons traditionnelles. À la sortie du village, la route offre de très belles vues sur la côte ouest. Entre deux tunnels, arrêtez-vous au restaurant

Mirador César Manrique *(p. 110)*. Vous savourerez une cuisine sophistiquée en admirant la vue superbe sur Valle Gran Rey.

VALLE GRAN REY★★

> *À env. 45 km O de San Sebastián de La Gomera.* **Carnet d'adresses** *p. 112.*

Le barranco del Valle Gran Rey, un ravin aux allures d'amphithéâtre rayé de terrasses verdoyantes, est un site inoubliable. Au fur et à mesure de la descente dans le canyon, les falaises pelées laissent la place à une végétation exubérante de palmiers et de bananiers. La promenade s'achève sur le littoral, dans la station balnéaire familiale et encore pas trop bétonnée de Valle Gran Rey *(belle plage au N, localité accessible par une piste)*.

La côte nord★★

> *Itinéraire d'env. 65 km de Valle Gran Rey à San Sebastián de La Gomera.* **Carnet d'adresses** *à Vallehermoso p. 112.*

langage

Le « silbo »

À La Gomera, peut-être entendrez-vous une curieuse langue sifflée appelée *silbo*. Langage où chaque lettre ou syllabe correspond à un son d'une tonalité et d'une intensité variables, le *silbo* s'est maintenu en raison du relief très accidenté de l'île ; il permettait de communiquer de *barranco* en *barranco* jusqu'à 6 km de distance ! Aujourd'hui, le téléphone l'a remplacé mais il reste tout de même considéré par l'Unesco comme un patrimoine culturel à préserver... Vous en entendrez sans doute une démonstration lors d'une *romería* ou dans un restaurant que fréquentent les groupes.

●●● *Voir également la rubrique Langue p. 37.* ●

Après la baignade, revenez par Arure, dépassez l'intersection avec l'itinéraire du centre rencontrée précédemment et continuez en direction de Vallehermoso. La route serpente dans un défilé de montagnes et passe par quelques villages disséminés au milieu des palmiers, notamment ♥ **Macayo**. **Vallehermoso★** vit des ressources agricoles des terres environnantes. L'endroit est très attachant. Sur le littoral (*à 2 km N*) a été aménagé un parque aquático, avec piscine d'eau de mer, petit café et restaurant. À environ 200 m s'élève le Castillo del Mar *(ouv. t.l.j. sf lun. 11 h-coucher du soleil; entrée payante ☎ 922.80.04.97, < www.castillo-del mar.com >)*, petit fortin construit en 1890 pour favoriser l'exportation des bananes. Il abrite un centre culturel *(spectacles et expositions)*. En journée, vous pourrez y prendre un verre (très cher) en admirant le splendide paysage marin, avec le Teide au loin et les vagues s'engouffrant dans les rochers en contrebas.

De retour à Vallehermoso, la route passe près du **Roque Cano★**, le « rocher du chien », qui se dresse parmi les genévriers, avant d'atteindre **Las Rosas**, petit village en belvédère. À 3 km sur votre droite, le centre des visiteurs du parque nacional de Garajonay, « **Juego de Bolas** » *(ouv. t.l.j. sf lun. 9 h 30-16 h 30; entrée libre ☎ 922.80. 09.93)* présente des spécimens de plantes endémiques de l'île. La salle d'exposition retrace l'histoire géologique de La Gomera. Elle montre toute la diversité de sa flore et de sa *lauresilva*. Sur votre gauche s'étend une petite place dédiée à l'artisanat local et un petit musée ethnographique (reconstitution d'un intérieur traditionnel et maquette du port de San Sebastián à l'époque de Christophe Colomb).

Agulo★★, établie en balcon très près de la mer, est sans doute la localité la plus singulière de l'île, avec ses quartiers édifiés sur des monticules. Vous pourrez vous promener dans ses ruelles bordées de maisons coquettes du *casco histórico*, autour de la place où s'élève l'église **San Marcos**, fondée en 1739. À environ 7 km S-E, la plage de La Caleta est la plus grande de la côte nord.

HERMIGUA★

> *Carnet d'adresses p. 111.*

C'est la principale commune du nord de l'île avec Vallehermoso. Après avoir longtemps vécu de la canne à sucre, puis de la cochenille, Hermigua tire l'essentiel de ses ressources de la culture de la banane et du tourisme (elle représente près de 40 % du tourisme rural de La Gomera). Le centre, dressé au bord d'un *barranco*, a beaucoup de charme avec ses maisons colorées.

En remontant ensuite dans le centre de l'île, la route serpente dans les montagnes en traversant un **paysage★★★** de toute beauté. Après les tunnels, vous retrouverez les paysages arides du sud de l'île et vous longerez le bien-nommé barranco Seco, au bas duquel vous apercevrez San Sebastián de La Gomera *(p. 105)*. ●

excursion

Le bateau est parfois le seul moyen de découvrir certains sites inaccessibles par voie terrestre. C'est le cas de la muraille basaltique de **Los Órganos★★**, haute de 80 m, et longue de 200 m. Rens. à l'office de tourisme de San Sebastián. Une adresse : **Tina excursiones** ☎ 922.80.58.85 ou 629.99.06.43, < www. excursiones-tina.com > Tour de l'île *(env. 7h)* avec observation de dauphins et de baleines. Déjeuner à bord. *Départs mar., jeu et dim. de* **Playa de Santiago** *(à 9 h)* ; *départs mar.-ven. et dim. de* **Valle Gran Rey** *(à 10 h 30)*. ●

Carnet d'adresses

Séjourner à La Gomera donne l'occasion de déguster toutes sortes de poissons.

❶ Calle Real, 4, San Sebastián de La Gomera 4 ☎922.14.15.12. < www. gomera-island.com >. Plan très bien conçu fourni gratuitement.

Arrivée

> En avion

Aéroport au S, à 3 km O de Playa de Santiago. La Gomera est reliée à Tenerife *(1 vol/j. ; 35 mn)* et à la Grande Canarie *(1 vol/j. ; 40 mn)* par la Binter Canarias. **Rens.** ☎ 922. 87.30.13 (aéroport) ☎ 922.87.30. 24 (Binter Canarias).

> En bateau

Formule la plus simple et la plus économique quand on vient de Tenerife : les bateaux appareillent de Los Cristianos et accostent au port de San Sebastián. Celui de la compagnie Garajonay Exprés poursuit sa route jusqu'à Valle Gran Rey *via* Playa de Santiago. Trois compagnies assurent la liaison depuis Tenerife, la **Líneas Fred. Olsen** (à privilégier pour leur rapidité, *voir p. 102*) ☎ 922.87.10.07 (à San Sebastián), <www.fredolsen.es >, la **Garajonay Exprés** ☎ 902.34.34. 50, < www.garajonayexpress.com > et la **Naviera Armas** ☎ 922.87.13.24 (à La Gomera), < www.naviera armas.com >, qui propose également des liaisons avec El Hierro *(voir p. 120)*. Vous trouverez sans problème une voiture à la gare maritime de San Sebastián *(plusieurs agences)*. Par précaution, réservez votre véhicule avant votre départ à la gare maritime de Los Cristianos.

Circuler

> En voiture

Location de véhicules à l'aéroport. Unique moyen de découvrir l'île. Les routes sont bonnes mais sinueuses. Rouler la nuit est déconseillé en raison des brumes qui couvrent souvent les hauteurs de l'île.

> En bus

De l'aéroport, des bus relient San Sebastián *(4 €)* et Valle Gran Rey *(5 €)*. Depuis San Sebastián, 3 lignes desservent *(4 fois/j.)* Vallehermoso *(N-O)*, Playa de Santiago *(S)* et Valle Gran Rey *(O)*.

> En taxi

Ce peut être une bonne solution pour ceux qui appréhendent les routes en lacet. Fixez le montant de la course pour éviter les mauvaises surprises ☎ 922.87.05.24.

Séjourner

Pour quelques jours, le *Parador Conde de La Gomera* (rés. impérative) est la meilleure adresse. Pour un séjour plus long, nombreux *apartamentos* à Valle Gran Rey. Tourisme rural développé. La majorité de ces locations sont perdues en campagne ou dans les villages, au nord (à Vallehermoso, Agulo et Hermigua) ainsi qu'autour d'Alajeró dans le sud. *Rés.* **Centro de Iniciativas y Turismo Rural de La Gomera**, carretera general, 207, 38820 Hermigua ☎ 922.14.41.01, fax 922.88.10.38, < www.ecoturismocanarias. com/gomera/ >. Le plus grand choix de *casas rurales* (une soixantaine). **Isla Rural**, Las Hoyetas, 34, 38820 Hermigua ☎ 686.95.01.71, ☎ et fax 922.88.01.60,< www.islarural. com >. Gîtes situés dans les communes d'Hermigua et d'Agulo.

Fêtes et manifestations

Les fêtes à La Gomera ont la réputation d'avoir une grande authenticité et des couleurs particulières. Elles sont les plus nombreuses en été. **Fév.** Carnaval à San Sebastián. **Avr.** Fête de San Marcos à **Agulo**, les 24 et 25. **Juin**. Fête de San Juan Bautista à **Vallehermoso** et à **Valle Gran Rey**, du 22 au 24. **Juil.** Romería d'El Carmen à **Valle Gran Rey**, les 15 et 16. Romería de la Virgen del Carmen à **Vallehermoso** et à **Alajeró** (*12 km N-O de Playa de Santiago*), du 20 au 23. Fêtes de Santiago Apóstol à **Playa de Santiago**, les 24 et 25. **Août**. Fête de Santo Domingo de Guzman à **Hermigua**, les 8 et 9. Romería de la Virgen de Candelaria à **Vallehermoso**, les 14 et 15. Fête costumée de Santa Rosa de Lima à **Agulo**, le 23. **Sept**. Fête de Nuestra Señora de la Encarnación à **Hermigua**, les 5 et 6. Fiestas del Paso, patronne d'**Alajeró**, du 13 au 15. Fêtes patronales de La Merced à **Agulo**, du 21 au 25. **Oct**. Fête de Nuestra Señora de Guadalupe à **San Sebastián**, les 6 et 7.

Randonnées

Au centre des visiteurs du parc de Garajonay (*p. 106*), carte au 1/50 000e décrivant les différentes randonnées réalisables, avec indications des durées et des difficultés.

Agulo

> *Visite p. 108.*

❶ < www.agulo.net >.

Restaurant

♦ **Roque Blanco**, Cruz de Tierno, Las Rosas ☎ 922.80.04.83. Spécialités de viandes au feu de bois. Beau choix de vins de l'île.

Arure

> *Visite p. 107.*

Restaurants

♦♦♦ **Restaurant-Mirador César Manrique**, carretera General ☎ 922.80.58.68. *F. lun. et mar.* Restaurant-école où l'on déguste des plats canariens et espagnols en profitant de la vue. Délicieux desserts. L'établissement ferme pendant les vacances scolaires.

♦ **El Jape** ☎ 922.80.42.28. Propose de copieux plats canariens (avec la *bodega* Vino Tinto à côté pour acheter du vin).

El Cercado

> *Visite p. 107.*

Shopping

Chez *María del Mar*, *Rufina* et *Tradicional María*, délicieux miel de palme et des poteries traditionnelles réalisées sans tour. La qualité est toutefois en baisse.

Hermigua

> *Visite p. 108.*

❶ < www.villadehermigua.com >.

Hôtels

▲▲▲ **Hotel Rural Ibo Alfaro** ♥ ☎ 922.88.01.68, fax 922.88.10.19. < www.ecoturismocanarias.com/ iboalfaro >. *17 ch.* Hôtel de luxe dans une ancienne maison de maître du XIXe s. On dort au milieu des boiseries anciennes, avec la vallée et la mer au loin.

▲ **Los Telares**, carretera General, El Convento ☎ 922.88.07.81, fax 922. 88.03.02. *20 appart.* Possibilité de louer des *casas rurales.* Avec boutique d'artisanat (dentelles et céramiques) et thalassothérapie.

Restaurants

♦♦ **La Casa Creativa**, carretera general, 5 ☎ 922.88.10.23. Cuisine végétarienne et internationale.

♦ **El Faro de Hermigua**, Playa de Santa Catalina ☎ 922.88.08.26. Restaurant canarien en balcon avec vue sur mer et sur la bananeraie.

♦ **El Silbo**, carretera general ☎ 922. 88.03.04. Cuisine traditionnelle et ambiance sympathique.

Playa de Santiago

> *Visite p. 106.*

Hôtels

▲▲▲▲ **Jardín de Tecina** ☎ 902.22. 21.40, fax 922.62.83.85, < www. jardin-tecina.com >. *434 ch.* Gigantesque complexe dominant la ville et sa plage de sable noir. Grand confort (3 piscines, tennis, ascenseur pour accéder à la plage…).

▲▲ **Apartamentos Tapahuga** ☎ 922.89.51.59, fax 922.89.51.27, < www.tapahuga.com >. *29 appart.* Bon confort, bien situé sur l'avenida Marítima, en face de la plage. Piscine.

Restaurants

♦♦ **El Bodegón del Mar**, avenida Marítima ☎ 922.89.51.35. Excellents poissons frais à déguster face à la mer.

♦ **La Cuevita**, à l'extrémité du port ☎ 922.89.55.68. Plus touristique : un petit restaurant à poissons dans une bâtisse creusée dans la roche.

San Sebastián de La Gomera

> *Visite p. 105.*

Hôtels

▲▲▲▲ **Parador Conde de La Gomera** ♥, Balcón de Villa y Puerto, apartado 21 ☎ 922.87.11.00, fax 922.87.11.16, < www.parador.es >. *42 ch.* La meilleure adresse pour un court séjour. Magnifique hôtel *(rés. impérative)* dans une demeure traditionnelle, avec patio et jardin botanique dominant la mer. Restaurant (étape gastronomique obligée).

▲▲▲ **Torre del Conde**, calle Ruiz de Padrón, 17 ☎ 922.87.00.00, fax 922. 87.13.14, < www.hoteltorredelconde. com >. *35 ch.* Au cœur de la ville. Ch. impeccables mais bruyantes. Demandez-en une du côté de la tour.

▲▲ **Garajonay**, calle Ruíz de Padrón, 15 ☎ 922.87.05.50, fax 922.87.05.54. *29 ch.* Simple et bien situé dans l'ancienne ville. Peut être bruyant.

Restaurants

En dehors du restaurant du *Parador* :

♦♦♦ **Marqués de Oristano**, calle Real, 24 ☎ 922.87.27.09. Établi dans un bâtiment historique appartenant au Cabildo Insular. Cuisine canarienne inventive et menu gastronomique à l'étage, mais l'accueil n'est pas toujours à la hauteur.

♦♦ **El Charcón**, paseo Marítimo La Cueva ☎ 922.14.18.98. *F. lun.* Près du port et au bord de la playa de La Cueva, établissement plutôt chic creusé dans la roche pour déguster du poisson cuisiné d'une façon sortant de l'ordinaire.

♦ **Casa del Mar ♥**, sur le port ☎ 922.87.12.19. *Ouv. le midi.* Pour déguster salade et poisson frais dans une ambiance très sympathique.

Bar Zumería Cuba Libre, plaza de las Américas, 18 ☎ 922.14.11.32. Grande terrasse sous les arbres pour prendre un en-cas et boire un délicieux jus de fruit.

Adresses utiles

● **Gare routière**, avenida V Centenario ☎ 922.14.11.01, < www.servicioregulargomera.com >.

● **Location de voitures**. Agences à la gare maritime et à l'aéroport. **Hertz**, Estación Marítima ☎ 922.87.15.44.

● **Urgences** ☎ 112. **Police** ☎ 092.

Valle Gran Rey

> *Visite p. 107.*

❶ Calle Lepanto, La Playa ☎ 922.80.54.58. *Ouv. lun.-ven. 9 h-13 h et 16 h-18 h, sam. 10 h-13 h.*

Hébergement

> **Hôtels**

▲▲▲ **Hotel Gran Rey**, La Puntilla ☎ 922.80.58.59, fax 922.80.56.51 < www.hotel-granrey.com >. *60 ch.* L'établissement le plus luxueux, très bien situé, face à la mer, pour profiter de couchers de soleil d'anthologie. Chambres très confortables.

▲ **Pension Candelaria**, vueltas ☎ 922.80.54.02. *6 ch.* Maison au confort modeste, pas chère.

> **Apartamentos**

Vous trouverez un vaste choix de résidences, à peu près équivalentes. Vous pouvez toujours demander conseil à l'office du tourisme.

▲▲ **Jardin del Conde**, avenida Marítima ☎ 922.80.60.08, fax 922.80.53.85, < www.jardindelconde.com >.

74 appart. fonctionnels, propres, avec terrasse. Piscine avec bar.

▲▲ **Punta Marina**, avenida Marítima ☎ 922.80.60.03, fax 922.80.55.03. *50 appart.* Au pied de la plage. De l'appparthôtel de luxe peut-être moins désincarné que le précédent.

Restaurants

♦ **El Puerto ♥**, Puerto de Vueltas ☎ 922.80.52.24. Plats copieux et poissons frais servis avec le sourire. Addition étonnamment douce.

♦ **Gondola II**, La Playa ☎ 922.80.61.95. *F. mer.* Belle situation et terrasse agréable donnant sur la playa de La Calera. Une trentaine de pizzas. Bon accueil.

♦ **Telemaco**, avenida Marítima ☎ 922.80.57.55. Sans beaucoup d'âme, mais bon et tarifs imbattables.

Vallehermoso

> *Visite p. 107.*

Hôtel

▲▲ **Hotel rural Tamahuche ♥**, calle La Hoya ☎ et fax 922.80.11.76, < www.hoteltamahuche.com >. *10 ch.* Jolie bâtisse offrant de jolies chambres meublées avec goût dans le style canarien traditionnel. Jardins, terrasse tranquille et belle bibliothèque. Personnel qui saura vous conseiller sur les plus belles randonnées à faire dans l'île. En bref, l'anti-apparthôtel, qui comblera les visiteurs en quête d'intimité.

Restaurant

♦ **Amaya**, plaza de la Constitución ☎ 922.80.00.73. Cuisine canarienne et quelques spécialités de l'île. On y entend parfois le *silbo*.

Shopping

Bodegas Roque Cano, Finca Los Roquillos, Macayo ☎ 922.80.04.83. Blancs, rosés et rouges fabriqués de façon artisanale. ●

El Hierro,
l'île méridienne

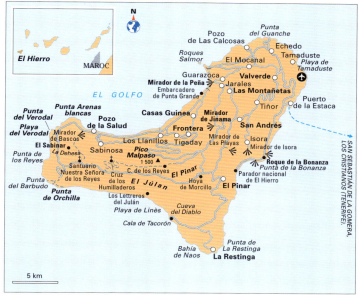

El Hierro

MAROC

EL GOLFO

Punta
del Guanche

Pozo
de Las Calcosas

Roques
Salmor

El Mocanal

Echedo
Tamaduste
Playa de
Tamaduste

Guarazoca

Valverde

Mirador de la Peña
Embarcadero
de Punta Grande

Jarales
Las Montañetas

Puerto
de la Estaca

Punta Arenas
blancas

Casas Guinea

Mirador
de Jinama

Tiñor

Punta
del Verodal

Pozo
de la Salud

Playa
del Verodal

Mirador
de Bascos

Frontera

San Andrés

El Sabinar

La Dehesa

Sabinosa

Los Llanillos

Tigaday

Mirador de
Las Playas

Isora

Punta de
los Reyes

Pico
Malpaso
1 500

Mirador de Isora

Roque de la Bonanza

Santuario
Nuestra Señora
de los Reyes

C. de los Reyes

El Pinar

Punta de la Bonanza

Punta
del Barbudo

Cruz
de los
Humilladeros

El Júlan

Hoya
de Morcillo

Parador nacional
de El Hierro

El Pinar

Punta
de Orchilla

Los Lettreros
del Júlan

Playa de Linès

Cueva
del Diablo

Cala de Tacorón

Bahía
de Naos

Punta de
La Restinga

La Restinga

SAN SEBASTIÁN DE LA GOMERA,
LOS CRISTIANOS (TENERIFE).

5 km

EL HIERRO

E l Hierro, à environ 130 km à l'ouest de Tenerife, est de loin l'île la moins touristique des Canaries. *Finis terræ* jusqu'à la découverte de l'Amérique, elle est demeurée la plus sauvage de l'archipel, et rien ne vient troubler la quiétude de ses villages du bout du monde. À El Hierro alternent des forêts de lauriers, des terres volcaniques, une pinède immense – celle d'El Pinar – et des campagnes d'une extrême aridité, ponctuées de genévriers pliés par le vent. La plus petite île canarienne offre enfin ce que ses grandes sœurs donnent sans compter: le soleil et les vues plongeantes sur de lumineuses baies. Seule l'absence de plages de sable peut rebuter certains. Les autres exploreront ses magnifiques fonds marins ou se contenteront des criques rocheuses du littoral, où le rude gravier est d'un noir plus profond qu'ailleurs.

L'ÎLE QUI SE BRISE

La forme triangulaire de l'île serait due à un gigantesque glissement de terrain survenu il y a 50 000 ans. La partie nord se serait alors

© Bertrand Gardel/Hémisphères Images

en bref...

- **Superficie**. 269 km².
- **Dimensions**. 25 km sur 24 km env.
- **Alt**. **max**. Pico Malpaso : 1 501 m.
- **Population**. 10 071 hab.
- **Densité**. 37,44 hab./km².
- **Capitale**. Valverde (4 840 hab).
- **Autre municipalité**. Frontera (5 231 hab.)
- **Principales ressources**. Agriculture (tomate, pomme de terre, banane, ananas et vin) et tourisme. ●

détachée dans la mer, provoquant un immense raz-de-marée. La baie incurvée d'El Golfo, bordée de hautes falaises, et le site de Las Playas, sur la côte est, résulteraient de ce cataclysme.

En espagnol, *hierro* signifie fer. Pourtant le minerai est absent de son sous-sol. Le nom de l'île proviendrait, en fait, soit du méridien 0, fixé ici par Ptolémée, soit d'une déformation d'un mot guanche signifiant « le lait ». Cette dernière hypothèse s'appuie sur ce qui constitue, aujourd'hui encore, l'une des grandes gloires de l'île, le lait de chèvre, dont sont faits les *quesadillas* (biscuits parfumés à l'anis) et les fromages réputés dans tout l'archipel.

À L'ÉCART DU MONDE

On sait peu de chose de ce qu'était El Hierro avant que Christophe Colomb (*encadré p. 148*) en fasse sa tête de pont vers le Nouveau Monde. En 1405, Jean de Béthencourt débarque dans l'île. Les Guanches (*p. 48-49*) d'El Hierro, réputés doux et paisibles, ne semblent pas avoir souffert de l'arrivée des Espagnols qui, selon la légende,

prirent possession de l'île sans qu'aucune goutte de sang fût versée. Plus tard, les Guanches d'El Hierro sont déportés en masse, et des colons espagnols s'emparent de leurs terres. Ils installent un système féodal qui ralentit le développement de l'île par rapport à ses voisines. Restée à l'écart du monde, elle est choisie comme lieu de bannissement sous la dictature de Franco.

DE VIN ET DE NATURE

Frappée par une émigration massive, l'île est la moins peuplée de l'archipel avec environ 10 000 habitants. Elle rattrape cependant son retard depuis les années 1970. Ne recevant que de faibles précipitations, l'île s'est dotée d'un système d'irrigation qui lui a permis d'agrandir les surfaces cultivables et de développer la production d'un excellent vin. Parallèlement, la création d'un aéroport l'a reliée à Tenerife et au monde. Un gros effort a été entrepris pour désenclaver l'arrière-pays : création d'un tunnel reliant Valverde à El Golfo, tracé d'une nouvelle route côtière parfaitement rectiligne ; enfin, asphaltage des pistes forestières du centre de l'île. Le tourisme commence à peine à se développer, contraint par des règles strictes destinées à préserver les sites. L'accueil est partout d'une extrême gentillesse, formant un contraste parfait avec la rudesse des paysages. Il faut se précipiter à El Hierro !

> *Carte p. 113. Carnet d'adresses p. 120.* ●

programme

Compte tenu des dimensions de l'île, une journée suffit pour voir l'essentiel : à voir absolument, le site d'**El Golfo**★★★ *(p. 117)* et la pinède d'**El Pinar**★★ *(p. 119)*. ●

© Bertrand Gardel/Hémisphères Images

Torturés, le tronc torsadé et les branches pliées au sol, les genévriers d'El Hierro font penser à des bonsaïs qui auraient gardé leur taille réelle... Parfois vieux de plusieurs siècles, ils se sont agrippés au sol ingrat en se courbant pour résister aux vents violents.

♥ Valverde★

> *Carnet d'adresses p. 122.*

La ville est bâtie au flanc de la montagne verdoyante à laquelle elle doit son nom de Santa María de Valverde, la «verte vallée». Battue par les vents, la capitale d'El Hierro est en fait un modeste bourg constitué d'une grande rue principale. Le soir, un mystère et un calme fascinants enveloppent cette paisible localité.

Cette *tranquilidad* si typique d'El Hierro, son café où tout le monde se retrouve, ses boutiques désuètes, la terrasse agrémentée de volées de marches où s'élève l'**iglesia de la Concepción★** (fin du XVIIIe s. dans son état actuel), de style colonial, vous laisseront un agréable souvenir. Entrez dans l'église pour admirer son plafond en bois et ses retables.

Dans le quartier de Tesine, sur les hauteurs de Valverde, le **Centro etnográfico de Casa de las Quinte-** ras *(calle Armas Martel; ouv. lun.-ven. 9h-14h, sam. 11h-13h30 et 16h30-18h30; entrée libre ☎ 922.55.20.26)* évoque les secteurs traditionnels de l'économie d'El Hierro. Après avoir visité la petite boutique d'artisanat *(exposition-vente)*, vous découvrirez deux petites maisons étagées sur la colline. L'une abrite la reconstitution d'un atelier de forgeron et de tissage. La seconde renferme des témoignages de la production textile et des objets en bois (ustensiles de cuisine). L'accent est mis sur le nomadisme des anciens Herreños, obligés de se déplacer pour survivre dans un univers hostile.

La côte est★

> *Itinéraire d'env. 20 km S de Valverde. Carnet d'adresses Valverde et ses environs p. 122.*

Cette courte excursion au départ de Valverde *(40 km A/R)* emprunte la route se terminant en cul-de-sac qui longe la côte est d'El Hierro

© Bertrand Gardel/Hémisphères Images

L'éblouissant paysage marin de la baie d'El Golfo est d'une beauté à couper le souffle.

jusqu'au parador. Elle vous donnera un avant-goût des beautés que recèle l'île. Cette balade ne serait pas complète sans un déjeuner à l'excellent restaurant du parador (*p. 122*).

Vers le roque de la Bonanza et le parador★

Depuis Valverde, la route de l'aéroport descend en virages vers la côte avant d'atteindre un embranchement. À gauche, vous rejoignez Tamaduste, lieu de détente favori des Herreños et des habitants de Valverde. À droite, des belvédères permettent d'admirer le littoral jonché de rochers sombres que dominent les pentes abruptes de la montagne. À de rares endroits, du sable noir fait son apparition et vous invite à la baignade. Attention ! le courant est fort et le flux et le reflux rapportent des pierres coupantes.

Peu avant le parador, le roque de la Bonanza, des rochers de basalte aux formes étranges, creusés par la mer, est le clou de cette promenade. On l'aperçoit au débouché d'un tunnel à voie unique.

Le centre et l'ouest de l'île★★

> *Itinéraire d'env. 115 km au départ de Valverde.*

Après avoir atteint le centre de l'île par la route qui grimpe dans les hauteurs en direction de San Andrés (*délaissez le tunnel menant à Frontera*), vous profiterez d'une sublime vue plongeante sur l'immense baie d'El Golfo. En longeant la mer, vous apprécierez ensuite, à l'extrémité ouest, un littoral volcanique âpre et des hauteurs battues par les vents où s'accrochent des genévriers. En revenant par la route des crêtes, vous traverserez l'extraordinaire forêt de pins d'El Pinar.

Vers San Andrés★★

> *Itinéraire de 17 km S-O de Valverde.* **Carnet d'adresses** *Valverde et ses environs p. 122.*

Au nord de Valverde, la route de Frontera atteint El Mocanal, souvent enneigé l'hiver, puis l'ermitage de San Pedro, reconstruit en 1719 grâce aux paroissiens. Au tunnel conduisant à Frontera, préférez la route en direction du mirador de la Peña :

elle traverse les hameaux d'Erese et de Guarazoca. Le **mirador de la Peña★★** offre une vue splendide sur la baie d'El Golfo. Un grand restaurant panoramique dessiné par César Manrique s'est établi ici *(p. 122)*. Au-delà du petit ermitage de la Peña, vous traversez la campagne typique d'El Hierro, la terre aride de **Las Montañetas** *(accès par une piste à droite, 4 x 4 indispensable)*, village abandonné où subsistent encore de maigres cultures et des milliers de figuiers de Barbarie. Les murets de pierre volcanique témoignent de l'importance de l'élevage caprin dans cette partie de l'île.

Avant d'arriver à San Andrés, une piste à gauche *(env. 3km)* conduit à l'**Arbol santo★** *(ouv. mar.-sam. 10h30-17h30 en nov.-fév., 10h30-18h30 en mars-juin, 10h30-14h30 et 15h-17h30 en juil.-oct., dim. 11h-14h; entrée libre)*, un laurier environné de trous d'eau qui « pleure » effectivement les jours de brume *(voir encadré ci-dessous)*.

San Andrés★, à 1 100 m d'alt., est un gros bourg agricole assoupi. Après avoir sillonné ses rues poussiéreuses et venteuses, arrêtez-vous dans l'un des bars de la rue principale pour y acheter des *quesadillas*, des gâteaux au fromage typiques de l'île. Environ 2 km après San Andrés, vers Frontera, vous atteignez un embranchement. Un détour vers La Restinga vous fera découvrir la partie sud de l'île, la plus sèche.

Vers La Restinga

> *Itinéraire de 26 km S de San Andrés.* **Carnet d'adresses** La Restinga p. 121.

Traversez la forêt d'El Pinar qui couvre le cœur de l'île *(p. 119)*. Une route à gauche au milieu des pins donne très vite accès au **mirador de Las Playas★★**. La vue plongeante est à couper le souffle. La silhouette minuscule du parador se dessine en contrebas, ainsi que celle du roque de la Bonanza. Au-delà d'El Pinar et avant d'arriver à La Restinga, un détour à droite *(3 km)* mène à la cala del Tocorón et à la cueva del Diablo. L'endroit est protégé par son statut de réserve marine. Il attire plongeurs et baigneurs. La Restinga, dominée par des cônes volcaniques de couleurs variées, abrite l'essentiel de la flotte de pêche d'El Hierro. Assoupi en journée, le bourg attire les amateurs de plongée, les fonds de cette partie de l'île étant connus pour leur richesse.

Frontera et El Golfo★★★

> *Itinéraire de 25 km entre San Andrés et Frontera.* **Carnet d'adresses** Frontera p. 121 et Las Puntas p. 122.

Revenez sur vos pas jusqu'à l'embranchement proche de San Andrés et reprenez la route de Frontera *(à gauche)*. À deux pas du **mirador de Jinama★★**, la vue d'El Golfo et de La Palma est fabuleuse. Puis descendez vers la baie en tra-

flore

El Hierro ne possède pas le moindre cours d'eau. Pourtant, l'île est loin d'être désertique grâce à son sol volcanique qui capte l'eau du feuillage des plantes. Ce phénomène a donné naissance à la légende de l'**arbre qui pleure**, un *garoe* (tilleul) qui chaque matin fournissait de quoi apaiser la soif des Guanches. On élevait ce *garoe* dans un lieu secret. Un jour, une jeune indigène s'éprit d'un Espagnol. Le voyant souffrir de la soif, elle lui indiqua où trouver l'arbre. Elle fut mise à mort par les siens pour avoir violé le secret. Au début du XVIIe s., un cyclone arracha l'arbre que les Guanches croyaient indestructible… Un autre *Arbol santo* a été replanté en 1949 au même endroit, protégé du vent par les parois d'une haute falaise. ●

versant une pinède *(encadré p. 132)* remplacée par des châtaigniers et des vignes ; les ceps et la lave créent un curieux tableau végétal.

Frontera, première commune de l'île par sa population, regroupe une myriade de bourgs vivant de la vigne et des fruits cultivés à El Golfo. Son église est imposante ; le clocher est perché à plusieurs centaines de mètres de l'édifice sur un cône volcanique, face à l'impressionnante muraille. Il a été élevé en 1818, env. un siècle après l'achèvement de l'église. Peu avant Tigaday *(après la pompe à essence Cepsa)*, un détour à droite *(7 km)* mène à deux grandes curiosités de l'île : les ♥ **Casas Guinea★** *(vis. guidées mar.-sam. 10h30-14h30 et 17h-19h en juil.-sept, 10h-14h et 16h-18h le reste de l'année, dim. 11h-14h ; entrée groupée avec la vis. des Casas Guineas ☎ 922.55.50.56)*, un groupe de maisons qui évoque le mode de vie à El Hierro des premiers colons jusqu'au milieu du

Iguane

Espèce endémique de l'île, le *Gallotia simonyi* dépasse 70 cm et peut même atteindre 1 m. Longtemps, on ne l'a connu que par les récits horrifiés des colons qui avaient vu des insulaires manger de grands lézards... L'espèce a été considérée comme éteinte jusqu'en 1975, date à laquelle plusieurs de ces reptiles ont été repérés dans les falaises d'accès difficile d'El Golfo. La population est estimée à environ 1 millier d'individus (très peu) ; aussi plusieurs d'entre eux ont-ils été capturés. Ils sont protégés afin de se reproduire. Vous verrez ces animaux au centre de reproduction des lézards géants d'El Hierro *(ci-dessus)*. ●

xxe s., et, à côté, le Lagartario d'El Hierro, centre de reproduction des lézards géants *(encadré ci-dessous ; mêmes horaires)*, qui permet de voir des spécimens de cet étrange animal. À Las Puntas s'élève, au bord de l'eau, le ravissant petit hôtel ♥ *Puntagrande★*. Au-delà, la route retrouve Valverde en empruntant le tunnel. Revenez à l'intersection précédente pour découvrir l'ouest.

L'ouest de l'île★★

> *Itinéraire d'env. 35 km de Tigaday à l'extrémité O.* **Carnet d'adresses** *Las Puntas p. 122.*

La route longe la mer à quelque distance avant de s'en rapprocher après Sabinosa, qui occupe un joli site en balcon. Peu après le village, vous passez près de l'austère ♥ **Pozo de la Salud★** et de son univers de lave déchiquetée d'un noir d'encre. Le village est quasi abandonné hors saison. En été, vous pourrez prendre un verre au café en face de l'hôtel, avant de faire connaissance avec un artisan qui fabrique encore des objets creusés dans des racines de mûrier, comme les anciens Guanches. La route fait le tour de l'extrémité occidentale de l'île. Elle conduit aux **Arenas blancas★** (les «sables blancs»), dont le nom provient du sel et des coquillages blancs qui se sont déposés sur la lave et le basalte. Ce périple autour de la pointe ouest d'El Hierro vous fera découvrir des paysages déserts.

VERS LA PUNTA DEL VERODAL★★

Pour vous baigner, prenez en chemin la route à droite qui atteint ♥ **playa del Verodal★**, la plus grande plage de sable fin de l'île. Vous traverserez une campagne magnifique où le vert pâle de la lande se marie au brun de la pierre. La punta del Verodal est un lieu intact. Le paysage n'est composé que de splendides falaises et de sable noir. Faites attention en vous baignant car le courant est violent.

♥ La punta de Orchilla★★

> *Détour d'env. 3 km vers le S.*

La punta de Orchilla tient son nom de l'orseille, dont on tirait une teinture *(p. 216)*. C'est là, au bout de cet immense champ de lave désolé, que Ptolémée, au IIe s. av. J.-C., situait l'extrémité du monde connu. En 1634, une assemblée de mathématiciens présidée par Richelieu décréta que la punta de Orchilla d'El Hierro servirait désormais de point de repère du méridien 0. Ce n'est qu'en 1884 qu'elle fut remplacée par Greenwich.

El Sabinar★★

> *Itinéraire de 11 km de la punta de Orchilla au mirador de Bascos.*

À l'embranchement qui vous a conduit à la punta de Orchilla, reprenez la route principale à droite pour atteindre les pentes de La Dehesa (« le pâturage »). Le **sanctuario de Nuestra Señora de los Reyes★** *(ouv. t.l.j. oct.-mars 9 h 30-17 h 30, avr.-juin 9 h 30-18 h, juin-sept. 10 h-19 h)*, édifié au XVIIIe s., est une ravissante église à nef unique. Elle abrite la statue de la patronne de l'île *(encadré ci-dessous)*, pour qui les habitants déposent leurs offrandes ou font pénitence dans les petites cellules de l'enceinte. De là, une piste cahotante atteint le plateau d'**El Sabinar★★**, où les genévriers sont couchés sous la violence du vent. Poursuivez ensuite jusqu'au **mirador de Bascos★★★**.

La route des crêtes et la forêt d'El Pinar★★

> *Itinéraire d'env. 35 km jusqu'à Valverde. **Carnet d'adresses** p. 122.*

À l'ermitage, traversez la forêt et prenez vers l'est la route des crêtes direction Valverde. Au **pico Malpaso★★**, sommet de l'île (1 501 m d'alt.), les dunes de gravier volcanique dominent la mer. Après Cruz de los Reyes, importante étape du *Camino de la Bajada de la Virgen (encadré ci-dessous)*, d'où vous rejoindrez Valverde pare la route vers Tiñor. •

vin

Le vin produit à El Hierro est moins connu que le teneguía de l'île de La Palma. C'est pourtant « un vin qui glisse aisément dans la gorge ». Le blanc, produit en bord de mer et à mi-coteaux, possède la saveur de ce petit bout de terre volcanique. Le rouge et le rosé, légers et racés, sont issus des raisins cultivés sur les hauteurs.
●●● *Voir également l'encadré vin p. 52.* •

fête

La ***Bajada de la Virgen de los Reyes*** est l'une des plus grandes fêtes religieuses des Canaries. Tous les quatre ans début juillet (prochaine en 2009), le *Día de la Bajada* (« jour de la descente »), à 6 h du matin, quatre prêtres sortent la statue de la Vierge de l'ermitage de Nuestra Señora de los Reyes et la remettent aux maires de Valverde et de Frontera, au représentant de l'État espagnol et au président du Cabildo. Transmise de délégations en délégations le long du *Camino de la Virgen* (chemin de la Vierge), elle atteind Valverde vers 23 h au son des fifres et des tambours. La fête se poursuit tout le mois, avec messes et offices religieux divers. Elle s'achève le *Día de la Subida* (« jour de la montée » ; début août), lorsqu'une procession à laquelle participent les villages de l'île ramène la statue à son ermitage. •

Carnet d'adresses

Les anciens Herreños édifiaient leurs fermes et leurs bergeries à l'aide de gros blocs de lave dépourvus d'enduit.

❶ Calle Dʳ Quintero, 4, Valverde ☎ 922.55.03.26. < www.el-hierro. org >. *Ouv. lun.-ven. 8 h 30-14 h 30, sam. 9 h-13 h.*

Arrivée

> En avion

El Hierro est reliée à Tenerife *(4 vols/j. ; 40 mn)*, ainsi qu'à La Palma *(2 vols/ sem. ; 25 mn)* et à la Grande Canarie *(1 à 2 vols/j. ; 40 mn)* par la **Binter Canarias**. L'aéroport de Los Cangrejos est situé à 10 km à l'E de Valverde, dans le N de l'île.

Rens. ☎ 922.55.37.00 (aéroport) ; ☎ 922.63.56.44 (Binter Canarias).

> En bateau

Depuis le port de Los Cristianos à Tenerife, le *Bonanza Express*, de la compagnie **Fred. Olsen**, assure une liaison quotidienne avec l'île *(départ à 15 h 30, arrivée vers 17 h 30)*. Le *Volcán de Tacande*, de la **Naviera Armas**, effectue également une traversée *t.l.j. sf sam.* depuis Los Cristia-nos *(départ à 19 h, arrivée vers 23 h 30)* et San Sebastián de La Gomera, mais cette dernière s'effectue *via* Los Cristianos. Elle est donc très longue.

Rens. Líneas Fred. Olsen ☎ 902. 10.01.07, < www.fredolsen.es >. **Naviera Armas SA** ☎ 902.45.65.00, < www.navieraarmas.com >. La gare maritime de Puerto de La Estaca ne dispose pas de bureau de location de véhicule. Cependant, un agent de la société **Autos Bamir** propose des voitures aux passagers qui le souhaitent. À défaut, un bus gratuit rejoint Valverde.

Circuler

> En voiture

Louer un véhicule est indispensable ici plus qu'ailleurs mais le choix est limité. Attention, les stations-essence sont rares (à Valverde, Frontera et El Pinar seulement). Beaucoup de routes ont été retracées et asphaltées, mais les axes secondaires restent étroits et sinueux. Grâce au tunnel reliant Valverde à Frontera, 20 mn suffisent pour atteindre la capitale. Pour relier l'extrémité O de l'île, préférez la route côtière rejoignant Pozo de la Salud à celle passant par Frontera.

> En car

Les principaux bourgs sont reliés par des services réguliers, mais rares, de bus. Si vous les ratez, le stop est ici une pratique courante.

Séjourner et se restaurer

L'offre est assez limitée, les ressources hôtelières se limitent aux quelques pensions et hôtels de Valverde ou de Frontera. Pour un séjour plus long, vous disposerez des apparthôtels de La Restingua, localité très excentrée, et des nombreuses *casas rurales* disséminées dans toute l'île. **Rés**. en tourisme rural : **Asociación de Turismo rural « Meridiano Cero El Hierro »**, calle Barlovento, 89, Valverde ☎ 922.55.181.24, fax 922.55.05. 75, < www.ecoturismocanarias. com/hierro >. Choix le plus vaste. **Cotur Turismo Rural**, calle Las Toscas, 10, Frontera ☎ 922.55. 60.41 ou 606.42.44.46, fax 922.55. 60.41, < www.coturelhierro.com >.

Fêtes et manifestations

Avril. Rassemblement de parapentes, **28 avr.-1ᵉʳ mai**. **Mai**. Fêtes de la San Isidro, saint patron de Valverde, le **15**. **Juin**. Fête de la Apeñada à **San Andrés** (marché aux bestiaux avec concours d'animaux). Fête de la San Juan à **La Restinga** et à **Las Puntas**, le **24**. **Oct**. Fêtes de la Virgen del Rosario, protectrice de Valverde, le **10**.

Randonnées

Vous trouverez à l'office de tourisme de Valverde une carte gratuite très bien faite décrivant les différentes randonnées réalisables, avec indications de durée et de difficulté.

El Pinar

> *Visite p. 119.*

Hôtel

▲▲ **Hôtel Pinar**, travesía del Pino, 64 ☎ 922.55.80.08, fax 922.55.80.90. *13 ch*. Bon confort, pas cher, accueillant, et doté d'un excellent bar à *tapas*. Idéal pour les randonneurs.

Shopping

Artesanía Cerámica-Museo Panchillo, hauteurs d'**El Pinar** (fléchage). Créations en céramique.

Frontera

> *Visite p. 117.*

Hôtel

▲▲ **Ida Inés**, calle El Hoyo, 2 ☎ 922.55.94.45, fax 922.55.60.88. *22 ch*. Grande bâtisse blanche de style canarien. Ch. agréables, parfois avec terrasse donnant sur la mer.

---

budget

Hébergement
▲▲▲▲ de 120 à plus de 200 €
▲▲▲ de 80 à 120 €
▲▲ de 50 à 80 €
▲ de 40 à 50 €

Restaurants
♦♦♦♦ plus de 30 €
♦♦♦ de 25 à 30 €
♦♦ de 20 à 25 €
♦ moins de 20 € ●

Restaurants

♦♦♦♦ **La Maceta**, La Maceta *(env. 5 km N; accès depuis la route littorale d'El Golfo)* ☎ 922.55.60.20. *F. le mer*. Jardin établi dans un site splendide, sur un petit promontoire avec une terrasse dominant la mer. Cuisine sophistiquée.

♦ **El Pollo Asado**, calle Las Lajas, 4 ☎ 922.55.50.51. La terrasse est trop près de la route, mais l'ambiance à l'intérieur est formidable. Excellentes viandes grillées, et pas seulement du poulet frit...

La Restinga

> *Visite p. 117.*

Hôtels

On pourra se loger à peu de frais dans les *apartamentos* ▲ **La Marina** ☎ 922.55.90.16, ▲ **La Restinga** ☎ 922.55.81.70 et ▲ **Rocamar** ☎ 922.55.70.83.

Restaurants

♦ **Casa Juan**, calle Gutiérrez Monteverde, 22 ☎ 922.55.80.02. Vous pourrez déguster de bons poissons et du vin d'El Hierro.

♦ **El Refugio**, sur le port ☎ 922.55. 70.29. Ambiance rustique. Ici, le patron Elio va pêcher lui-même, avec son fils.

Sports

Des clubs de plongées louent du matériel et des sociétés proposent des parties de pêche au gros. La plongée est déconseillée aux novices à cause des courants et des roches coupantes. **Centro de Buceo El Hierro**, avenida Marítima, 16 ☎ 922.55.70.23, < www.centrode buceoelhierro.com>. Le vétéran, une valeur sûre. Liste complète des clubs à l'office de tourisme de Valverde.

Las Puntas

> *Visite p. 117.*

Hôtels

▲▲▲ **Puntagrande ♥**, Las Puntas, Frontera ☎ 922.55.90.81. *4 ch.* Le plus petit hôtel du monde *(Livre Guinness des Records 1992)*. Idéal pour les amoureux et tous ceux qui fuient la civilisation. Les rés. longtemps à l'avance sont refusées. Excellent restaurant avec vue inoubliable.

▲▲ **Balneario Pozo de la Salud ♥**, Pozo de la Salud ☎ 922.55.94.65, fax 922.55.95.61, < www.elmeri diano.com/balneario >. *20 ch.* Hôtel comme à l'écart du monde : idéal pour rêver et se remettre en forme. Propose une myriade de traitements du visage, de bains relaxants et d'hydrothérapie.

Valverde et ses environs

> *Visite p. 115.*

Hôtels

▲▲▲▲ **Parador Nacional ♥** *(20 km S de Valverde)* ☎ 922.55.80.36, fax 922.55.80.86, <www.parador. es>. *47 ch.* Situation magnifique en bord de mer. Bon restaurant où vous pourrez goûter au fameux vin blanc d'El Hierro *(encadré p. 119)*.

▲▲ **Boomerang**, calle Dʳ Gost, 1 ☎ 922.55.02.00, fax 922.55.02.53. *32 ch.* Confort moyen (petit déj. non servi hors saison) pour prix élevé.

Deux pensions modestes : **Casañas**, calle San Francisco, 9 ☎ 922.55.02.54, et **Sanfleit**, calle Santiago, 18 ☎ 922.55.08.57.

Restaurants

Nous vous conseillons plutôt d'aller manger dans les environs, au parador ou au mirador de la Peña.

♦♦♦ **Restaurante Mirador de la Peña**, carretera de Guarazoca *(8 km O de Valverde, sur la route de San Andrés)* ☎ 922.55.03.00. *F. dim. soir et lun.* Restaurant-école installé dans un site aménagé par César Manrique. Service modèle et plats classiques.

♦♦ **La Higuera de Abuela ♥**, calle Los Valles, 6 ☎ 922.55.10.26. *F. mar.* Terrasse agréable avec des arcades. Service prévenant et plats imaginatifs (lapin aux amandes).

À Valverde, vous pourrez manger chez ♦ **Zabagu** (calle San Francisco ☎ 922.55.00.16), bar restaurant de la rue principale où toute la ville se donne rendez-vous, ou à la ♦ **Taberna de la Villa** (plaza de la Iglesia ☎ 922.55.19.07. *F. le dim.*), au-dessus de l'église de la Concepción, sorte de pub très accueillant qui passe de la bonne musique.

À **Pozo de Las Calcosas** *(8 km N-O de Valverde)*, des restaurants de poisson *ouv. la journée uniquement.*

Adresses utiles

● **Cybercafé**. Ciscom, calle Dʳ. Quintero, 10. *Ouv. lun.-ven. 11 h-14 h et 17 h-23 h, sam. 11 h-14 h et 18 h-24 h, dim. 19 h-23 h.* Dans la rue principale, au-dessus de l'église de la Concepción.

● **Location de voitures**. Autos **Bamir**, calle Dʳ Quintero, 27 ☎ 922.55.01.83, < www.autos bamir.com >. À l'aéroport ☎ 922. 55.12.45. **Cicar**, à l'aéroport ☎ 922. 55.15.39 ou 922.82.29.000, <www. cicar.com >.

● **Taxis** ☎ 922.55.07.29.

● **Urgences** ☎ 112. Police ☎ 092. ●

La Palma, l'île verte

L'église de Tijarafe, avec son clocher ajouré typiquement canarien.

San Miguel de La Palma évoque immédiatement Madère par sa végétation exubérante et verdoyante. Deux fois plus grande que La Gomera, trois fois plus vaste qu'El Hierro, la *isla bonita* (la « jolie île ») peut tout à fait constituer le but en soi d'un voyage aux Canaries, au même titre que Tenerife ou Lanzarote. Curieusement, les Français boudent cette île en forme de cœur, où l'on rencontre volcans vertigineux, bananiers à foison, pinèdes épaisses et fleurs à profusion. Villes et villages ont su garder leur cachet, et le vin y est délicieux. Découvrez la douceur de cette île riche en sites naturels : en priorité la caldera de Taburiente. La grande curiosité de La Palma n'a rien à envier aux Cañadas del Teide de Tenerife et autres montañas del Fuego de Lanzarote.

UNE NOUVELLE CONQUÊTE ESPAGNOLE

L'histoire de La Palma reste mal connue jusqu'à l'arrivée des premiers colons. Des inscriptions attestent qu'elle était habitée dès l'époque préhistorique. On n'en sait guère plus sur les Guanches de l'île *(p. 48-49)*, si ce n'est qu'ils appelaient leur terre Benahore, qui signifie « pays natal », et que douze seigneuries se partageaient les terres.

N

El Roque

Piscinas de la Fajana

Santo Domingo (Garafía)

Barlovento

Llano Negro

Roque Faro

Puerto Espíndola

Buracas Dragos

Los Sauces

San Andrés

Punta Gorda

La Zarza y La Zarcita

Los Tilos

Mirador de San Bartolomé

Las Moradas ▲ 2 028

Mirador de Las Barandas

Galga

Puntagorda

Observatoire d'astrophysique ▲ 2 426

Pico de La Cruz ▲ 2 351

Puntallana

Roque de Los Muchachos

Punta Salinas

PARQUE NAC. DE LA CALDERA DE TABURIENTE

Zona de campeada

Entrée du parc

Tijarafe

La Cumbrecita

Nuestra Señora de las Nieves

Mirador de Los Brecitos

Mirador de Las Chozas

▲ 1 287

Cueva Bonita

Bar. de Las Angustias

1 309

Mirador de Los Roques

Santa Cruz de La Palma

Mirador El Time

Los Llanos de Aridane

Centre des visiteurs

Breña Alta

Mirador de La Concepción

Las Angustias

Argual

El Paso

Playa de los Cancajos

Puerto de Tazacorte

Tazacorte

812

Breña Baja

La Laguna

Tajuya

Cumbre

832

VALVERDE (EL HIERRO)

Todoque

Villa de Mazo

SAN SEBASTIÁN DE LA GOMERA

Refuge d'El Pilar

Mazo

San Nicolás

Puerto Naos

Jedey

Cueva de Belmaco

Ermita de Santa Cecilia

Tigalate

Malpaíses

OCÉAN

ATLANTIQUE

El Charco

Monte de Luna

Las Indias

Las Caletas

Volcán de San Antonio ▲ 657

Los Canarios (Fuencaliente)

La Palma

Volcán de Teneguía ▲ 439

Punta de Fuencaliente

5 km

MAROC

LA PALMA

Le 29 septembre 1492, avant la prise de Tenerife, l'Espagnol Alonso Fernández de Lugo accoste à Tazacorte. C'est le jour de la Saint-Michel, et l'île prend alors le nom de « isla de San Miguel de La Palma ». Les chefs guanches, voyant les conquérants sans cesse plus nombreux construire une forteresse, déposent les armes les uns après les autres. L'un des chefs guanches de La Palma, Tanausú (ou Tanasú), refuse de plier devant l'Espagnol. Il se réfugie sur les som-

mets de son territoire d'Aceró, au cœur de l'île. Les hommes d'Alonso Fernández de Lugo ne parviennent pas à déloger la tribu rebelle réfugiée dans une campagne qu'elle connaît comme sa poche et subissent de lourdes pertes. Le conquistador demande alors à rencontrer Tanausú au Fuente del Pico, dans la caldera de Taburiente. Juan de Palma, un parent christianisé du rebelle, convainc le guerrier qu'un accord est possible. Malgré sa méfiance, Tanausú se rend à l'entrevue. C'est un piège, et il est fait prisonnier dans une embuscade à El Riachuelo. Captif, il se laisse mourir de faim en faisant route vers l'Espagne. Il deviendra le héros de tout un peuple…

LA PALMA PROSPÈRE

En mai 1493, l'île est soumise et rattachée à la couronne d'Espagne. Des colons castillans, majorquins, portugais, italiens ou flamands débarquent pour cultiver les riches terres de l'île. Grâce aux ressources de son sol et à son climat humide, La Palma connaît un rapide essor. Par le port de Santa Cruz transitent la canne à sucre au XVIe s., puis le miel et le fameux vin de Malvoisie (encadré p. 143). Cette prospérité attire pirates et corsaires, comme le Français Jambe de Bois qui débarque en 1553 et saccage Santa Cruz, brûlant monuments et archives de la ville.

Malgré une rude concurrence de la canne à sucre brésilienne, La Palma poursuit son développement. Jusqu'au XVIIe s., le port de Santa Cruz figure au troisième rang de l'empire espagnol : il est devenu une étape sur la route des Amériques. Grâce à l'abondance de ses forêts, l'île trouve une nouvelle source de revenus en construisant des bateaux, une spécialité qu'elle conserve jusqu'au milieu du XXe s. Après la fermeture de ses chantiers navals, elle va surtout vivre de la culture de la banane (p. 86-87), introduite au XIXe s. Cependant, ce débouché se révèle insuffisant pour éviter à La Palma de connaître une grande vague d'émigration.

AGRICULTURE ET ARTISANAT

Les bananiers ont désormais envahi le moindre espace disponible. La volonté de diversifier les ressources a aujourd'hui permis de stopper le dépeuplement de La Palma, du moins dans les villes. On a développé la culture de la tomate, des vignes en culture sèche dans le sud et du tabac. Le vin de La Palma est le meilleur de l'archipel avec celui de Lanzarote. Les cigares fabriqués ici (encadré p. 141) ont acquis une certaine faveur aux yeux des connaisseurs. L'artisanat a également été favorisé. Enfin, dans cette île où l'air est très pur, plusieurs pays européens ont financé la construction, au sommet de la caldera de Taburiente, d'un observatoire d'astrophysique, l'un des plus performants du monde, qui fait la fierté des insulaires.

UN TOURISME CONTENU

La Palma trouve enfin une nouvelle ressource prometteuse grâce à l'activité touristique de son port. Ses plages ne sont pas encore surpeuplées comme celles des grands centres balnéaires de Tenerife, même si parfois le bétonnage des environs de Tazacorte inquiète ceux qui veulent protéger l'île. La Palma est choyée par les écologistes venus s'y installer. Comme à La Gomera, le tourisme rural est privilégié. Les Palmeros sont fiers de leur terre restée sauvage, de leurs forêts de pins et de leur ciel plus limpide qu'ailleurs.

> *Carte p. 124. Carnet d'adresses p. 139.* ●

en bref…

- **Superficie**. 708,32 km².
- **Dimensions**. 50 km sur 30 km env.
- **Alt. max**. Roque de los Muchachos : 2 426 m.
- **Population**. 84 252 hab.
- **Densité**. 118,95 hab./km².
- **Capitale**. Santa Cruz de La Palma (17 857 hab.)
- **Autres municipalités.** Los Llanos (19 659 hab.) et El Paso (7 218 hab.)
- **Principales ressources**. Agriculture (banane, tomate et pomme de terre), vin et tourisme. ●

La plaza de España est dominée par l'hôtel de ville (à gauche), reconstruit en 1559 dans le style Renaissance après un raid de corsaires français. L'édifice fait l'orgueil de l'île.

© Bertrand Gardel/Hemisphères Images

♥ Santa Cruz de La Palma★★★

> *Carnet d'adresses p. 142.*

Avec ses grands immeubles et son port de commerce, la capitale évoque – toutes proportions gardées – son homonyme de Tenerife. C'est seulement dans les petites ruelles, derrière le bruyant boulevard maritime, que la ville dévoile son irrésistible charme colonial. Là, Santa Cruz de La Palma ne cesse de prodiguer des surprises : des rues pavées bordées de palais baroques (p. 222), des maisons aux façades pastel décorées de leur balcon traditionnel en pin, de petites églises Renaissance qui s'élèvent au bord de places où jouent les enfants.

UNE CITÉ FLORISSANTE

La ville est fondée en 1493 par Alonso Fernández de Lugo, qui la propulse au rang de capitale. Le trafic de son port ne cessant d'augmenter, Santa Cruz reçoit le privilège de commercer avec les Amé-

riques. Escale obligée sur la route des Indes, la cité devient vite florissante. Les maîtres des chantiers navals, les riches négociants et les grands propriétaires terriens élèvent partout des palais ou de grandes demeures patriciennes, tandis que l'Église construit de nouveaux édifices dans les faubourgs proches du port.

MODERNE ET ATTACHANTE

Le déclin des activités portuaires et la fermeture des chantiers navals font perdre à Santa Cruz de La Palma une partie importante de ses ressources financières. Le tourisme constitue l'une de ses grandes ressources. La multiplication des boutiques de souvenirs et des «restaurants canariens authentiques» n'a en rien affecté son charme.

Grâce à un secteur tertiaire bien développé, Santa Cruz de La Palma donne l'impression d'être une cité vivante et moderne. Elle paraît cependant moins dynamique et animée que Los Llanos de Aridane, la grande ville moderne du centre de l'île, dont la population vient de doubler celle de la capitale. Le périphérique, en cours d'achèvement en 2005, devrait enfin délester la circulation sur l'avenida Marítima, qui ressemble à une voie rapide depuis de trop longues années.

L'avenida Marítima*

Garez-vous sur l'avenida Marítima et admirez les **vieilles maisons**** colorées à balcons et vérandas en bois (XVIIᵉ-XVIIIᵉ s.). Les balcons doubles sont une spécificité de la ville. Plus loin vers le nord, le **castillo de Santa Catalina*** *(ne se visite pas)* est un bâtiment en étoile construit au XVIᵉ s. pour protéger la ville des attaques des pirates.

Au nord de la ville*

Continuez un peu et prenez à gauche juste avant le barranco de las Nieves. Vous apercevrez un bateau échoué dans la ville, le *Barco de la Virgen*, une copie de la *Santa María* de Christophe Colomb. L'intérieur abrite un petit musée de la Marine *(ouv. en été lun.-jeu. 9 h 30-14 h et 16 h-19 h, ven. 9 h 30-14 h ; en hiver lun.-ven. 9 h-13 h et 17 h-20 h ; entrée payante ☎ 922.41.65.50)* où vous verrez des portulans et des maquettes de caravelles.

À gauche du *Barco* s'ouvre l'agréable plaza de la Alameda, puis la ravissante ♥ **plaza de San Francisco*** à laquelle vous accéderez en prenant la calle Sacerdote J. Pérez au bout de l'alameda. Le couvent abrite le **museo Insular*** *(ouv. en été lun.-ven. 9 h-14 h ; en hiver lun.-ven. 9 h 30-13 h 50 et 16 h-18 h 30 ; entrée payante ☎ 922.42.05.58)*, divisé en plusieurs sections : beaux-arts, ethnographie, sciences naturelles et archéologie.

Après avoir pris légèrement à gauche, vous emprunterez l'étroite calle Anselmo Pérez de Brito, parallèle au front de mer, qui traverse la vieille ville.

L'ancienne calle Real et la plaza de España***

La calle Anselmo Pérez de Brito et la calle O'Daly, son prolongement piétonnier de l'autre côté de l'avenida del Puente, constituent l'ancienne calle Real. Étroite et bordée de nombreuses boutiques, la rue est un festival de grandes maisons à fenêtres et à volets vernis au parfum irrésistiblement canarien. Les plus anciennes d'entre elles datent des XVIIᵉ-XVIIIᵉ s.

La **plaza de España*****, à laquelle vous accédez en traversant l'avenida del Puente, épouse à merveille l'irrégularité du terrain. Elle est ornée d'une statue en bronze de Manuel Díaz (1774-1863), prêtre « progressiste » tenu pour un révolutionnaire par ses ennemis. Avec sa fontaine (1588), son hôtel de ville (2ᵉ moitié du XVIᵉ s.) et l'iglesia del Salvador agrémentée d'un portail monumental daté de 1585, elle forme un ensemble Renaissance remarquablement homogène qui témoigne des heures les plus fastes de l'île.

programme

Trois jours suffisent pour voir l'essentiel de l'île sans se presser. **Jour 1**. Excursion sur la **côte nord***** *(p. 129)*, notamment les **crêtes de la caldera** près de l'**observatoire d'astrophysique*****. **Jour 2**. Promenade sur la côte sud *(p. 136)*, notamment les alentours de Fuencaliente *(p. 136)*. **Jour 3**. Petite randonnée dans la **caldera de Taburiente***** *(p. 135)*, pour finir votre séjour en beauté.

Une semaine à La Palma laisse le temps de découvrir ses petits villages aux volets vernis, ses paysages constamment différents et ses plages de sable noir. ●

Merveille de bois précieux ciselé, le plafond artesonado de l'église del Salvador de Santa Cruz rappelle les entrelacs géométriques de l'art musulman.

L'**église del Salvador★★** adopte un plan basilical à trois nefs couvertes d'un plafond à caissons de style mudéjar. Cet art chrétien influencé par l'art islamique se caractérise par des plafonds en marqueterie de bois précieux ou décorés en plâtre pour les églises et les palais. À l'intérieur, la sacristie comporte une voûte gothique.

L'**hôtel de ville★★** occupe le bâtiment des anciennes « casas consistoriales de La Palma » où siégeaient les autorités de l'île. Au-dessus des arcades, remarquez le blason de l'île et celui de la maison des Habsbourg d'Autriche, ainsi que l'effigie gravée du roi Philippe II d'Espagne. Pendant la journée, il est possible d'entrer pour voir les plafonds à caissons et les somptueuses **boiseries★** qui mettent en valeur des scènes de la vie sur l'île signées Mariano de Cossío (1890-1960). La calle dédiée au commerçant irlandais Dioniso O'Daly aboutit plaza de la Constitución, nœud routier ouvrant sur le port. En chemin, au n° 22, le **palacio Salazar★** (XVIIᵉ s.) est devenu un centre d'expositions temporaires *(accès libre dans la cour intérieure).*

La ville haute★

Les quartiers de San Telmo et de San Sebastián, dans la ville haute, présentent un côté villageois des plus attachants. De la plaza de la Constitución, vous y accéderez en longeant le bâtiment de la poste, puis en prenant à droite l'étroite calle Virgen de la Luz ou la calle San Telmo un peu plus haut.

La ♥ **plaza de Santo Domingo★** est bordée par une blanche église du XVIᵉ s. abritant un fastueux décor baroque. Plus loin, vous découvrez le **Teatro Circo de Marte** (XIXᵉ s.) et la petite chapelle de l'ermitage **San Sebastián**, fondé au XVIᵉ s. En montant la rue du même nom, vous atteindrez ♥ **El Dornajo**, avec ses maisons traditionnelles réhabilitées. Au terme de la balade, il suffira de redescendre la calle de San Sebastián pour retrouver la plaza de España.

♥ Nuestra Señora de las Nieves★★

> À 5 km N de Santa Cruz de La Palma. Accès en suivant le barranco de las Nieves, au N de la ville, puis à dr. en passant le pont.

Le sanctuaire de las Nieves est plein de charme. Les bâtiments blancs rehaussés de lave se mêlent harmonieusement aux grands arbres. C'est l'une des plus belles églises de l'île et un lieu vénéré par les Palmeros, le sanctuaire de leur sainte patronne, la « Vierge des Neiges ». Le **balcon★★** de la façade est le plus beau de ce type dans l'archipel. L'église, construite au lendemain de la conquête (XVIᵉ s.), abrite la statue en terre cuite de la Vierge, protectrice de l'île, que l'on descend tous les cinq ans dans la capitale *(encadré p. 144).*

Le nord et la caldera de Taburiente★★★

> *Itinéraire d'env. 210 km au départ de Santa Cruz de La Palma.*

La découverte de la caldera de Taburiente et de son stupéfiant cirque volcanique, aux parois vertigineuses, noyé dans les nuages, sera le moment fort de votre séjour. Dans cette partie de l'île, vous découvrirez successivement les éblouissants paysages plantés de bananiers qui dégringolent jusqu'à la mer, l'humide forêt de Los Tilos, puis une succession de villages fleuris aux maisons blanches. Pour avoir la chance de voir l'intérieur de la caldera, partez tôt le matin ; les nuages ayant tendance à l'envahir au fil de la journée.

La côte nord★★★

> *Itinéraire d'env. 75 km au départ de Santa Cruz de La Palma (env. 85 km via la forêt de Los Tilos).* **Carnet d'adresses** *Los Sauces et ses environs p. 141, Santo Domingo p. 143.*

Peu après la sortie de Santa Cruz de La Palma, vous pourrez soit suivre la route côtière du nord (LP1), soit obliquer à gauche vers l'intérieur des terres en grimpant directement vers la caldera de Taburiente (*indication « Roque de los Muchachos »*). Si vous disposez de plus de temps, empruntez le premier itinéraire, qui permet d'apercevoir de charmants villages côtiers et, surtout, de découvrir la magnifique forêt de Los Tilos. La route offre des échappées fabuleuses sur la mer.

Vous n'aurez ensuite qu'à faire un petit détour pour monter dans la caldera par l'excellente route qui dessert l'observatoire d'astrophysique, celle-là même que vous auriez parcourue dans l'autre sens si vous aviez choisi la seconde solution. Sachez toutefois qu'en passant par le nord vous effectuerez 20 km environ sur une route éprouvante (*circulation interdite après la pluie*).

Après avoir dépassé l'intersection avec la route filant vets les hauteurs de l'île, vous longez des falaises avant de quitter le littoral pour atteindre **Puntallana★**. L'église **San Juan**, fondée au XVIe s., a été reconstruite au XVIIIe s. La **casa Luján★** (*en restauration*), en contrebas de l'église, est une ferme typique de La Palma (milieu du XIXe s.). Elle abrite le siège de l'association de tourisme rural insulaire.

Quelques kilomètres plus loin, le **mirador de San Roque** offre une belle **vue★** sur la forêt de bananiers qui descend jusqu'à la mer. Quittez ensuite la route principale pour effectuer un petit crochet vers ♥ **San Andrés★**, sans doute la plus belle localité de la côte est avec sa place de l'église d'où une rue pavée, bordée de maisons anciennes, dévale vers la mer. En continuant jusqu'à **Puerto Espíndola**, vous trouverez une petite plage protégée par une jetée nouvellement créée.

La forêt de Los Tilos★★

Revenu sur vos pas, vous approchez de la commune de **San Andrés y Sauces**, bourg fébrile en journée qui centralise la production bananière. Juste avant de passer le puente de Los Silos, prenez à gauche au rond-point la route qui longe le *barranco*. Elle vous mènera à une petite route (*à gauche ; indications*) qui s'enfonce dans une végétation de plus en plus dense et s'achève en cul-de-sac près d'un centre des visiteurs (*ouv. t.l.j. 9 h-14 h et 14 h 30-17 h 30 ; entrée libre*). Les amateurs de curiosités naturelles y apprendront la richesse de la magnifique biosphère de Los Tilos (les tilleuls), placée sous la protection de l'Unesco. Les amateurs de randonnées y trouveront quant à eux de précieuses informations sur les nombreuses balades possibles dans la forêt ; l'une d'elles, très courte (*env. 1 h*), atteint le mirador de Las Barandas. La forêt de Los Tilos doit sa luxuriance à la fraî-

L'architecture traditionnelle

© Bertrand Gardel/Hémisphères Images

À Lanzarote et à Fuerteventura, les maisons traditionnelles sont renforcées aux arêtes par des pierres de basalte laissées apparentes.

Aux Canaries, les maisons ne se ressemblent jamais. L'une ouvre ses balcons au spectacle de la rue, l'autre se préserve des regards indiscrets derrière des jalousies. Toutes cependant partagent le même amour du bois verni et du chaulage, blanc, pastel ou de couleurs vives.

Des Guanches aux influences ibériques

Au lendemain de la conquête, les premiers colons construisent des maisons rustiques, voire rudimentaires, qui s'inspirent des habitations guanches. Les murs se composent de simples pierres posées les unes sur les autres ou même parfois de pisé, comme les cases africaines.

Au XVIe s., les descendants de ces colons et les propriétaires terriens enrichis par la canne à sucre vivent plus confortablement. L'« architecture canarienne » est née. S'y mélangent diverses influences, andalouse surtout, mais aussi galicienne, portugaise, puis sud-américaine.

La grande époque de cette architecture coïncide avec les XVIIe et XVIIIe s., période où sont édifiés les plus beaux ensembles urbains de l'archipel, ceux de Vegueta (Las Palmas de Gran Canaria) et de La Orotava (Tenerife).

La maison rurale

Elle doit être fonctionnelle avant tout. Coiffée d'un toit à quatre rampants, une maison rurale est de forme généralement rectangulaire et possède deux étages dans les îles des Canaries occidentales et à la Grande Canarie. Ses murs sont recouverts de chaux, sauf à La Gomera et à El Hierro, où la pierre peut rester apparente. Au rez-de-chaussée se trouve l'espace principal (30 à 40 m²), consacré au séjour et aux réceptions. En façade, un escalier en pierre ou en bois donne accès aux chambres, en particulier à celle du maître. À Lanzarote et à Fuerteventura, les maisons sont souvent plus basses en raison du soleil qui frappe plus fort et du vent qui peut être violent. Les angles des murs sont généralement renforcés par des blocs de basalte.

La demeure seigneuriale

En ville, elle peut atteindre trois étages quand le niveau inférieur est occupé par les entrepôts, les chevaux ou les domestiques. La distribution intérieure fait penser aux maisons andalouses. Chez un aristocrate fortuné, on pénètre d'abord dans un grand vestibule, puis dans un patio envahi de plantes vertes et de bougainvillées. Là, un escalier en bois permet d'accéder à une galerie autour de laquelle se distribuent les nombreuses pièces. La cuisine, les chambres du maître de maison et de sa famille, ainsi que les pièces de réception sont installées au niveau supérieur.

Les plus beaux exemples de maisons seigneuriales se trouvent dans le quartier de Vegueta à Las Palmas, ainsi qu'à Santa Cruz de La Palma. On en verra d'autres à la Grande Canarie (Teror, Telde et Guía), à Tenerife (La Laguna, La Orotava, Puerto de la Cruz et Garachico), à La Gomera (San Sebastián), à Fuerteventura (Betancuria et La Oliva) et à Lanzarote (Teguise).

Balcons, portes et volets : le goût du détail

Sans balcon, point de maison canarienne digne de ce nom ! On distingue le balcon ouvert, avec des montants verticaux soutenant un toit, et le balcon fermé par des jalousies, directement inspiré du moucharabieh arabe. Le premier se rencontre le plus souvent dans les îles orientales, le second dans les Canaries occidentales.

Les fenêtres, toujours à guillotine, sont obturées au niveau inférieur par des volets d'une grande diversité : treillis en diagonales ou en horizontales qui filtrent la lumière (à La Palma), panneaux de bois plein dont s'ouvre seulement une partie.

Les motifs floraux stylisés des volets se retrouvent sur les portes. Comme ceux des balcons et des fenêtres, ils sont sculptés dans du pin teinté d'un vernis sombre ou recouvert d'une peinture verte ou blanche. ●

L'azulejo, souvent associé à l'architecture, témoigne de l'origine andalouse et portugaise des premiers colons.

Sur l'avenida Marítima à Santa Cruz de La Palma, les maisons des XVIIᵉ-XVIIIᵉ s. comptent parmi les plus anciennes et les plus belles de l'archipel.

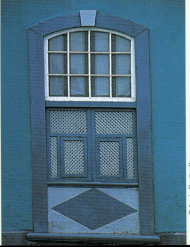

Le pin des Canaries

Apparu comme les autres conifères à l'ère primaire, le **pin des Canaries** était autrefois, avec le laurier, l'arbre le plus répandu de l'archipel. Aujourd'hui, à cause de la déforestation, il marque surtout le paysage d'El Hierro, de La Palma, ainsi que le centre de Tenerife et de la Grande Canarie.

Le *Pinus canariensis* pousse entre 1 000 et 2 000 m. Il est reconnaissable à ses longues aiguilles regroupées par bouquets de trois pour mieux capter l'humidité. Son bois dur et rougeâtre, dans lequel ont été «sculptés» les volets, les balcons et les vérandas de toutes les maisons traditionnelles des Canaries, est emblématique de l'archipel *(p. 130-131)*. ●

© Agnès Boutteville

cheur des alizés qui butent sur les hauteurs de l'île et se condensent en nuage. L'humidité presque constante a permis la préservation de plusieurs espèces endémiques de fougères.

De Los Sauces à Barlovento

En chemin vers Barlovento, faites une halte au sympathique village de **San Bartolo** (belle vue sur les bananeraies), puis un détour jusqu'aux piscines de **La Fajana**, très appréciées des autochtones *(plusieurs restaurants en bord de mer)*. **Barlovento** doit son nom à sa position élevée «au vent» qui a façonné les paysages environnants. Le bourg en forme de village-rue un peu spectral vit de l'agriculture et du tourisme, un camping et un hôtel luxueux, *La Palma Romántica (p. 141)*, étant établis dans les hauteurs. À côté de Barlovento, à Laguna Grande *(aire récréative; départ de nombreuses randonnées)*, s'étend l'immense réservoir qui alimente une bonne partie de l'île en eau.

De Barlovento à Garafía★

La LP111 au-delà de Barlovento traverse le nord de la forêt de Los Tilos en empruntant plusieurs tunnels suintant l'humidité. Après avoir retrouvé la LP1, les tilleuls laissent place aux pins des Canaries, signe d'un climat plus sec. Vous passerez près du parque cultural de La Zarza y La Zarcita *(ouv. t.l.j. sf lun. 11 h-17 h en hiver, 11 h-19 h en été ☎ 922.69.50.05)*, où des inscriptions et des représentations figurées de l'époque préhistorique ont été taillées dans la roche de la Fuente de La Zarza, la «source du buisson d'épines». Ce sont les plus importantes de l'île.

Garafía (Santo Domingo) se niche à l'extrémité nord-ouest de l'île, en balcon sur la mer, au cœur d'une riche région agricole ponctuée de moulins à vent. L'église **Nuestra de la Luz** (XVIe-XVIIes.) possède l'un des plus beaux plafonds★ en bois de l'île. Derrière l'édifice, la **calle Anselmo Peréz de Brito**★ forme un bel ensemble d'urbanisme ancien. En revenant sur la route principale puis en prenant en direction de Puntagorda, vous arriverez à l'inter-section d'une route (*direction « Roque de los Muchachos »*) qui grimpe à gauche vers les hauteurs de la caldera de Taburiente et l'observatoire d'astrophysique. En 12 km d'un trajet en lacets jusqu'à Las Moradas, vous montez de 1 100 m à plus de 2 000 m d'altitude. Des incendies ont malheureusement très altéré la magnifique forêt de pins des Canaries couvrant cette zone de l'île.

L'observatoire d'astrophysique★★★

> *À env. 20 km S-E de Garafía et env. 40 km N-O de Santa Cruz de La Palma par la route directe.*

L'observatoire ouvre au public les portes de plusieurs télescopes. En été *(vis. guidée de 2 h ; beaucoup de monde ; renseignements à l'office de tourisme ou auprès de l'Observatorio del roque de los Muchachos* ☎ *922.40. 55.41, <www.iac.es>).* Dans l'environnement fabuleux du **roque de los Muchachos★★★**, sommet de l'île (2 426 m) et point le plus élevé des Canaries après le Teide, l'observatoire d'astrophysique est implanté à environ 2 400 m d'altitude. Inauguré en 1985, il regroupe aujourd'hui la plus grande concentration de télescopes de l'hémisphère Nord. Ses activités sont associées à celles de l'observatoire de Tenerife *(p. 92).*

UNE COLLABORATION INTERNATIONALE

La Palma a été choisie par les scientifiques en raison de l'altitude élevée de la caldera de Taburiente. Grâce à la hauteur de ce massif, les nuages bloquent les poussières en contrebas, et l'air devient très pur au-delà de 2 000 m. Cet observatoire est né d'une collaboration internationale. Un ensemble de télescopes appartient à différents pays – Grande-Bretagne, Pays-Bas,

Irlande, Suède et Danemark. Il continue de s'agrandir : le dernier-né (2006), le Gran Telescopo Canaria (GTM ou Grantecan), fait la fierté de l'Espagne : ce télescope du futur est formé de 36 miroirs hexagonaux embrassant une aire d'observation équivalente à celle d'un miroir de 10 m de large ! Les astronomes étrangers travaillant à La Palma observent le Soleil durant la journée, tandis qu'une équipe de nuit s'intéresse aux ondes lumineuses provenant d'autres galaxies.

Après l'observatoire, vous accéderez sur les hauteurs du roque de los Muchachos. En vous penchant au bord du gouffre, vous apercevrez les parois du cratère qui fuient dans un à-pic vertigineux. Au fond du précipice, les pins reprennent leurs droits, mais la vue s'étend rarement jusque-là ; les nuages envahissent généralement le cœur de la caldera. Si vous poursuivez la route des crêtes vers l'est au-delà de l'observatoire d'astrophysique (LP113/LP1032), vous jouirez d'autres angles de vue sur la caldera de Taburiente, notamment au pico de la Cruz.

RANDONNÉES DANS LE NORD DE LA CALDERA

Depuis le roque de los Muchachos, un sentier suit la ligne des crêtes les plus élevées de la caldera, atteignant le pico de La Cruz (2 351 m), Piedra Luna (2 321 m), puis le pico de las Nieves (2 230 m). Comptez environ 4 h pour cette balade. Dans l'autre direction, c'est-à-dire vers l'ouest, un autre sentier descend la crête jusqu'à Hoya Grande (1 387 m), *via* le roque Palmero et Somada Alta (1 926 m) ; comptez aussi environ 4 h, 7 h si vous poursuivez jusqu'au **mirador El Time★★★**.

La côte ouest★★

> *Itinéraire d'env. 65 km de l'observatoire d'astrophysique à Los Llanos de Aridane.* **Carnet d'adresses** *Puntagorda et les environs p. 142, Llos Llanos de Aridane et ses environs p. 141.*

La caldera de Taburiente est un cratère égueulé dont les parois atteignent des hauteurs vertigineuses.

Ici, les villages s'éparpillent dans la campagne au milieu des vignes *(plusieurs bodegas dans la région de Puntagorda)*, tandis que les bananiers deviennent omniprésents vers le sud. Les bananeraies créent des paysages inoubliables dans la vallée d'Aridane, près de Los Llanos. Elles couvrent le littoral jusqu'au-delà de Puerto Naos.

PUNTAGORDA

> *À env. 25 km O du roque de los Muchachos.* **Carnet d'adresses** *p. 142.*

La région de Puntagorda est la plus ensoleillée de l'île, ce qui explique l'importance de la viticulture et la production de miel d'excellente qualité. Au nord, on trouvera des dragonniers centenaires.

TIJARAFE*

> *À env. 10 km S de Puntagorda.*

Lors des fêtes de septembre, ce joli village est décoré de guirlandes et de fleurs. Toutes les maisons sont fraîchement chaulées. L'église, au milieu de son esplanade plantée de grands arbres, semble aussi sortie d'un conte de fées… Outre un magnifique retable baroque, elle abrite un superbe plafond *artesonado (p. 226)*, réalisé en marqueterie de bois précieux.

Sur la route de Tazacorte, une halte s'impose au **mirador El Time**★★★ (594 m), qui offre une spectaculaire vue plongeante sur la vallée d'Aridane, centre de production de bananes le plus important de La Palma.

LA VALLÉE D'ARIDANE*

À l'issue de la descente dans la vallée d'Aridane, une route à gauche en direction de Puerto de Tazacorte rencontre l'ermitage **San Miguel**★. L'édifice s'élève à l'emplacement de la chapelle élevée par Alonso Fernández de Lugo après son débarquement sur la plage voisine, le 29 septembre 1492.

Puerto de Tazacorte est aujourd'hui devenue une petite station balnéaire dotée d'un front de mer animé. Malgré l'extension de la plage que protège une jetée, l'endroit reste agréable. Au port, des excursions pour observer dauphins et baleines sont proposées. Par le sud, on pourra rejoindre **Tazacorte**, qui étonnera surtout par ses maisons en amphithéâtre dominant des champs de bananiers. Ces derniers produiraient, dit-on, les meilleurs fruits de l'île. Peu avant d'arriver à Los Llanos de Aridane, faites une pause à **Argual**. Vous verrez ici, cachée à droite de la route, la superbe **plaza de Sotomayor**★, grande esplanade bordée de maisons seigneuriales édifiées par les riches planteurs de canne aux XVIIᵉ-XVIIIᵉ s. *(casa Massieu*★ *; exposition-vente d'artisanat)*. Par la calle Miguel Unamuno, vous visiterez ensuite le **museo del Plátano** *(ouv. lun.-ven. 10 h-13 h et 16 h-19 h ; entrée payante)*, qui retrace l'histoire de la culture de la banane et expose des outils anciens.

Le centre de l'île★★

> *Itinéraire d'env. 45 km de Los Llanos de Aridane à Santa Cruz.* **Carnet d'adresses** *p. 141.*

Los Llanos de Aridane, ville en plein essor striée de grandes avenues, est un important centre tertiaire et agricole (bananes et avocats). La fertile campagne alentour est irriguée par l'eau provenant de la caldera de Taburiente. La cité est située à l'entrée du barranco de Las Angustias, partie effondrée du cratère. Son intéressante église est dédiée à Nuestra Señora de los Remedios (1517). À l'intérieur, la statue de la patronne est une œuvre flamande du XVIᵉ s.

Après avoir traversé le centre ancien *(indications)* et traversé les faubourgs nord de Los Llanos, dirigez-vous vers le site de Las Angustias.

LE PARQUE NACIONAL DE LA CALDERA DE TABURIENTE★★★

> *Accès depuis Los Llanos de Aridane par le parking de Las Angustias. Navette (8 h 30-12 h/12 h 30 ; compter 10 €) rejoignant le mirador de Los Brecitos ; 1 h 30 à pied de la zona de acampada (camping), départ des sentiers de randonnée (encadré p. 136). Les moins sportifs préféreront la caldera depuis le roque de los Muchachos et la Cumbrecita.*

Classée parc national (4 700 ha) depuis 1954, la caldera de Taburiente est un vaste cratère volcanique (9 km de diamètre, près de 30 km de circonférence et 600 m de profondeur) ruiné à la suite d'un effondrement de terrain comme à El Golfo, dans l'île d'El Hierro *(p. 117)*. Le cataclysme se serait produit il y a 400 000 ans, lors de la dernière éruption du volcan. Il aurait créé au sud-ouest cette large fracture dans laquelle coule désormais le río de Las Angustias. Dans leurs parties demeurées intactes, au nord (au roque de los Muchachos), les parois du cratère dominent un à-pic d'environ 900 m, c'est-à-dire l'un des dénivelés les plus importants du monde. Ailleurs, l'altitude oscille entre 1 300 et 2 000 m, d'où la longue présence de la neige sur les crêtes (parfois jusqu'en avril).

EL PASO

El Paso est devenu un peu la ZAC de Los Llanos avec ses supermarchés. Elle est célèbre pour ses cigares et ses champs d'amandiers dans les environs. Dans le centre ancien, auquel on accède en prenant à gauche de la route traversant l'agglomération, vous visiterez le **museo de la Seda Las Hilanderas** *(calle Manuel Taño ; ouv. lun.-ven. 10 h-13 h, jeu. 17 h-19 h ; entrée payante)* qui retrace l'histoire et les procédés de la fabrication de la soie *(exposition-vente)*.

Quelques kilomètres plus loin se profile le bâtiment du centre des visiteurs du parc. L'exposition *(ouv. t.l.j. 9 h-14 h et 16 h-18 h 30 ; entrée gratuite ☎ 922.49.72.77)*, bien faite, présente des maquettes et des cartes du site, et renseigne sur la géologie, la faune et la flore du parc.

LA CUMBRECITA★★

> *Accès par une petite route, au N, d'env. 8 km.*

Situé au bord du cratère, d'une hauteur de 1 287 m, ce sommet vous fera découvrir le versant sud du volcan. Du parking, un sentier grimpe à travers une splendide forêt de pins

randonnées

Attention ! l'accès au camping du parc national *(zona de acampada)* est réglementé et limité à deux nuits. L'autorisation est généralement donnée sur place par le gardien. Si le camping est complet (100 pers.), il faut faire une demande au centre des visiteurs (☎ 922.49.72.77). Plusieurs promenades balisées sont possibles au départ de la zone de camping du parc, <www.tourmac.info/regiones/canarias/la-palma/la_palma.htm>.

Zona de acampada roque del Huso-cascada de la Desfondada-Hoyo Verde : 5 h de marche. Cet itinéraire conduit à des sites naturels spectaculaires : le ♥ **roque del Huso**★ (piton basaltique double, ancienne cheminée volcanique), la cascada de la Desfondada («cascade effondrée» glissant le long d'une paroi colorée) et ♥ **Hoyo Verde**★ (le «ravin vert»). **Zona de acampada barranco Cantos de Turugumay-barranco de Verduras de Alfonso** : 4 h de marche. Une balade le long des *barrancos* où coulent le río Taburiente et ses affluents. La végétation y est particulièrement dense et variée. **Zona de acampada roque Idafe-Dos Aguas-cascada de los Colores-Los Llanos** : 4 h de marche. Ce parcours atteint d'abord le site du ♥ **roque Idafe**★ (piton basaltique que les Guanches vénéraient jadis). On arrive ensuite au confluent de deux rivières, Dos Aguas, puis à la ♥ **cascada de los Colores**★, qui dévale sur un fond coloré de rouge, de vert et de jaune. La marche se prolonge dans le fond du barranco de Las Angustias jusqu'à Los Llanos.

●●● *Voir également la rubrique Randonnée pédestre p. 26.* ●

des Canaries jusqu'au mirador de Las Chozas (1 250 m), d'où se profilent, en face, les crêtes pelées du pico de La Cruz et du roque de los Muchachos, à 900 m de là. Un chemin plus court se dirige vers le **mirador de Los Roques**★★★, d'où la vue est tout aussi belle.

LA CUMBRE NUEVA

De retour sur la route principale, grimpez jusqu'à la Cumbre Nueva (env. 1 400 m), l'«épine dorsale» de La Palma. Une route à droite conduit au refuge d'El Pilar *(8 km)*, d'où part un sentier des crêtes allant jusqu'à Los Canarios (Fuencaliente, *ci-contre*). La marche relève de l'épopée *(6 h-8 h l'aller !)*, mais elle laisse un souvenir à la hauteur de l'effort. D'autres sentiers plus courts ont été balisés. De retour sur la route de Santa Cruz, vous emprunterez le tunnel à la sortie duquel vous serez frappé par le changement de végétation et de climat *(brouillards fréquents)*. Le par-

cours mène ensuite vers la côte est ; vous aurez un beau panorama au **mirador de la Concepción**★. Vous reviendrez à Santa Cruz de La Palma *via* Breña Alta l'agricole et Breña Baja la balnéaire *(p. 138)*.

Le sud de l'île

> *Itinéraire d'env. 85 km au départ de Santa Cruz de La Palma (emprunter la sortie 2 B pour rallier le tunnel et gagner l'O de l'île).*

Domaine des volcans et des champs de lave où s'accrochent les vignes de malvoisie, le sud de l'île offre aussi de splendides panoramas maritimes, notamment à la punta de Fuencaliente, à l'extrémité méridionale.

Vers la punta de Fuencaliente★

> *Itinéraire d'env. 52 km de Santa Cruz de La Palma à Los Canarios (Fuencaliente). Carnet d'adresses Puerto Naos p. 142.*

Après avoir rejoint El Paso par le parcours emprunté précédemment, prenez la direction de Los Canarios (Fuencaliente). Vous pourrez ensuite faire un crochet par **Puerto Naos**. La principale station balnéaire de la côte ouest, colonisée par les Allemands et par quelques Belges, ne cesse de se bétonner, conséquence inévitable de la présence d'une superbe plage de sable noir.

La route de Los Canarios suit à mi-hauteur les contreforts de la Cumbre Nueva et de la Cumbre Vieja (entre 1 500 et 1 900 m d'alt.). Au gré d'éruptions récentes (jusqu'en 1949), les volcans ont déversé sur cette côte d'impressionnantes coulées de lave, notamment vers l'ermita de Santa Cecilia, en 1712.

Vers Las Manchas, la plaza de la Glorieta (près de la route de Todoque) est un agréable jardin, planté d'espèces locales et décoré de mosaïques, conçu par l'artiste palmero Luis Morera. À l'issue de la visite de la **casa museo del vino Las Manchas★** *(ouv. lun.-ven. 9 h 30-13 h et 16 h-18 h, sam. 9 h 30-13 h 30 ; entrée payante ☎ 922.49.43.20)*, située à côté, vous saurez tout sur les appellations, les cépages, l'histoire et les procédés de fabrication du vin à La Palma *(dégustation-vente)*.

Los Canarios★

> *Ancien nom : Fuencaliente. À 21 km S d'El Paso et à 30 km S-O de Santa Cruz par la route directe (E).* **Carnet d'adresses** *p. 140.*

La seule ville du Sud doit son ancien nom de Fuencaliente à une source sulfureuse qui aurait existé autrefois. Superbement établie à 70 m d'altitude, elle est construite dans un univers volcanique actif : la dernière éruption a eu lieu en 1971 et des signes de réveil ont été détectés en 1996…

Après avoir jeté un coup d'œil aux maisons anciennes du centre, allez voir les fameuses vignes accrochées aux flancs noirs du volcán de San Antonio (657 m) et du volcán de Teneguía (439 m), plus au sud, ce sont elles qui donnent le teneguía, le malvoisie *(encadré p. 143)*, fierté de La Palma. L'ascension de ces deux volcans est sans difficulté. Le **cratère du San Antonio★** *(sentier longeant la crête au départ du centre de visiteurs et du parking payant)* présente des parois teintées de rouge et de jaune avec, par endroits, des dépôts de soufre. De son sommet, la vue s'étend sur les deux côtes de l'île et sur le petit volcan égueulé voisin de **Teneguía★**. Accessible par une route (LP128) se transformant en piste à l'ouest de Los Canarios, celui-ci domine les plantations de

---

cuisine

Typiquement canarien, le *mojo* est une sauce proposée en deux versions – verte ou rouge – servie d'autorité dans les restaurants. Tartiné sur du pain ou dégusté avec les *papas* et le poisson, le *mojo verde*, à base de persil et de coriandre, est doux au goût. Le *mojo picón*, comme son nom l'indique, est épicé. Il doit sa couleur rouge au piment mélangé à l'ail, au cumin et au safran.

Recette du *mojo palmero* : chaque île a « sa » manière de préparer le *mojo*. Voici celle de La Palma, qui l'aime *muy picante*.
Mettez 6 piments secs (retirez au préalable les fibres) à macérer dans 25 cl d'huile d'olive, un demi-verre de vinaigre, une gousse d'ail, un peu de cumin et une pincée de sel. Mélangez et laissez reposer 24 h. Mixez la marinade et servez avec des pommes de terre cuites et du gros sel. Ajoutez des amandes émincées pour épaissir la sauce.

●●● *Voir également la rubrique Cuisine p. 31.* ●

bananiers et la **punta de Fuenca-liente★**. Par temps clair, la vue porte jusqu'au pico del Teide, à Tenerife.

La côte est

> *Itinéraire d'env. 30 km de Los Canarios à Santa Cruz de La Palma.* **Carnet d'adresses** *Villa de Mazo et Breña p. 144.*

Le trajet du retour traverse une belle campagne plantée de pins et ponctuée de coulées de lave. En quittant la route principale en direction de Malpaíses, vous atteindrez, à la sortie nord du village, l'entrée du **parque arqueológico Belmaco★** *(ouv. t.l.j. 10h-18h, dim. 10h-15h; entrée payante* ☎ *922.69.60.74).* Un circuit a été aménagé au milieu de plantes endémiques de l'île. On y voit la grotte où les plus anciennes inscriptions préhistoriques ont été découvertes au XVIIIe s. Un petit musée de céramiques et d'outils complète l'évocation de la vie des anciens Guanches.

Villa de Mazo★

> *Carnet d'adresses p. 144. À 16 km N de Los Canarios.*

La visite de la « capitale de l'artisanat » est à ne pas manquer. Dans le joli centre ancien, vous verrez l'**église★** à trois nefs dédiée à san Blás (fondée en 1512) accompagnée de son presbytère en belvédère sur la campagne.

Au-dessus de l'imposant édifice se trouvent le ♥ **Mercadillo★** *(ouv. sam. 15h-19h et dim. 9h-13h),* un marché de produits alimentaires (vins de l'Hoyo, confitures, miel, pains, etc.), et l'**Escuela insular de Artesanía** *(ouv. lun.-ven. 8h-15h; entrée libre* ☎ *922.44.00.52),* où vous trouverez tout l'artisanat de l'île (broderies, vannerie et cigares confectionnés sous vos yeux). Les amateurs de br oderie visiteront aussi le **museo casa Roja** *(calle Maximiliano Pérez Díaz; ouv. lun.-ven. 10h-14h et 15h-18h, sam. 11h-18h, dim. 10h-14h; entrée payante* ☎ *922.42.85.87),* installé à l'étage d'une opulente bâtisse rouge construite au début du XXe s par un négociant enrichi par le commerce avec le Venezuela; le rez-de-chaussée est consacré à l'évocation de la fête du Corpus Cristi.

Breña Baja, le dernier village avant la descente vers Santa Cruz, est une localité plus touristique en raison de la présence d'une belle plage à proximité, la playa de los Cancajos (au nord). ●

Carnet d'adresses

© Bertrand Gardel/Hémisphères Images

À La Palma, des entrepreneurs se sont lancés dans le cigare après la Seconde Guerre mondiale. Aujourd'hui, la marque d'Alfred Dunhill fabrique cinq modules de cigares.

❶ Kiosque en verre sur le terre-plein de la plaza de la Constitución, près du port, à Santa Cruz de la Palma ☎ 922.44.21.06 ou 922.41.19.57, <www.lapalmabiosfera.com>. *Ouv. lun.-ven. 9 h-19 h 30, sam. 9 h-15 h, dim. 9 h-12 h.* Bureau à l'aéroport ☎ 922.42.62.12 *(mêmes horaires).*

Arrivée

> En avion

L'aeropuerto de La Palma est à moins de 10 km au S de Santa Cruz de La Palma. Un service régulier de bus vers Santa Cruz est assuré entre 8 h 15 et 20 h 15 (1 €).

● **Liaisons inter-îles.** La Binter relie l'île à Tenerife *(14 vols/j.; 30 mn)*, à la Grande Canarie *(3 vols/j.; 50 mn)*, à El Hierro *(2 vols/sem.; 25 mn)* et à Lanzarote *(2 vols/sem.; 70 mn).* **Rens.** ☎ 22.42.61.00 (aéroport) et ☎ 922.42.61.62 (Iberia-Binter Canarias).

> En bateau

La liaison maritime la plus rapide est assurée par le *Benchijigua Express*, de la compagnie **Fred. Olsen**, depuis le port de Los Cristianos à Tenerife *(départ t.l.j. à 20 h, arrivée vers 22 h 30).* La **Naviera Armas** et la **Trasmediterránea** assurent des liaisons régulières avec les autres îles de l'archipel (sauf El Hierro et La Gomera), et même avec Cadix, mais le trajet est long *(6 h 15 pour relier Santa Cruz de la Palma à Santa Cruz de Tenerife).* **Renseignements : Líneas Fred. Olsen** ☎ 902.10.01.07, < www.fred olsen.es >. **Naviera Armas SA** ☎ 902.45.65.00, < www.naviera armas.com >. **Trasmediterránea** ☎ 902.45.46.45, < www.trasmedi terranea.es >.

Circuler

> En voiture

Louez un véhicule (aéroport ou port de Santa Cruz). Les routes de La Palma sont bonnes mais sinueuses. Attention au brouillard et à la pluie, qui rendent les routes glissantes et, dans le sud, lors de vos arrêts, au gravier volcanique qui peut provoquer un enlisement.

● **Location.** Avis, à l'aéroport ☎ 922.42.61.94 ; Cicar, à l'aéroport ☎ 922.42.61.90 ; Hertz à l'aéroport ☎ 922.42.85.94. Nombreux loueurs également sur le front de mer de Puerto Naos.

> En car

Le réseau de bus dessert le moindre village, mais les cars sont rares, vous risquez de devoir faire du stop. **Transportes Insular La Palma,** calle Pedro J. de Las Casas, 3, Santa Cruz de La Palma ☎ 922.41.19.24, < www.transporteslapalma.com >.

Séjourner

Pour un court séjour, et si vous n'êtes pas un inconditionnel de plages, choisissez sans hésiter Santa

Cruz de la Palma pour son animation authentique. Les autres privilégieront la côte O, mieux ensoleillée, où il trouveront deux stations : Puerto Naos et Puerto de Tazacorte, plus sympathique, mais avec une plage beaucoup moins grande.

Tourisme rural

Le tourisme rural est très développé à La Palma. Vous trouverez des *casas rurales* à louer un peu partout dans l'île pour pas cher. **Asociación de turismo rural Isla Bonita**, casa Luján, calle El Pósito, 3, Puntallana ☎ 922.43.06.25,

Fêtes et manifestations

Fév. Carnaval à **Santa Cruz** et à **Los Llanos de Aridane**. **Mai**. Fête de la Cruz dans les principaux villages de l'île, le 3. **Juin**. Fête-Dieu à **Villa de Mazo**. Fête de la San Juan à **Breña Alta** et **Los Canarios** (Fuencaliente), le 24. Fête de la San Pedro à **Breña Alta**, le 29. **Juil**. Fête de Nuestra Señora de los Remedios à **Los Llanos de Aridane**, le 2. Bajada de la Virgen à **Santa Cruz**. **Août**. Romería de la Virgen de las Nieves à **Santa Cruz**, le 5. Fête des vendanges à **Los Canarios**, la dernière sem. Fête de la Virgen del Pino à Al Paso (tous les 3 ans), et fête du Diable à **Tijarafe**, fin août-

déb. sept. **Sept**. Fête de la Candelaria à **Tijarafe**. Fête de la San Miguel à **Breña Alta**, **Los Canarios** et **Tazacorte**, le 29.

Sports et loisirs

La tradition des spectacles de lutte canarienne (*encadré p. 39*) est vivante. En haute saison, des combats ont lieu les sam. et dim. Rens. à l'office de tourisme et dans *La Gaceta*. Outre la randonnée, La Palma propose équitation, parachutisme, *moutain bike*, spéléologie, plongée, escalade, rafting, etc. Le Cabildo Insular édite plusieurs guides gratuits en anglais très bien conçus : *Hiking Guide*, *Leisure Activities* et *Guide to Speleology*.

Los Canarios (Fuencaliente)

> *Visite p. 137.*

Hébergement

Vous trouverez ici plusieurs *apartamentos*, un complexe géant de près de *400 ch.* avec plage artificielle, le **Teneguía Princess**, et plusieurs *casas rurales* du côté de Las Indias. Une adresse pour la nuit qui vous coûtera autour de 20 € seulement : ▲ **Central**, calle Yaiza, 4 ☎ 922.44.40.18. Simple, mais correct.

Restaurants

♦♦ **El Patio del Vino**, calle Los Canarios (bien fléché) ☎ 922.44.46.23. *F. lun.* Une adresse certes touristique, mais où l'on mange une bonne cuisine canarienne. Les vins proviennent de la coopérative voisine.

♦ **Casa Benito**, carretera General ☎ 922.44.40.21. Cuisine canarienne appréciée des autochtones.

Shopping

Atelier de céramiques Ramón y Viva, Monte Pueblo, près de la grotte de Belmaco (*15 km N de Los Canarios*) ☎ 922.44.02.13. *Ouv.*

lun.-sam. 9 h-13 h et 15 h-18 h 30. Belles poteries réalisées sans tour.

Bodegas Teneguía Llanovid, calle Los Canarios ☎ 922.44.40.78. La coopérative de Teneguía fondée en 1947, où vous trouverez 3 familles de vins : les crus traditionnels, les vins d'un seul cépage *(vinos varietales)* et les *vinos de autor*, introuvables ailleurs.

Los Llanos de Aridane et ses environs

> *Visite p. 133.*

❶ < www.aridane.org >.

Hébergement

▲▲▲ **Valle Aridane**, glorieta Castillo Olivares ☎ 922.46.26.00, fax 922.40.10.19. *42 ch.* correctes pour un court séjour agréable.

▲ **Apartamentos Lusimar**, Explanada del Puerto, 6, Puerto de Tazacorte *(8 km O de Los Llanos de Aridane)* ☎ 922.40.81.63, fax 922.40.89.05. *10 ch.* Pour sa belle situation sur le front de mer.

Restaurants

♦♦ **La Casona de Argual**, plaza de Sotomayor, 6, Argual *(2 km O de Los Llanos de Aridane)* ☎ 922.40.18.10. *F. jeu.* Cuisine raffinée dans une demeure du XVIIe s.

♦♦ **Playa Mont**, Puerto de Tazacorte *(8 km O de Los Llanos de Aridane)* ☎ 922.48.04.43. *F. jeu.* Le meilleur restaurant de poissons de la station. Mais on peut lui préférer la ♦ **Taberna del Puerto**, plaza de Castilla, 1 ☎ 922.48.09.07, dont la terrasse ouvrant sur le large est plus agréable.

♦ **Palacio del Vino** ♥, avenida Tanausú, 27 *(1,5 km E de Los Llanos de Aridane)*, route d'El Paso ☎ 922.46.27.74. Endroit étonnant dédié au vin. Une centaine de plats et des milliers de crus espagnols.

Shopping

Casa Massieu, plaza Sotomayor ☎ 922.40.18.99. *Ouv. lun.-ven. 8 h-15 h.* Le meilleur de l'artisanat de l'île sélectionné par le Cabildo insular. À voir, à côté, les créations des verriers allemands d'**Artefuego** *(ouv. t.l.j. sf jeu 10 h-16 h* ☎ 699.74.51.53, < www.artefuego.com >)*. **Taller de Seda Doña Maruca**, La Rosa, 75, El Paso ☎ 922.48.55.32. Atelier de tissage de soie et de laine.

Numéros utiles

● **Taxis** ☎ 922.46.27.40.
● **Urgences** ☎ 112. **Police** ☎ 092.

Los Sauces et ses environs

> *Visite p. 132.*

Hébergement

▲▲▲ **La Palma Romántica** ♥, carretera General, Barlovento *(13 km N de Los Sauces)* ☎ 922.18.62.21,

---

spécialité

On les trouve sous toutes les formes, depuis le fin cigarillo jusqu'au double corona. La fabrication de **cigares** à la main (dans les petites usines de Las Breñas, Mazo et Santa Cruz de La Palma) est l'une des grandes **spécialités locales**. Comme l'île a longtemps entretenu des rapports étroits avec Cuba (en raison de l'immigration au siècle dernier et de l'utilisation de plants en provenance de cette île), les cigares de La Palma n'ont pas grand-chose à envier à leurs homologues d'outre-Atlantique, ceux de Cuba ou de Saint-Domingue. Vendus par paquets de dix, ils vous coûteront moins de 5 € et vous donneront l'air d'un vrai Palmero ! ●

fax 922.18.64.00, <reservas@hotella palmaromantica.com>. *40 ch.* Superbe et isolé, face à la mer.

San Andrés *(5 km E de Los Sauces)* possède de petites pensions pour qui souhaite découvrir la vie dans les bananeraies : ▲ **Las Lonjas**, calle San Sebastián, 16 ☎ 922.45.07.36. *4 ch.* ; et **Martín**, calle San Sebastían, 4 ☎ 922.45.05.39. *4 ch.*

Restaurant

♦ **Mesón del Mar** ♥, Puerto Espíndola *(5 km E de Los Sauces)* ☎ 922. 45.03.05. Sympathique restaurant de poisson au bord de l'eau.

Shopping

Molino hidráulico El Regente, calle Los Molinos, 33 ☎ 922.45. 17.27. *Ouv. lun.-sam. 11 h-18 h en été, 12 h-17 h en hiver.* Près de la mairie, bon choix d'artisanat de qualité dans un moulin de 1873. La **casa Julán** de Puntallana *(voir p. 129)* possédait aussi avant rénovation *(en cours en 2006)* une belle boutique d'artisanat et un petit musée.

Puerto Naos

> *Visite p. 137.*

Hôtel

▲▲▲▲ **Sol Élite La Palma**, punta del Pozo, 24 ☎ 922.40.80.00, fax 922. 80.89.14. *304 ch. et appart.* Résidence de vacances. Ch. luxueuses. Solarium, tennis, etc.

Restaurants

♦♦ **Bodega Tamanca**, carretera General San Nicolas *(7 km E de Puerto Naos).* Au bord de la route de Los Canarios (Fuencaliente). Très couru : installé dans une galerie volcanique. On peut y acheter du vin.

♦ **Rincón del Pescador**, paseo Marítimo, 19 ☎ 922.40.84.16. Choix de poissons et excellent accueil.

Puntagorda et ses environs

> *Visite p. 134.*

Restaurant

♦ **Pino de la Virgen**, 6, Puntagorda *(22 km S de Garafía)* ☎ 922.49. 32.28. Près de l'église de Puntagorda, un petit restaurant avec une belle terrasse pour déguster du poulet grillé. À goûter, les amandes de la région.

À voir pour son panorama fabuleux, la terrasse du café **El Rincón**, à Las Tricias *(20 km S de Garafía).*

Shopping

Intéressant marché le sam.

Santa Cruz de La Palma

> *Visite p. 126.*

Hôtel

▲▲▲ **Marítimo**, avenida Marítima, 75 ☎ 922.42.02.22, fax 922.41.43.02. *96 ch.* Au nord de la ville, au-delà du castillo de Santa Catalina, avec vue sur la mer. L'accueil est guindé, les chambres bruyantes et de plus en plus décaties, mais il n'y a pas d'autre choix dans cette gamme.

Restaurants

♦♦ **Chipi-Chipi** ♥, calle Los Alamos, 42, carretera de Las Nieves, Velhoco-La Concepción *(3 km N-O de Santa Cruz en dépassant le sanctuaire de Las Nieves). F. mer. et dim.* ☎ 922.41.10.24. Cuisine traditionnelle et le meilleur rapport qualité-prix de l'île.

♦♦ **La Lonja**, avenida Marítima, 55 ☎ 922.41.52.66. *F. dim.* Cuisine typique dans une jolie maison sur front de mer. Cadre superbe.

♦♦ **La Placeta**, placeta De Borrero, 1 ☎ 922.41.52.73. Une cuisine peut-être plus raffinée qu'à *La Lonja*, avec un cadre moins somptueux, mais plus intime. Excellent accueil.

vin

L'île met depuis quelques années sa **production viticole** en valeur. Au nord comme au sud, des itinéraires sont fléchés *(rutas del vino)*, de même que les innombrables bodegas des producteurs. Un site internet répertorie tous les vins de l'île (< www.malvasiadelapalma. com >), dont le plus célèbre : le malvoisie de Teneguía, le fameux «vin Canary» déjà réputé en Europe au XVIᵉ s. Le malvoisie a gardé le goût du *picón (p. 226)*, dans lequel les ceps puisent l'humidité au pied du volcan de San Antonio.

Les vignerons de La Palma produisent aussi des vins à partir de cépages variés (negramol, bujariego, etc.). Ils réalisent aussi des vinos de Tea, conservés dans des fûts en pin, dont le goût rappelle celui du retsina grec. La pointe S de l'île est loin d'être la seule région viticole. D'excellents crus sortent des coopératives de Villa de Mazo, Breña Baja ou Puntallana (côte est), ainsi que dans les communes de Puntagorda et de Tijarafe (côte nord-ouest). Les vins de Las Manchas, entre Los Llanos et Los Canarios, possèdent une bonne réputation également. ●

♦ **La Graja**, carretera de las Nieves *(3 km N-O de Santa Cruz en dépassant le sanctuaire de Las Nieves)* ☎ 922.42.02.18. *F. dim soir et lun.* Excellente solution de repli si le *Chipi-Chipi* est fermé. Dans une vénérable maison à deux étages.

Glacier

Heladería Don Cucurucho, avenida Marítima, 7. Beau choix de glaces à déguster face à la mer.

Cybercafé

Cyberplay, plaza de la Alameda. *Ouv. lun.-ven. 9h-14h et 16h30-19h, sam. jusqu'à 22h30, dim. 10h-13h et 17h-22h.*

Shopping

Sur le front de mer et le long de l'ancienne calle Real (Anselmo Pérez de Brito et la calle O'Daly), boutiques d'artisanat :

Asociación Turismo Rural Isla Bonita, calle Anselmo Pérez de Brito, 102. *Ouv. lun.-ven. 10h-14h et 17h-20h, sam. 10h-14h.* En plus de la possibilité de louer une *casa rurale*, excellent miel et autres produits du terroir triés sur le volet.

Centre d'artisanat, plaza de San Francisco ☎ 922.41.21.29. *Ouv. lun.-ven.* 8h-15h. Tout l'artisanat de l'île sous la houlette du Cabildo Insular.

Bazar Tanausu, avenida Marítima, 39 ☎ 922.42.08.77. Un sympathique bric-à-brac où fouiller pour dénicher de belles choses.

Adresses utiles

● **Gare routière**. Plaza de la Constitución (près du port) ☎ 922. 41.19.24.

● **Poste**. Plaza de la Constitución.

● **Taxis** ☎ 922.41.10.07. **Aéroport** ☎ 922.18.11.28.

● **Urgences** ☎ 112. **Police** ☎ 092.

Santo Domingo (Garafía)

> *Visite p. 132.*

Restaurant

♦♦ **El Bernegal** ♥, avenida Principal. *Ouv. t.l.j.* Cuisine internationale et végétarienne dans une maison ancienne. Service prévenant.

folklore

La Bajada de la Virgen de las Nieves (vers le 15 août) est la fête la plus importante de l'île. Elle a lieu tous les 5 ans seulement (la dernière a eu lieu en 2005). Réservez à l'avance votre hébergement si votre séjour coïncide avec cette date. Instaurée en 1680, la Bajada célèbre Nuestra Señora de las Nieves, la patronne de l'île ; sa statue est portée en triomphe depuis l'ermitage, à 6 km au nord de Santa Cruz, jusqu'à la capitale. Défilés de chars fleuris, spectacles de musique ou de danse, notamment la *danza de los Enanos*, la « danse des nains » – enfants portant moustache et bicorne géant – font partie des festivités. ●

Villa de Mazo et Breña

> *Visite p. 138.*

❶ < www.villademazo.es >

Hôtels

▲▲▲▲ **Parador de turismo de La Palma ♥**, carretera El Zumacal, Breña Baja *(4 km N de Villa de Mazo)* ☎ 922.43.58.28, fax 922.43.59.99, < www.parador.es >. *78 ch.* Dans les hauteurs dominant la mer. **Restaurant** excellent.

▲▲▲ **Finca La Principal**, camino de La Glorieta, 16-18, Buenavista de Arriba, Breña Alta *(7 km N de Villa de Mazo)* ☎ 922.41.37.59, fax 922.42.03.39, < www.fincalaprincipal.com >. Trois petites maisons dont on a du mal à repartir...

▲ **Hotel Rural Arminda ♥**, calle Lodero, 181, Villa de Mazo ☎ 922.42.84.32. *5 ch.* Charmant et confortable. Piscine.

Restaurants

♦♦ **Las Tres Chimeneas**, calle Buenavista de Arriba, 82, Breña Alta *(7 km N de Villa de Mazo)* ☎ 922.42.94.70. Jolie maison canarienne. Cuisine de qualité. Joli patio.

♦♦ **La Mocanera**, carretera Zurnacal, 115, San Antonio, Breña Alta *(7 km N de Villa de Mazo)* ☎ 922.41.66.00. Ancienne maison seigneuriale pour dîner élégant et intime. Brandade de colin merveilleuse.

Enfants

Moroparque, La Cuesta, 28, Breña Alta *(7 km N de Villa de Mazo)* ☎ 922.41.77.82, <www.moroparque.com>. *Ouv. t.l.j. 10 h-18 h.* Près de Santa Cruz, parc d'attractions regroupant 300 espèces d'animaux, des oiseaux tropicaux aux singes et des kangourous aux crocodiles.

Shopping

Si vous n'avez pas trouvé votre bonheur au Mercadillo et à l'école d'artisanat de Villa de Mazo :

♥ Cerámica El Molino, carretera Hoyo de Mazo ☎ 922.44.02.13. *Ouv. lun.-sam. 9 h-13 h et 15 h-19 h.* En contrebas de Villa de Mazo (fléchage), centre d'artisanat au milieu des fleurs à ne pas manquer, autour d'un vieux moulin, avec son atelier de céramique artisanale. Avec également une boutique-souvenirs.

Aromaplant, carretera Buenavista, Breña Alta *(7 km N de Villa de Mazo)* ☎ 922.41.63.23. Herbes aromatiques. ●

La Grande Canarie,
l'île continent

Les dunes de Maspalomas, à l'extrémité sud de la Grande Canarie, sont une merveille naturelle préservée de l'urbanisation. On s'y promène à pied ou à dos de dromadaire.

© Agnès Boutteville

Probablement née il y a 13 ou 14 millions d'années, après Lanzarote et Fuerteventura, la Grande Canarie est la troisième île de l'archipel par sa superficie. Y alternent des paysages volcaniques austères (le point culminant est le pozo de las Nieves, à 1949 m), des horizons côtiers déchiquetés, des *vegas* (plaines cultivées et fertiles) et des *barrancos* (ravins) humides où poussent bananiers et palmiers. Sa capitale, Las Palmas, huitième ville d'Espagne (derrière Bilbao), ressemble à une grande métropole. Les villes d'art, les grandes plages de sable, les dunes de Maspalomas et la multitude de ravissants villages éparpillés dans le centre montagneux font sa renommée. Le panorama des atouts de la Grande Canarie ne saurait être complet sans évoquer les traces laissées par les Guanches, nombreuses ici.

LA CONQUÊTE DE L'«ÎLE AUX CHIENS»

Lorsqu'il débarque sur l'île en 1405, Jean de Béthencourt est refoulé par les Guanches de l'Insula Canes, «l'île où on élève un grand

© B. Gardel/Hémisphères Images

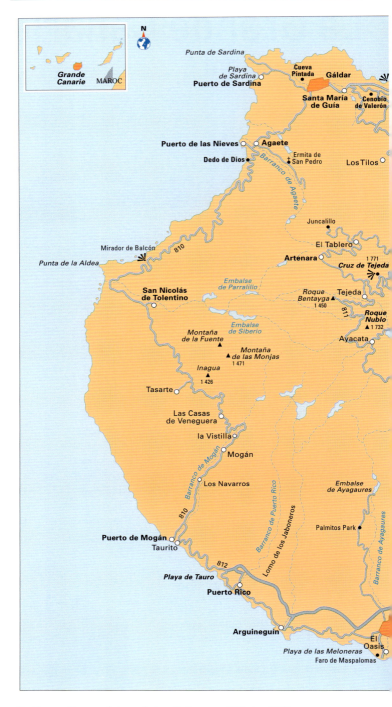

LA GRANDE CANARIE *(plans de Las Palmas, p. 150 et p. 152)*

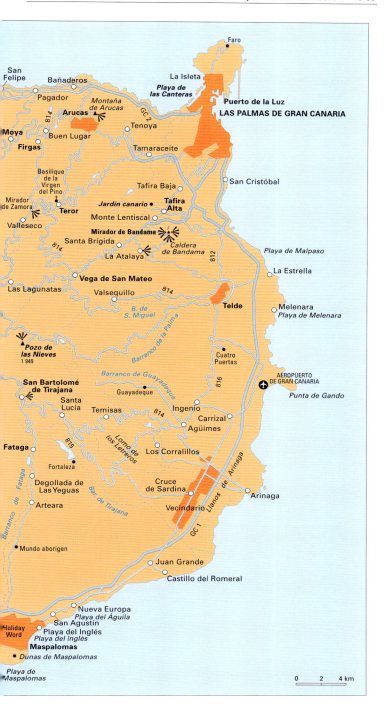

Faro

San Felipe
Bañaderos
La Isleta
Playa de las Canteras
Pagador
Montaña de Arucas
Puerto de la Luz
LAS PALMAS DE GRAN CANARIA
GC 2
Arucas
Tenoya
Moya
Buen Lugar
Tamaraceite
Firgas
San Cristóbal
Basilique de la Virgen del Pino
Tafira Baja
Jardín canario •
Tafira Alta
Mirador de Zamora
Teror
Monte Lentiscal
Valleseco
Mirador de Bandama
Santa Brígida
Playa de Malpaso
814
Caldera de Bandama
812
La Atalaya
La Estrella
Vega de San Mateo
Las Lagunatas
Valsequillo
814
Melenara
Playa de Melenara
B. de S. Miguel
Telde
Barranco de la Palma
▲ *Pozo de las Nieves*
1 949
Barranco de Guayadeque
Cuatro Puertas
816
San Bartolomé de Tirajana
AEROPUERTO DE GRAN CANARIA
Santa Lucía
Guayadeque
Punta de Gando
Temisas
814
Ingenio
Fataga
815
Carrizal
Agüimes
Lomo de los Letreros
Los Corralillos
Llanos de Arinaga
Fortaleza
Barranco de Fataga
Degollada de Las Yeguas
Cruce de Sardina
Arteara
Bar. de Tirajana
Vecindario
Arinaga
GC 1
• Mundo aborigen
Juan Grande
Castillo del Romeral
Nueva Europa
Playa del Águila
Holiday Word
San Agustín
Playa del Inglés
Playa del Inglès
Maspalomas
• *Dunas de Maspalomas*
Playa de Maspalomas

0   2   4 km

nombre de chiens », selon Pline. En 1478, la couronne d'Espagne, déjà maîtresse des autres îles de l'archipel, décide de briser la résistance des tribus locales, d'autant que le Portugal cherche également à s'emparer de cette terre fertile. Le conquistador Juan Rejón, soutenu financièrement par Isabelle la Catholique, fait du port de Las Palmas sa base avancée de conquête et s'attaque aux deux rois guanches qui se partagent alors le pouvoir : Tenesor Semidan dans la région de Gáldar (au nord-ouest) et Doramas autour de Telde (à l'est). En 1480, le nouveau gouverneur, Pedro de Vera, construit un fort à Agaete et remporte quelques succès contre les Guanches. La trêve signée, les insulaires qui acceptent de recevoir le baptême sont assurés de commercer et de vivre librement. Vera poursuit dès lors une subtile politique de division entre les tribus. En 1482, la conversion forcée de Tenesor Semidan précipite les événements. Les Espagnols concentrent désormais leurs efforts sur le Sud et le centre montagneux. Pedro de Vera choisit la méthode de la table rase : hommes brûlés vifs, villages et récoltes incendiés… Les Guanches ne résistent pas longtemps. Fin 1483, l'île est soumise.

Une terre promise…

Contrairement aux autres îles, les terres ne sont pas partagées entre les différentes familles aristocratiques. Elles sont confiées à des propriétaires « bourgeois », tandis que le pouvoir est assumé par Vera et les gouverneurs successifs nommés par le roi. Jouissant d'un régime plus souple, la Grande Canarie est une terre promise pour les aventuriers et les colons de Lanzarote et de Fuerteventura, îles maintenues dans des structures féodales. Las Palmas fait alors figure de capitale de l'archipel, et de plus en plus de bateaux en route vers le Nouveau Monde font halte dans son port. La population croît à un rythme accéléré, et, au XVIe s., ce sont 20 000 habitants qui vivent des ressources considérables de la canne à sucre.

Supplantée par Tenerife

Au XVIIe s., les épidémies de peste et l'émigration brisent l'élan démographique, et la population stagne malgré la venue de nombreux habitants de Lanzarote en 1730. Les vignobles, réputés dans toute l'Europe, sont moins lucratifs que le sucre, grande richesse de l'île au siècle précédent. Aussi beaucoup d'insulaires sont-ils obligés de par-

histoire

Christophe Colomb est un héros que l'on s'est approprié sans complexe aux Canaries. Chaque ville, ou presque, possède sa calle Colón, sinon la statue du navigateur. Si le Génois avait des attaches sentimentales à La Gomera, c'est à la Grande Canarie que son souvenir demeure le plus fort. L'expédition de 1492 commence mal. Partie le 3 août avec la *Santa María* et la *Niña*, la caravelle la *Pinta* casse son gouvernail après trois jours de mer seulement. Colomb pense simplement remplacer le bateau défaillant en allant en chercher un autre aux Canaries, d'abord à Tenerife puis à La Gomera, enfin à la Grande Canarie. Mais aucune caravelle n'est disponible, et l'amiral est contraint de faire réparer son navire. Un mois plus tard, fin prêt, il reprend la route des Amériques. Durant toute l'époque coloniale, la Grande Canarie va jouer ce rôle d'escale : pas un navire ne franchit l'Atlantique sans profiter des vents de l'archipel, des victuailles fraîches, de l'eau, mais aussi de la main-d'œuvre et de candidats à l'émigration. ●

tir tenter leur chance en Amérique quand d'autres s'enrichissent en commerçant avec le Nouveau Monde, grâce au droit octroyé en 1610 par la couronne d'Espagne.

Située sur une route maritime infestée de pirates, la Grande Canarie perd du terrain face à Tenerife avec la nouvelle législation commerciale. Las Palmas perd ainsi progressivement de son importance devant les capitales successives de Tenerife, La Laguna, puis Santa Cruz, centre administratif des Canaries en 1820.

VERS LA MODERNITÉ

Dans la seconde moitié du XIXe s., l'île connaît un nouvel âge d'or grâce aux revenus de la banane *(p. 86-87)* et à l'exploitation de la cochenille *(encadré p. 214)*. La domination de Tenerife, jamais acceptée, est désormais vécue comme une injustice. Fernando León y Castillo, ministre libéral natif de Telde, emploie tous ses efforts pour redonner à la Grande Canarie sa suprématie dans l'archipel. Aidé par la Grande-Bretagne, qui veut en faire son escale privilégiée sur la route de son empire colonial, León y Castillo modernise le port de Las Palmas pour le rendre capable d'accueillir les vapeurs et les premiers navires frigorifiques.

Au début du XXe s., le poids économique de la Grande Canarie dépasse largement celui de Tenerife, mais l'activité de son port est bientôt freinée par la Première Guerre mondiale, qui entraîne une chute considérable des exportations de bananes. En 1927, cependant, le vœu de León y Castillo se réalise : Las Palmas devient capitale de la nouvelle province des Canaries orientales (Grande Canarie, Lanzarote et Fuerteventura), tandis que Santa Cruz de Tenerife conserve son autorité sur les Canaries occidentales (Tenerife, La Gomera, El Hierro et La Palma).

---

en bref...

- **Superficie**. 1 560,10 km^2.
- **Diamètre**. Env. 45 km.
- **Alt. max**. Pozo de las Nieves : 1 949 m.
- **Population**. 790 260 hab.
- **Densité**. 506,54 hab./km^2.
- **Capitale**. Las Palmas de Gran Canaria (376 953 hab.).
- **Autres municipalités**. Telde (94 862 hab.), Santa Lucía (53 820 hab.).
- **Principales ressources**. Agriculture (banane, tomate, fruits tropicaux et subtropicaux), pêche (thon et cabillaud) et tourisme (env. 3,3 millions de visiteurs par an). ●

DES RESSOURCES DIVERSIFIÉES

Alors qu'on en comptait environ 40 000 dans les années 1950, les touristes sont aujourd'hui plus de 3 millions à venir chaque année, et le chiffre s'est stabilisé, Anglais et Allemands représentant 50 % des visiteurs environ. Compte tenu de la rareté des plages, les complexes hôteliers se concentrent à l'extrémité sud, près des dunas de Maspalomas. À l'ouest de la station balnéaire de Maspalomas-Playa del Inglés, des résidences de vacances sont construites chaque année et tentent d'attirer les amateurs de sports nautiques, spécialité de la Grande Canarie. L'île ne vit pas seulement du tourisme, le port de Las Palmas lui rapportant d'importantes ressources, ainsi que l'agriculture, plus diversifiée qu'à Tenerife. Aux bananiers, présents dans le Nord, s'ajoutent la pomme de terre, la tomate – 1er producteur de l'archipel –, les céréales et les fruits. L'élevage, bovin à Telde, est également important.

> *Carte p. 146-147. Carnet d'adresses p. 170.* ●

© Agnès Boutteville

Las Palmas de Gran Canaria figure parmi les dix plus grandes villes d'Espagne. Somme de quartiers très différents , elle s'étire sur plusieurs kilomètres le long de la mer.

Las Palmas de Gran Canaria★★★

> *À env. 25 km N de l'aéroport et env. 55 km N-E de Maspalomas.* **Plans I et II** *p. 152-153 et p. 156-157.* **Carnet d'adresses** *p. 175.*

Ville bouillonnante, ni vraiment canarienne ni vraiment espagnole, Las Palmas et son port, lové dans la partie étroite d'un isthme, constituent la véritable capitale de l'archipel, même si de vieilles rivalités l'obligent à partager ce titre avec Tenerife.

SUR LA ROUTE DES AMÉRIQUES

L'histoire dit peu de chose sur le site où Juan Rejón décide de fonder, le 24 juillet 1478, la capitale de la Grande Canarie. C'est la dernière escale obligée des navires en route pour les Amériques, et les caravelles puis les galions espagnols viennent y faire leur provision. Christophe Colomb *(encadré p. 148)*, en 1492, est le premier grand navigateur à relâcher ici. La maison qu'il a occupée est l'une des curiosités de la ville *(p. 154)*.

HEURTS ET BONHEURS

Malgré les attaques répétées des corsaires anglais, français ou portugais, et l'expédition d'une armada de 10 000 hommes dirigée par le pirate hollandais Van der Does, Las Palmas prospère. Du XVIIe au XIXe s., la ville se couvre de belles demeures et d'églises, comme en témoigne la splendeur des quartiers de Vegueta et de Triana, cœur historique de la cité. Bien que les Canariens émigrent vers l'Amérique du Sud, sa population augmente. Vers 1900, la ville se métamorphose, étirant de nouveaux faubourgs autour du port ultramoderne de Puerto de la Luz.

DES VISAGES MULTIPLES

Aujourd'hui Las Palmas est une ville étendue, bruyante et enlaidie par la voie rapide qui longe sa façade maritime et la coupe en son centre. Sur une dizaine de kilomètres en allant vers le nord se succèdent les quartiers anciens (Vegueta et Triana), le faubourg huppé (Ciudad Jardín) et la zone industrielle du port de Puerto de la Luz. Près de ce dernier s'étendent le quartier de Santa Catalina Guanarteme avec ses nombreux bazars, et la promenade maritime de Playa de las Canteras. L'isthme de la Isleta et les hauteurs de l'ouest sont le domaine des cités grises où logent les classes sociales les plus défavorisées.

Vegueta***

I-AB2-3 Dans ce vieux quartier, dominé par la cathédrale Santa Ana, votre regard se portera sur les splendeurs d'une architecture baroque *(p. 226)* et coloniale : une maison, un détail de fenêtre, un balcon en bois ouvragé... Les lourdes portes en bois verni vous donneront envie de voir ce qui se cache derrière : patios fleuris, salles à plafond ouvragé, fresques...

LA CATHÉDRALE SANTA ANA*

I-B2-3 Sa façade pompeuse se dresse plaza Santa Ana, que bordent de somptueuses demeures.

L'entrée s'effectue par le **musée diocésain** *(ouv. lun.-ven. 10 h-16 h 30, sam. 10 h-13 h 30 ; entrée payante* ☎ *928.31.49.89)*, dans la ruelle à droite (calle Espíritu Santo). Vous découvrez un joli cloître aux galeries de bois (patio de los Naranjos) et plusieurs salles où sont conservées des statues polychromes andalouses des XVIᵉ-XVIIIᵉ s. et des œuvres flamandes du XVIᵉ s. ; à l'étage du cloître, dans la salle capitulaire décorée d'azulejos du XVIIIᵉ s., se trouve une **Crucifixion** de Luján Pérez, ainsi que des portraits d'évêques et des objets sacerdotaux.

L'**intérieur*** de l'église, avec sa nef à **voûtes gothiques nervurées****, surprend par son ampleur. Elle renferme des œuvres d'art remarquables, comme le maître-autel de Luján Pérez et des stalles du XVIIIᵉ s.

programme

Une semaine permet de découvrir les principales curiosités de l'île et d'avoir du temps pour paresser sur les plages. Évitez celles de la côte E entre l'aéroport et la capitale.

Jour 1. Marche dans les **dunas de Maspalomas**** *(p. 163)* et excursion sur la **côte nord**** *(p. 158)* pour découvrir villes et villages au milieu des bananiers. **Jour 2.** Promenade dans les **montagnes du centre***** *(p. 163).* **Jour 3.** Balade sur la **côte ouest**** *(p. 162)* pour sa campagne volcanique. **JOUR 4.** Visite de **Las Palmas***** *(p. 150).* Pour traverser l'île, empruntez l'autoroute qui va de Las Palmas à Maspalomas, voire au-delà. Pour un séjour plus bref, privilégiez une excursion dans le centre pour les sites naturels et la visite de **Teror***** *(p. 167)* et de Las Palmas pour l'aspect culturel et le shopping. ●

LA PLAZA SANTA ANA**

I-B2 Revenu sur le parvis de la cathédrale, remarquez les huit chiens en bronze. C'est à ces animaux que les Canaries (*canis* en latin) devraient leur nom. Sur la place, plantée de palmiers, se dresse l'hôtel de ville tandis qu'à droite la casa Regenta (palais du Régent) s'ouvre par un portail Renaissance (1567). Le palais épiscopal date également du XVIᵉ s. En longeant l'hôtel de ville *(à g.)*, vous atteindrez la **plaza del Espíritu Santo***, d'où part en face la **calle Castillo* I-AB1-2**, frangée de palais et de demeures anciennes à balcons. Descendant vers la mer, la calle Dʳ Chil mène au Museo canario *(à dr.)*.

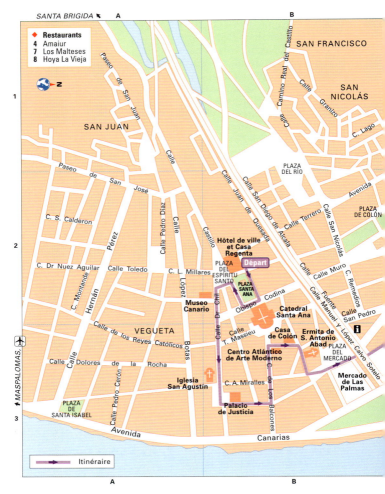

I – Las Palmas de Gran Canaria : le centre

Le Museo canario★★★

> **I-AB2** *Calle Dʳ Verneau, 2 ; ouv. t.l.j. 10 h-20 h, sam. et dim. 10 h-14 h ; entrée payante* ☎ *928.33.68.00, < www.elmuseo canario.com >.*

Ce musée offre un panorama complet et vivant des coutumes et du mode de vie des Guanches. Au rez-de-chaussée, remarquez la collection de mortiers, de **céramiques★**, de **tampons★** pour se peindre le visage et une belle idole en rapport avec la fécondité. Vous verrez des maquettes de l'habitat guanche et la maquette de la **cueva Pintada de Gáldar★** *(p. 160).*

Le 1ᵉʳ étage présente des vêtements réalisés à l'aide des deux matériaux les plus faciles à trouver dans l'île : la palme, tressée, et la peau de chèvre, tannée avec beaucoup de finesse. Vous y verrez surtout la reproduction d'une **grotte funéraire★** et une fascinante collection de **momies★★**

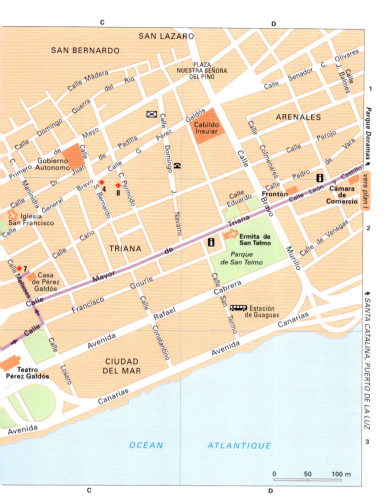

(plan de la Grande Canarie p. 146)

et de crânes. Certaines dépouilles portent la trace d'anciennes fractures guéries, d'autres des marques de trépanation, preuves que les Guanches possédaient de bons rudiments de médecine. Une salle est consacrée à la typologie des céramiques.

Presque en face du Museo canario se dresse une **demeure*** (n° 22) à portail platéresque *(p. 226)*. Plus loin, la calle Dr Chil **I-B2-3** longe la façade à colonnes torses de

l'église jésuite dédiée à san Francisco de Borja (saint François Borgia), 3e général de la Compagnie de Jésus, avant d'atteindre **San Agustín* I-B3**, dont la nef en charpente rappelle une coque de navire retournée. Le sanctuaire abrite la statue très vénérée de sainte Rita, invoquée pour les causes désespérées. En chemin, vous pouvez faire un petit détour à droite dans la **calle de los Reyes**

© Bertrand Gardel/Hémisphères Images

Dans Vegueta, quartier de l'aristocratie des XVIᵉ et XVIIᵉ s., s'élèvent des demeures andalouses.

Católicos*, bordée de belles maisons à balcons de style castillan (nᵒˢ 24, 26 et 28). En longeant le bâtiment du palais de justice, vous débouchez dans la calle de los Balcones, belle rue bordée de demeures du XVIIIᵉ s. qui s'ouvre sur la mer.

Le centro Atlántico de Arte moderno

> **I-B3** *Calle de los Balcones, 11 ; ouv. t.l.j. sf lun. et j.f. 10 h-21 h, dim. 10 h-14 h ; entrée payante* ☎ *928.31.18.24, < www.caam.net >.*

Ce musée est installé dans une demeure du XVIIIᵉ s. dont les quatre niveaux ont été réaménagés par l'architecte Sáinz de Oiza. Il présente d'intéressantes expositions temporaires. Le Centre d'art moderne s'est étendu dans la demeure voisine. De là, gagnez la demeure de Colón et remarquez au passage la maison natale du ténor Alfredo Kraus (né en 1927), que les mélomanes considèrent comme le meilleur Werther (rôle-titre de l'opéra de Massenet) de l'histoire.

La casa de Colón★★★

> **I-B3** *Calle Colón ; ouv. t.l.j. 9 h-19 h, sam. et dim. 9 h-15 h ; entrée gratuite* ☎ *928. 31.23.73, < www.casadecolon.com >.*

S'ouvrant par un portail de style plateresque, cette somptueuse bâtisse était la résidence du gouverneur de la Grande Canarie. Elle a accueilli en 1492 Christophe Colomb *(encadré p. 148)*, qui y résida le temps de faire réparer l'un de ses bateaux.

L'**extérieur★★★** est un bel exemple de l'architecture de la fin du XVᵉ s. Remarquez la galerie au sommet de la façade, mais aussi les balcons à balustrades ajourées, les frises sculptées, les statues tenant des blasons… L'**intérieur★★★** est tout aussi remarquable avec ses deux **patios★★** à fines colonnettes et ses pièces coiffées de plafonds à caissons. De salle en salle sont retracés les quatre voyages de Colomb, entre 1492 et 1504, le dernier menant l'explorateur jusqu'en Amérique centrale. Vous verrez des fac-similés de cartes anciennes et les maquettes des bateaux utilisés par Colomb, ainsi que des reproductions de galions, vaisseaux qui deviendront dès la fin du XVIᵉ s. de véritables forteresses flottantes capables d'embarquer plus de 500 personnes.

Ne manquez pas la reconstitution grandeur nature de l'**intérieur★** de la *Niña*, l'une des trois caravelles de Colomb. Une collection d'objets précolombiens trouvés au Mexique et à l'île de Tolita, en Équateur, est présentée au sous-sol. Le 1ᵉʳ étage s'intéresse à l'histoire de Las Palmas, avec un ensemble de **maquettes★** (la ville au XVᵉ s., le castillo de la Luz et l'île). On découvrira aussi une collection de tableaux anciens (XVIᵉ-XIXᵉ s.) provenant du fonds propre du musée du Prado de Madrid. À côté de la casa de Colón se trouve l'ermita de San Antonio Abad (XVᵉ s.), où Colomb allait prier. Dirigez-vous vers le **mercado de Las Palmas★ I-B3**. Dans la grande bâtisse de lave et de crépi jaune construite à partir de 1853, aussi appelée Mercado de Vegueta, règne une ambiance populaire et chic à la fois. Pour preuve, ce pilier de la vie sociale de Las Palmas possède son site internet (< www.mer cadovegueta.com >) ! De là, vous n'aurez qu'à traverser la calle Manuel y López Calvo Sotelo, ou carretera del Centro, pour entrer dans Triana.

Triana et Ciudad del Mar★★

I-CD2-3 Ce quartier aurait été fondé par des immigrants originaires de Séville. Par nostalgie, ils lui auraient donné le nom de leur faubourg natal de la rive droite du Guadalquivir. Le quartier de Triana garde encore aujourd'hui sa vocation commerçante et populaire. Avant d'emprunter la calle Mayor de Triana, piétonnière, jetez un coup d'œil au teatro Pérez Galdós **I-C3** (en restauration jusqu'au printemps 2007). Inauguré en 1890 avec une représentation de La Traviata, il fut la proie d'un incendie et fut reconstruit en 1918. Le peintre canarien Néstor de La Torre a réalisé sa décoration intérieure.

Dans la calle Cano **I-C2**, les admirateurs de Benito Pérez Galdós (Las Palmas, 1873-Madrid, 1920) visiteront la maison (calle Cano, 6 ; en restauration jusqu'à une date indéterminée ☎ 928.36.69.76) de l'auteur des Episodios nacionales (histoire romancée de l'Espagne en 46 vol.) et de Nazarín, adapté à l'écran par Luís Bunuel. Sur **Calle Mayor de Triana★★ I-CD2** et dans les rues environnantes s'étend le grand quartier commerçant de la ville. Les façades bordant l'artère piétonnière sont représentatives de la diversité architecturale de l'île : des maisons néoplateresques, néobaroques, Belle Époque ou modernistes côtoient des constructions des années 1950 ou 1960.

L'♥ **ermita de San Telmo★ I-D2**, fondé à la fin du XVIIᵉ s., abrite un retable en argent et des lambris de style mudéjar. Il marque l'orée du parque de San Telmo où s'étendait le port primitif de Las Palmas. On y trouve aujourd'hui un kiosque à musique et un autre, ravissant avec ses faïences, faisant café et glacier. Vous traverserez ensuite la calle Bravo Murillo **I-D1-2** et poursuivrez, en face, par la calle León y Castillo ou par la calle **Perojo**, parallèle à la précédente, qui a fait l'objet d'une belle réhabilitation. Après 10 mn de marche environ, vous atteindrez le parque Doramas.

Le parque Doramas★★

II-B1 Ce parc doit son nom à l'un des derniers rois guanches qui a régné sur Telde et la région de Las Palmas. Des dragonniers, un village canarien et le musée rendent le lieu attachant. L'hôtel Santa Catalina, palace-casino au charme british, s'élève ici au milieu de la végétation.

Les deux principales curiosités du parc sont le **Pueblo canario★**, une reconstitution d'un village traditionnel où vous pourrez déjeuner et

Un navigateur célèbre franchit ce portail platéresque en 1492 : Christophe Colomb.

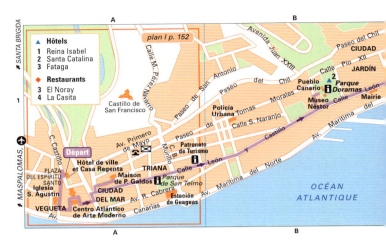

II – LAS PALMAS DE GRAN CANARIA : PLAN D'ENSEMBLE

acheter des produits d'artisanat, et le **museo Néstor★** *(ouv. t.l.j. sf lun. 10h-20h, dim. et j.f. 10h30-14h30; entrée payante ☎ 928.24.51.35, < www.museonestor.com >)*. Ce musée entretient le souvenir de Néstor de La Torre (1887-1938), artiste canarien proche du symbolisme de Moreau ou de Klimt, qui évolua ensuite vers le *tipismo*, une peinture visant à faire connaître les beautés de l'île. La visite vaut pour la maison et son ambiance Belle Époque néocoloniale. Certaines pièces exposées sont intéressantes – dessins de costumes de théâtre, d'opéra ou de zarzuela *(exposés par roulement)*. Quelques peintures sont enthousiasmantes : *El Poema del Atlántico★★ (salle 3, au r.-d.-c.)* est une ode à la mer ; la série des *Visiónes de Gran Canaria★★ (1er ét.)* restitue la poésie des villages de l'île.

Ciudad Jardín★

II-BC1 Né au milieu du XIXᵉ s. sous l'impulsion des Anglais qui détenaient alors les principaux leviers économiques à Las Palmas, ce quartier abrite aujourd'hui encore des demeures résidentielles, au style éclectique, mélange de villas à l'andalouse et de style néocolonial

ou rationaliste (esthétique en vogue au début du XXᵉ s. prônant le refus de l'ornement et la fonctionnalité).

Après avoir senti l'atmosphère de Ciudad Jardín, épargnez-vous un trajet fastidieux et empruntez un taxi pour rejoindre d'un saut de puce l'avenue Mesa y Lopes **II-C1**, second pôle commerçant de la ville, bruissant d'activité. En prenant la calle del Castillo, vous trouverez au n° 36, sur la gauche, le **Centro de arte La Regenta II-C1** *(ouv. lun.-ven. 11h-13h et 17h-21h, sam. 11h-13h; entrée libre ☎ 928. 47.29.79, < www.culturadecanarias. com >)*. La galerie d'expositions d'artistes canariens d'avant-garde loge dans une ancienne manufacture de cigares.

Le parque de Santa Catalina★

II-C1 C'est plus une esplanade qu'un jardin, une sorte d'agora où se retrouve la population, lors des concerts en plein air ou pour jouer aux cartes ou aux dominos à la terrasse des cafés. La police surveille d'un œil attentif cet endroit qui servait volontiers de lieu de rendez-vous aux clandestins. L'office du tourisme se trouve dans le bâti-

(plan de la Grande Canarie p. 146)

ment dessiné par Néstor de La Torre. Un musée ferme la place du côté de la mer, le museo Elder *(ouv. t.l.j. sf lun. 10 h-20 h, 11 h-21 h en été ; entrée payante ☎ 928.01.18.28, < www.museoelder.org >)*. Consacré aux sciences et aux techniques, il permet de se livrer à diverses expériences ludiques.

Au-delà s'étend le centre commercial **El Muelle** avec étages de boutiques, de fast-food, de cinémas et de boîtes de nuit. La visite de l'intérieur, bien éclairé et distribué, n'est pas à négliger. La terrasse offre une jolie vue sur le port.

Dans les prochaines années, de grands projets urbanistiques soumis à concours vont métamorphoser l'ensemble de la zone, il est vrai un peu vide. Déjà, la gare routière s'est faite discrète en s'enterrant en sous-sol... La nouvelle mairie s'élèvera dans ce nouveau quartier. À l'O du parque de Santa Catalina s'étend le **quartier des bazars**★★: appareils photo, caméscopes, parfums, alcools et tabac sont vendus à bas prix. L'ambiance est cosmopolite. Ici fleurissent salles de jeux et boîtes de nuit un peu louches. Attention aux pickpockets.

Playa de las Canteras★★

II-D1 Après avoir traversé l'isthme étroit de la Isleta, vous débouchez sur le paseo de las Canteras, la promenade maritime de Las Palmas. L'écueil au large, la Barra, n'est visible qu'à marée basse. Déambulez au milieu de la foule jusqu'à l'hôtel *NH Imperial Playa*, puis retraversez l'isthme en son point le plus étroit en empruntant la calle Ferreras. À droite, vous découvrez la structure métallique du **mercado del Puerto** (XIXᵉ s.). Vous êtes maintenant dans le quartier très cosmopolite de Puerto de la Luz, qui enserre le **castillo de la Luz**★ (XVIᵉ s.), l'un des rares vestiges de l'ancien système défensif de la ville. L'édifice s'élevait en bord de mer avant la naissance du port. Désormais entouré de jardins, il deviendra un centre d'expositions à l'issue de sa restauration.

Puerto de la Luz★

II-D1 C'est l'un des ports les plus importants du monde si l'on prend en compte le trafic de passagers et le tonnage en marchandises. Environ 15 000 navires y jettent l'ancre chaque année. Carrefour de l'Afrique, de l'Amérique et de l'Europe, ce port posséderait la jetée la plus longue du Vieux Continent (12 km). Créé en 1883, Puerto de la Luz a été conçu à l'origine pour accueillir les navires les plus modernes, notamment les bateaux anglais chargés de charbon faisant route vers Le Cap. Évité pendant la guerre parce qu'il était un repaire de sous-marins allemands, « El Puerto » a retrouvé un second âge d'or dans les années 1960 et 1970, lorsque les plus prestigieux paquebots vinrent y faire escale. Aujourd'hui, les supertankers, les navires de guerre et une multitude de gros cargos battant les pavillons les plus divers les ont remplacés. Les yachts et les voiliers ont émigré au Muelle Deportivo, plus au sud, à la hauteur du quartier de Ciudad Jardín **II-B1**.

La côte nord★★

> *Itinéraire d'env. 70 km O de Las Palmas jusqu'à Agaete.* **Carnet d'adresses** *Agaete, Arucas, Gáldar et Guía, p. 172 et 174.*

C'est autour des jolies villes de Firgas et d'Arucas que se concentre l'essentiel du potentiel agricole de l'île. En dehors de rares plages, vous découvrirez de délicieuses localités, San Felipe et Puerto de Sardina, des « métropoles » animées, Santa María de Guía et sa voisine Gáldar, enfin l'une des plus jolies villes de l'île, Agaete.

Arucas★ et ses environs

> *Itinéraire d'env. 15 km O de Las Palmas. Quitter Las Palmas par l'autopista del Norte et prendre la sortie Arucas.*

Cinquième commune de l'île et surtout tournée vers l'agriculture, **Arucas★** est le grand centre de culture bananière de cette côte. On y fait aussi pousser la canne à sucre destinée à la fabrication du rhum. Ses jardins lui ont valu le surnom de «ville des fleurs». Le gigantisme de l'église **San Juan Bautista** (*ouv. t.l.j. 9 h-12 h 30 et 16 h 30-19 h*), avec son

impressionnante silhouette néogothique en pierre d'Arucas, s'explique par la croissance démographique de la ville à la fin du XIXᵉ s. Commencée en 1909, cette œuvre de tailleurs de pierre fut seulement achevée en 1977, quand fut couronné le clocher. L'intérieur adopte un surprenant plan centré. Il renferme de nombreuses sculptures et d'intéressants vitraux (chapelle du déambulatoire). La **plaza San Juan★**, au bas de la façade principale de l'église, est bordée de demeures construites entre le XVIIᵉ (casa Parroquial) et le début du XXᵉ s. (casa Granado Marrero). Enfoncez-vous dans le **centre ancien★** par les petites ruelles proches de la place ou suivez la calle León y Castillo. Vous débouchez **plaza de la Constitución★**, bordée par le bâtiment des Casas Consistoriales et par l'ancien marché. En face, le **jardin municipal★** surplombe la mer. L'ancienne casa del Mayorazgo de Arucas, édifiée dans le jardin au début du XIXᵉ s., abrite le **Musée municipal** (*ouv. lun.-ven. 10 h-20 h, sam. 10 h-13 h ; entrée payante* ☎ *928.62.81.65*), qui retrace l'œuvre de quatre artistes canariens du XXᵉ s.

Une route, courte et bien indiquée, conduit au sommet de la montaña de Arucas ; le **panorama★★** circulaire englobe Las Palmas, une partie du centre de l'île et la côte nord et, au loin, Tenerife et le sommet du Teide (*p. 90*). Le restaurant du mirador, aux prix abordables, est un bon endroit pour déjeuner. De la plaza de la Constitución, par la route se dirigeant vers la mer (*direction Beñalderos/Gáldar*), vous atteindrez en moins d'1 km le très fleuri **jardin de la Marquesa★** (*ouv. lun.-ven. 9 h-12 h et 14 h-18 h ; entrée payante* ☎ *928.62. 29.45*), aux allées plantées de bananiers et de milliers d'espèces végétales. Dans les hauteurs se dessine la distillerie produisant le rhum du label Arehucas (*visite possible de 10 h à 13 h ; se présenter à la porte* ☎ *928. 62.49.00, < www.arehucas.com >*).

Firgas* et Moya

> *Itinéraire d'env. 30 km O ; par la GC 300 et la GC700 (itinéraire déconseillé en cas de fortes pluies) ; sortir d'Arucas par la route de Firgas.*

Firgas, à près de 1 400 m d'alt., est une paisible bourgade connue pour sa production d'eau minérale. La cascade du **paseo de Gran Canaria★** s'étend au bas de l'**église San Roque**, fondée au début du XVIᵉ s. Son décor d'azulejos montre chacune des 22 municipalités de la Grande Canarie, surmontées de leur blason ; plus haut, vous découvrez les silhouettes de chacune des îles de l'archipel accompagnées d'un paysage caractéristique. De la terrasse de l'église s'offre une belle vue sur la côte nord. Dans la rue à droite en regardant la mer, un moulin à *gofio* du XVIᵉ s. abrite l'office de tourisme *(ouv. lun.-ven. 11 h-14 h)*. L'usine d'embouteillage *(ne se visite pas)* se trouve dans l'intérieur des terres *(15 km S)*, au fond d'un *barranco*, au milieu d'une campagne exubérante.

Moya *(10 km O via Buenlugar)* est établie dans un joli site à la confluence de *barrancos*. L'église paroissiale, construite en 1957, surgit d'une butte dominant le ravin de Moya. Le **musée Tomás Morales** *(plaza Tomás Morales ; ouv. lun.-ven. 9 h-20 h, sam. 10 h-20 h, dim. 10 h-14 h ; entrée gratuite ☎ 928.62.02.17)* loge dans la maison natale du poète moderniste (1884-1921). Elle abrite des souvenirs de l'écrivain et des meubles.

De Moya, la **route en corniche★★** (GC700) dépasse l'accès à la réserve naturelle de **Los Tilos**, dernier exemple de *lauresilva* conservé à la Grande Canarie. Elle rejoint ensuite la mer en offrant des vues splendides sur la côte, avant d'atteindre l'axe rapide de la côte nord près de Santa María de Guía. Au loin, vous apercevez le village de **San Felipe**, établi dans un superbe **site★★** en éperon rocheux face à l'océan. Avant Santa María de

---

faune

La chasse est l'une des activités préférées des insulaires, particulièrement à la Grande Canarie. Les chasseurs sont accompagnés de leurs lévriers et, pour les plus chanceux, d'un *verdino* (ou *bardino*) ou de plusieurs. Cet excellent chien de berger doit son nom à son pelage brun verdâtre rayé de bandes plus sombres. Pesant entre 40 et 50 kg, il serait le descendant du chien des Guanches, le *canis* cité par Pline l'Ancien. Il court de nombreuses légendes à son propos : le *verdino* savait « parler »... ; il aboyait en voyant les navires des conquistadors approcher des côtes. Ces soldats en avaient tellement peur qu'ils offraient une prime pour chaque animal tué ! Aujourd'hui, le *verdino* est très recherché, surtout comme chien de garde. Des concours récompensent les meilleurs éleveurs. ●

Guía, prenez à droite de manière à longer l'autoroute vers l'est jusqu'à la hauteur du viaduc enjambant le *barranco* (puente de la Costa de Silva). La route s'enfonce ensuite dans les terres et passe devant l'entrée du cenobio de Valerón.

Le cenobio de Valerón

> *Cuesta da Silva (GC291) ; site en cours de réhabilitation en 2005 (création d'un parc archéologique avec centre de visiteurs), anciennement ouv. mer.-dim. 10 h-17 h ; entrée payante ; renseignements à l'office de tourisme de Guía ☎ 928.88.36.81.*

Le « monastère » *(cenobio)* est un ensemble unique dans l'archipel d'env. 350 grottes naturelles ou creusées dans le tuf. Plusieurs légendes entourent ce site. On raconte que les Guanches y ame-

L'euphorbe des Canaries est commune sur le littoral des îles orientales de l'archipel ; elle donne l'aspect de paysages de western à certains coins arides.

naient les jeunes filles à marier pour les suralimenter et favoriser ainsi leur fécondité… D'autres récits font de ces lieux le séjour des *harimaguadas*, les vierges sacrées. Plus prosaïquement, ces grottes étaient des entrepôts collectifs destinés à protéger les récoltes. Un escalier interminable conduit au sommet du *cenobio*, là où se réunissaient les chefs guanches. La **vue★★** de la côte y est admirable.

Santa María de Guía★

> *À 6 km O du cenobio de Valerón et 27 km O de Las Palmas par l'autoroute GC2.*

L'ancien faubourg de Gáldar est la patrie du très prolifique José Luján Pérez (1756-1815), dont les sculptures ornent tous les édifices religieux de l'archipel. L'église paroissiale, située dans le cœur animé de la ville, en possède plusieurs, notamment la statue de Nuestra Señora de las Mercedes *(chapelle à gauche du maître-autel)*. Santa María de Guía est aussi célèbre pour son fromage aux fleurs de chardon, le *Flor de Guía.*

Le *casco antiguo★* de Guía a fait l'objet d'une réhabilitation très réussie avec fléchage des principales curiosités. Sur la place de l'église, remarquez la **casa Quintana★** (XVIᵉ s.), le plus ancien édifice de la ville. À droite en tournant le dos à la façade de l'église, la **calle Medico Estévez★** forme un bel ensemble urbain avec ses maisons aux façades colorées. La calle **Canónigo Gordillo**, derrière l'église, est très pittoresque également.

Gáldar★

> *À 3 km O de Santa María de Guía et 30 km O de Las Palmas par l'autoroute GC 2.*

Galdár occupe un joli site au pied d'un volcan. Dans le centre, l'**église Santiago** (1778-1826) est le premier exemple d'architecture religieuse de style néoclassique aux Canaries. Elle abrite la *pila verde*, bassin qui servit à baptiser les Guanches au lendemain de la conquête, à moins que l'œuvre n'ait trouvé place au **musée d'Art sacré** (*calle Fernando Guanarteme ; ouv. t.l.j. sf lun. 10 h-13 h ; entrée payante* ☎ *928.89.58.55*), inauguré en 2005. Le **dragonnier** ornant le patio de l'hôtel de ville est le plus ancien spécimen de cet arbre à la Grande Canarie (documenté depuis 1718). En tournant le dos à l'église, vous emprunterez la ruelle qui descend à droite pour atteindre l'entrée du parc archéologique.

MUSEO Y PARQUE ARQUEOLOGICO CUEVA PINTADA**

> *S'enquérir au préalable des horaires à l'office de tourisme, <www.cuevapintada. com>.*

Découverte en 1873 mais fermée depuis 1982, la « grotte peinte » (*cueva pintada*) est redevenue visible au grand public depuis l'ouverture, en 2006, de cet ambitieux parc archéologique. En dehors des murs décorés de **motifs géométriques colorés**, vous verrez lors de votre parcours un **musée*** consacré à la civilisation guanche (céramiques, idoles, outils, etc.) et le **village*** découvert lors des fouilles menées à la fin du XXᵉ s. Comptant une soixantaine de fondations de maisons et de grottes artificielles, ce dernier constitue la colonie préhispanique la plus importante de la Grande Canarie. Le parc présente enfin la reconstitution d'une ferme (*el caserío*) restituant la vie quotidienne de l'ancien peuplement de l'île.

Vers Puerto de Sardina*

> *Itinéraire de 10 km A/R N-O de Galdár.*

À la sortie de Gáldar, prenez à droite en direction de Puerto de Sardina (*à 6 km*). Après avoir traversé les abords ingrats de la loca-

lité, vous atteindrez le ravissant petit port de pêche lové au bas de la falaise. L'endroit est très fréquenté le dimanche par les amateurs de poissons frais (*nombreux restaurants*) comme par les plongeurs qui trouvent là des fonds superbes et de petites criques de sable. En revenant sur vos pas vers Gáldar, un léger détour à gauche à travers les bananeraies conduit à la **plage d'Ayugero**, propice à la baignade et peu fréquentée par les touristes. Revenu sur la route principale, on traverse une campagne où les serres en plastique abritant des bananiers (*p. 86-87*) s'étendent à perte de vue, avant d'atteindre Agaete.

Agaete**

> *À 8 km S-O de Gáldar ; parking près du jardin tropical de Huerto de las Flores (indications).*

C'est ici que se déroule la fameuse Bajada de la Rama, une fête des pluies christianisée. Sa sobre église, son jardin botanique et son **centre ancien**, aux ruelles bordées de maisons canariennes, lui confèrent un charme certain. Vers l'intérieur (*prendre la direction d'El Valle*), une route longe le ♥ **barranco d'Agaete*** jusqu'à l'ermita de San Pedro. C'est en partant de cette chapelle que les pèlerins portent le rameau (*la rama*) jusqu'à Puerto de las Nieves *via* Agaete. On a trouvé à Los Barrazales l'important tumulus funéraire de **Malpaís de Arriba** (*création d'un parc archéologique en cours*), constitué de plus de 600 tombes circulaires.

D'Agaete, rejoignez la côte à **Puerto de las Nieves*** (*2 km O*), qui occupe un remarquable site à deux pas du fameux **Dedo de Dios***, le rocher du « doigt de Dieu ». En dépit d'une périphérie enlaidie par des lotissements, le village de pêcheurs est resté authentique avec ses maisons basses soulignées de bleu. La plage de galets de Puerto de las Nieves a du charme.

© Bertrand Gardel/Hemisphères Images

À Puerto de Mogán, les bateaux amarrés au bord des maisons créent un tableau charmant.

La côte ouest★★

> *Itinéraire d'env. 70 km d'Agaete à Puerto de Mogán. Itinéraire interdit en cas de fortes pluies.* **Carnet d'adresses** *San Nicolás de Tolentino et Costa de Mogán p. 179 et 173.*

Peu de visiteurs se rendent jusqu'à cette terre du bout du monde, peut-être à cause de la route sinueuse. C'est pourtant là que vous verrez les plus beaux paysages côtiers de l'île. Les criques sablonneuses entre San Nicolás et Puerto de Mogán sont éloignées de la route principale *(parfois accessibles en 4x4 ou à pied)*.

Sur la route de San Nicolás★★★

> *Itinéraire d'env. 40 km S-O d'Agaete.*

Ce parcours grandiose longe de grandes falaises, d'étroits *barrancos* et une succession de crêtes volcaniques. Arrêtez-vous au **mirador de Balcón★★★** pour admirer la côte et la mer dans un à-pic pour le moins décoiffant. San Nicolás de Tolentino est établi dans un magnifique **site volcanique★★**. Le village a grossi trop vite. Il est comme encerclé par les serres en plastique utilisées pour la culture intensive de la tomate et des plantes d'ornements. L'irrigation de la plaine est assurée par l'eau des barrages dans les hauteurs de la montagne, qui forment des lacs aux dimensions respectables.

Vers Puerto de Mogán★

> *Itinéraire d'env. 30 km S de San Nicolás.* **Carnet d'adresses** *Costa de Mogán p. 173.*

De San Nicolás, la route très sinueuse traverse les paysages austères et sauvages du versant ouest de l'île. Bordée de blocs de rochers colorés d'origine volcanique, elle emprunte les vallées étroites des montagnes dont la plus haute, l'**Inagua★**, culmine à plus de 1 400 m. Les paysages s'humanisent dans le *barranco* fertile où s'est juché le petit bourg fleuri de ♥**Mogán★**, accompagné d'un vieux moulin (XVIIIe s.), un peu plus loin. **Puerto de Mogán**, au débouché de la vallée, est le Saint-Tropez grand-canarien, soleil garanti toute l'année. L'eau provient du lac de barrage de Soria, le plus grand de l'île. La périphérie de la station s'enlaidit, mais les ruelles fleuries du centre n'ont rien perdu de leur charme, en dépit d'une vidéo-surveillance par trop voyante. Sur le front de mer et autour du ravissant port de plaisance règne une ambiance permanente de vacances. La plage est très belle, mais il faut jouer des coudes.

La côte sud★★

> *Itinéraire d'env. 25 km S-E de Puerto de Mogán à Maspalomas-Playa del Inglés.* **Carnet d'adresses** *Costa de Mogán p. 173.*

C'est dans cette région sèche, aride et ensoleillée toute l'année que se trouvent les stations balnéaires de l'île. Taurito, station laide, et la plage artificielle de Playa de Amadores ne cessent de s'étendre. **Puerto Rico** possède la plus grande plage de la zone. L'endroit s'est hérissé de complexes hôteliers, avec port de plaisance intégré. Au milieu de cet univers de béton et de roche volcanique, la **playa de Tauro** est la seule rescapée pour l'instant. Mais sur cet ancien terrain agricole devrait pousser une résidence hôtelière haut de gamme, avec jardin et lac artificiel.

Arguineguín, habitée par les Canariens travaillant dans le tourisme, est une grosse ville active sans grand intérêt touristique. L'ambiance au port n'a rien de factice, mais rien d'enthousiasmant non plus. Au-delà de cette localité, prenez l'autoroute en évitant la fastidieuse route côtière conduisant à Maspalomas.

Maspalomas-Playa del Inglés★

> *Itinéraire d'env. 55 km S de Las Palmas et à env. 30 km S de l'aéroport.* **Carnet d'adresses** *p. 177.*

Maspalomas et sa voisine, Playa del Inglés, forment une suite ininterrompue d'hôtels et de résidences de vacances. Cette *urbanización* qui s'étend sur des kilomètres compte d'innombrables restaurants, boîtes de nuit et supermarchés. Les fameuses **dunas de Maspalomas★★**, à l'ouest de la station, ont été épargnées grâce à la création d'un parc naturel. Elles sont désormais cernées par les promoteurs qui construisent en lisière de la zone protégée. Hautes d'une dizaine de mètres, ces dunes, résultant de l'accumulation de sable marin, sont accessibles depuis le phare.

Plusieurs kilomètres de plages de sable fin s'étirent depuis les dunas de Maspalomas jusqu'à Playa del Inglés et San Agustín, plus à l'est.

Le centre de l'île★★★

> *Itinéraire d'env. 190 km N de Maspalomas.*

Le centre accidenté a été un refuge pour les rebelles guanches. Accessible aujourd'hui par des routes excellentes mais sinueuses, cette région demeure peu fréquentée, les excursions organisées se limitant à la cité d'art de Teror et aux sites montagneux Cruz de Tejeda et le pozo de las Nieves.

Vers le pozo de las Nieves★★

> *Itinéraire d'env. 100 km N de Maspalomas jusqu'à Teror (via A/R au pozo de las Nieves et à Artenara).* **Carnet d'adresses** *San Bartolomé de Tirajana p. 179.*

De Playa del Inglés, dirigez-vous vers le centre de l'île *(sortir de l'autoroute vers San Fernando et Fataga)*. Très vite, les paysages prennent le visage hostile et sauvage du cœur montagneux de l'île. En chemin vers les hauteurs, une halte s'impose au **mirador de la Degollada de las Yeguas★** (480 m) qui embrasse la côte sud. **Fataga★**, joli village établi en balcon sur le *barranco*, est idéal pour prendre un verre. La palmeraie alentour trahit la présence de sources déjà connues du temps des Guanches. Elles autorisent aujourd'hui la culture d'agrumes, en particulier de citronniers. Il est possible de randonner dans la campagne en chameau. **San Bartolomé de Tirajana★**

Arbres et arbustes

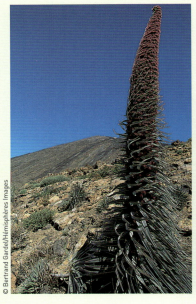

Personne ici ne s'étonne de voir, près d'un acacia de Constantinople, un grand araucaria de l'île de Norfolk ou un dragonnier, l'arbre emblématique des Canaries. Endémiques ou originaires de tous les continents, près de 2 000 plantes différentes poussent dans l'archipel.

Un abrégé de la planète

Pendant des siècles, un nombre considérable d'espèces végétales ont été introduites aux Canaries. Le climat particulièrement doux a favorisé la prolifération d'arbres et d'arbustes originaires d'Europe, d'Asie ou d'Australie, sans parler des espèces endémiques, qui sont au nombre de 500 parmi les 2 000 répertoriées. L'ensemble compose un paysage végétal éclectique, comme on en rencontre dans les autres archipels de la Macaronésie (Madère, les Açores et les îles du Cap-Vert). La Grande Canarie, Tenerife, La Palma et La Gomera possèdent la flore la plus riche (plus de 600 espèces sur moins de 400 km²). La végétation est particulièrement exubérante sur les versants nord de ces îles. Dans le *monteverde*, entre 600 et 1 500 m d'altitude, l'humidité des alizés favorise la croissance de grandes forêts de lauriers et de châtaigniers.

Le palmier

Il en existe plus d'une centaine d'espèces, d'Afrique du Nord, de Cuba, du Brésil ou de Birmanie. La morphologie et la taille d'un palmier sont très variables ; un palmier-dattier africain s'élève à 30 m, tandis qu'un *Chamaerops humilis*, palmier méditerranéen, n'excède pas 1,50 m.

En haut à gauche, la vipérine de Tenerife *(Echium wildpretii)* est une plante très spectaculaire : son inflorescence rouge ou bleue, à la fin du printemps, peut s'élever jusqu'à 3 m.

En haut à droite, le laurier *(Laurus)* se décline sous d'innombrables variétés selon l'altitude. Il couvre les sommets de grandes forêts impénétrables, et l'on s'en sert aussi pour égayer les murs des maisons.

Le laurier

Il n'a rien à voir avec l'arbuste chétif que l'on connaît en Europe. Véritable arbre à feuillage arborescent, le laurier peut atteindre 20 m de haut, comme le *Persea americana*, plus connu sous le nom d'avocatier. Certaines espèces, notamment dans les forêts *(laurisilva)* du centre de La Gomera et du nord-est de Tenerife, entre 600 et 1 000 m d'altitude, sont endémiques de la Macaronésie.

Les pins et les châtaigniers

À plus de 1 000 m d'altitude, la Grande Canarie, Tenerife, La Palma et El Hierro sont recouvertes de forêts de pins des Canaries. Cette espèce résistante s'accommode des sols volcaniques récents et arides. Elle est moins facilement inflammable que sa cousine méditerranéenne, même si les incendies ravagent aussi les forêts des Canaries, comme à La Palma en septembre 2005. Plus bas, les pins des Canaries laissent place à des forêts de châtaigniers.

© Agnès Boutteville

© Agnès Boutteville

Les bruyères

Il en existe un très grand nombre, et certaines peuvent atteindre des dimensions surprenantes. Dans les hauteurs, domaine du *fayal-brezal* (littéralement, « buisson de bruyère »), les fougères arborescentes géantes s'allient aux mousses et aux champignons pour rendre les sous-bois humides plus touffus encore. En allant vers la côte, les bruyères d'ifs se mélangent à une végétation de basse altitude, essentiellement constituée d'euphorbes et de cactus importés d'Amérique.

L'euphorbe

Peu exigeante, elle se développe dans les zones les moins fertiles, à basse altitude. Une multitude d'espèces sont répertoriées au parc botanique de Puerto de la Cruz et au Jardín canario à la Grande Canarie. L'euphorbe des Canaries étant partout présente sur les côtes, les paysages ressemblent à un décor de western. Elle cohabite avec des cousines venues des quatre coins du monde, comme la fleur de Pâques du Mexique *(Euphorbia pulcherrima)* ou le croton de Malaisie *(Codiaeum variegatum)*.

Des raretés végétales

Sur les sommets de Tenerife, le climat – chaleurs suffocantes alternant avec des froids intenses – ne laisse croître qu'une lande de type montagneux. Ici poussent de nombreuses espèces endémiques : le genêt du Teide ainsi que la très rare violette, entre autres espèces protégées, à ne pas cueillir ! ●

En haut à gauche, le dragonnier *(Dracaena draco)* provient d'Afrique tropicale, mais il existe à l'état endémique aux Canaries. L'arbre peut atteindre 20 m de haut et vivre plusieurs siècles.

En haut à droite, le figuier de Barbarie *(Opuntia ficusindica)*, originaire d'Amérique centrale, fleurit en juin. Ses fruits sont comestibles à l'automne, dès qu'ils deviennent un peu mous.

© Bertrand Gardel/Hémisphères Images

Depuis que la Vierge serait apparue ici en 1515, Teror est devenue le grand centre de pèlerinage de l'île.

est située au débouché de la caldera de Tejeda, au milieu d'une campagne plantée d'arbres fruitiers. Du restaurant *Las Tirajanas (p. 179)* s'offre une belle vue sur le *barranco*. L'église abrite une foule de statues, dont un étonnant Christ cavalier.

En suivant la direction de Cruz de Tejeda, vous entrez dans la caldera de Tejeda, constituée de formations volcaniques variées. Les rochers hérissant les sommets étaient considérés comme sacrés par les Guanches. En prenant la route à droite vers Pozo de las Nieves, vous trouverez sur la gauche un sentier menant au **roque Nublo★★★**, le « rocher des nuages », né au Pliocène il y a env. 3 millions d'années. C'est le monolithe basaltique le plus haut du monde (80 m) et le symbole de la Grande Canarie. Plus loin, la route conduit au **pozo de las Nieves★★** (1 949 m), sommet de l'île, ainsi nommé parce qu'il est enneigé en hiver. Du sommet, **vue★★★** fabuleuse sur le roque Nublo et sur Tenerife.

La forêt alentour, plantée de châtaigniers et de pins, est giboyeuse. Les habitants viennent y chasser des lièvres, qu'ils font cuire sur place dans les fours mis à leur disposition près du pozo de las Nieves *(Llano de la Pez ; plusieurs randonnées possibles, dont le tour du roque Nublo en 1 h 30 ou la jonction avec Cruz de Tejeda en 2 h 30).*

Vers Cruz de Tejeda★★

> *Itinéraire d'env. 45 km du pozo de las Nieves jusqu'à Cruz de Tejeda via Artenara.* **Carnet d'adresses** *Cruz de Tejeda p. 174.*

Revenez sur vos pas pour contourner le roque Nublo. Une route sur la gauche conduit au **roque Bentayga★★**. Tenu pour sacré par les Guanches, il leur servit d'ultime base de repli à la fin de la conquête (fin du XVe s.). Un centre des visiteurs *(ouv. t.l.j. 10 h-18 h ; entrée libre ☎ 928.17.03.00)* présente les richesses de la forteresse naturelle où l'on a découvert de nombreuses grottes (certaines artificielles) portant des inscriptions rupestres, dont quelques-unes peintes de motifs alphabétiques (el Elmoragén del Bentayga).

Tejeda★, un peu plus loin, est une agréable localité aux maisons coquettes blotties sur un éperon. À la sortie, un axe secondaire conduit à **Artenara★**, village au milieu d'un paysage de falaises et de pics volcaniques. L'entrée de l'église troglodytique, au sommet du village, se signale par une cloche. Pour profiter du site, allez prendre un verre au bar *Esquina*. Sa terrasse s'ouvre sur un somptueux panorama.

Cruz de Tejeda★★, au carrefour de plusieurs routes, vous surprendra par son animation. Des étals proches du parador *(réouverture prévue fin 2006)* proposent des souvenirs : herbes médicinales de la région et produits d'artisanat, en particulier du linge brodé. L'hôtel *El Refugio (p. 174)*, construit sur les plans de Néstor de La Torre, occupe un site splendide, qui retrouve un calme impressionnant le soir venu. Sa terrasse offre une **vue★★** sublime sur la «tempête de pierres», selon l'expression de Miguel de Unamuno *(encadré p. 180)*, de la caldera de Tejeda. De nombreux sentiers de randonnées partent de ce point situé au centre géographique de l'île.

De là, rejoignez la ville de Teror en longeant le flanc nord de la caldera. En chemin, ne manquez pas de vous arrêter au **mirador de Zamora★**, magnifique belvédère.

Teror★★★

> *À env. 16 km de Tejeda. **Carnet d'adresses** p. 180.*

Cette ancienne bourgade guanche autrefois nommée Aterore est aujourd'hui la capitale religieuse de l'île. Un grand nombre de pèlerins viennent chaque année, le 8 septembre, révérer la statue de la Vierge del Pino, la «Vierge du Pin» (XVᵉ s.). Avant de vous diriger vers l'église, qui écrase littéralement le centre de la cité, allez voir la **casa de los Patronos★★**, un magnifique palais canarien. Du début du XVIIᵉ s., il cache un délicieux **patio★★** fleuri et orné d'une grande croix. Celui-ci repose sur de fines colonnes en pin dont la base est en lave.

La basilique de la **Virgen del Pino★★**, d'un néoclassicisme mâtiné de baroque, s'élève près de l'endroit où la Vierge serait apparue. Deux pins sur le parvis rappellent ce miracle, en 1515 : plusieurs personnes auraient vu la silhouette de la Vierge se dessiner entre les branches d'un pin. Sous sa forme actuelle, l'église date du XVIIIᵉ s. Seule la tour de l'édifice d'origine a été préservée. L'**intérieur★** conserve sculptures et objets d'art. La statue de la Vierge, que les malades prient pour recouvrer la santé, se trouve à la place d'honneur sur un trône d'argent. Elle présente deux profils différents, l'un plein de douceur, l'autre exprimant la souffrance. En sortant de l'église à droite, vous découvrirez la ♥ **plaza Teresa de Bolivar★**, sorte de square agrémenté d'une fontaine baroque *(p. 216)*. La **calle Real★★** ouvrant devant l'église est bordée de demeures des XVIIᵉ-XVIIIᵉ s. à balcons ouvragés. L'une d'elles, la casa de los Patronos de la Virgen *(n° 3 ; ouv. lun.-ven. 11 h-18 h ; entrée payante ☎ 928.63.02.39)*, abrite des souvenirs des familles ayant habité cette maison et le carrosse du roi Alphonse XII lorsqu'il séjourna à la Grande Canarie, en 1906.

Vers Telde★★

> *Itinéraire d'env. 45 km E de Teror via A/R le Jardín canario. **Carnet d'adresses** Agüimes, Santa Brígida et Telde p. 180, et 173.*

De Teror, vous pourrez rejoindre rapidement Las Palmas *via* Arucas. Si quelques virages de plus ne vous effraient pas, repartez vers le centre pour découvrir un autre aspect de l'intérieur de l'île, la région des *vegas*, riches terres de culture du quart nord-est qui s'étendent autour de San Mateo et de Santa Brígida. **Vega de San Mateo** possède un petit centre ancien réhabilité situé à l'écart de la route principale qui traverse le bourg *(à gauche)*. La localité vit de l'élevage et de la culture intensive de légumes et de fruits. Vous pourrez visiter **La Cantonera** *(avenida Tinamar, ouv. irrégulière ☎ 928.66.17. 95)*, bâtisse du XVIIᵉ s. transformée en hôtel rural, qui abrite un musée ethnographique retraçant l'histoire agricole de la *vega*.

Santa Brígida, à quelques kilomètres, est plus riante et exubérante. Le samedi toute la journée et le dimanche matin se tient un important marché de produits agricoles et de fleurs. Le ♥ **mirador de Bandama★** est accessible à la sortie de La Atalaya par une route à gauche. Il domine en un à-pic d'environ 200 m la caldera de Bandama, un cratère circulaire de 1 km de diamètre, et embrasse la pointe nord-est de l'île. La tache verte en contrebas est celle du Real Club de Golf de Las Palmas, l'un des plus anciens *greens* d'Espagne. ♥ **Tafira**, faubourg chic de Las Palmas, dégringole des hauteurs de la caldera de Bandama. Le climat y est agréable. Résider ici est un privilège réservé à l'élite financière et aux étrangers très fortunés : en témoigne l'avalanche de bâtisses splendides entourées de jardins opulents. Les restaurants et les bars de Tafira attirent du monde en soirée. L'université s'est établie ici, non loin du Jardín canario.

JARDÍN BOTANICO
CANARIO VIERA Y CLAVIJO★★★

> *À env. 10 km S-O de Las Palmas Ouv. t.l.j. 10 h-18 h* ☎ *928.21.95.80 Entrée gratuite.*

D'aucuns préféreront le charme tranquille et ensoleillé de ce parc botanique à celui de son homologue de Tenerife *(p. 85)*. Plus vaste, le Jardín canario s'étage sur les pentes d'un *barranco* dont le dénivelé naturel a permis la reconstitution d'un milieu végétal varié. Les espèces sont canariennes ou originaires de Madère, des Açores et du Cap-Vert. La collection de cactus et d'euphorbes gigantesques et la section des plantes grasses sont remarquables. De ce jardin, vous rejoindrez Telde soit par la route la plus directe *(au départ de Tafira)* soit en revenant vers Santa Brígida, où une route plus belle que la précédente s'embranche à gauche.

Telde★

> *À env. 15 km S de Las Palmas et env. 40 km N-E de Maspalomas.*

Ceinturée par un axe rapide d'un abord rébarbatif, la deuxième commune de l'île est formée de quartiers éparpillés assez éloignés les uns des autres. Il faudra la contourner par l'est pour atteindre le barrio de San Juan, qui a fait l'objet d'une réhabilitation très réussie. La basilique **San Juan Bautista★** abrite de nombreux objets d'art, dont un **retable flamand★** *(à gauche du chœur)* de 1539 illustrant la Nativité.

Dans le quartier résidaient les riches propriétaires de plantations de canne à sucre, qui reléguaient leurs esclaves noirs dans les hauteurs du barrio de los Llanos de Jaraquemada (barrio de San Gregorio). Les nobles demeures de la **calle Licenciado Calderín★**, sur le flanc gauche de l'édifice, sont à ne pas manquer.

Vous rejoindrez ensuite le **barrio de San Francisco★★** en prenant la calle Inés de Chimida, légèrement à droite en tournant le dos à l'église. La rue enjambe une *horta* pour atteindre cet ancien quartier d'artisans, de petits propriétaires et de journaliers. Ses ruelles pavées, flanquées de demeures fleuries, d'escaliers, de maisons aux murs ornés de croix, font penser aux *juderías*, les quartiers juifs des villes andalouses. Au bout de cet univers blanc, l'église San Francisco s'élève près d'une terrasse ouverte sur la zone la plus urbanisée de l'île. Revenu plaza San Juan, vous visiterez la **casa-museo León y Castillo** *(ouv. lun.-ven. 8 h-20 h, sam.-dim. 10 h-13 h ; entrée gratuite* ☎ *928.69. 13.77)*, un peu plus haut dans la rue passant devant la basilique. Il rassemble les souvenirs de Fernando de León y Castillo (1842-1918), député des Canaries et ancien ambassadeur d'Espagne en France, auquel le port de Puerto de la Luz doit son impulsion.

Sur les traces
des Guanches★

> *Itinéraire d'env. 45 km S-O de Telde jusqu'à Maspalomas* via *Ingenio et Agüimes (sans le détour de 28 km A/R dans le barranco de Guayadeque).*

Sur la route d'Ingenio, au sommet de la montagne, les **Cuatro Puertas★**, les « quatre portes », donnent accès à une grotte sacrée devant laquelle les chefs guanches se réunissaient. Les cavités donnant du côté de la mer

patrimoine

Le barranco de Guayadeque

Planté d'amandiers et d'oliviers, le barranco de Guayadeque est l'une des terres les plus humides de l'île. Les Guanches en firent un haut lieu de leur civilisation, utilisant les **grottes** tantôt comme habitations, tantôt comme entrepôts pour leurs récoltes. Les grottes étant peu nombreuses, ils en ont creusé d'autres, qu'ils utilisaient comme sépultures ou comme entrepôts. Nul ne sait pourquoi les *cuevas muchas* avaient une fonction de silos à grain. La grande cavité qui les surmonte devait servir aux gardiens des récoltes. Du fait de sa position éminente, des rites religieux – des rites de fertilité – devaient s'y dérouler. ●

servaient d'habitations. L'*almogaren*, l'enceinte au sommet, est aujourd'hui réduite à ses fondations.

À Las Mejias, à l'entrée d'Ingenio, le **museo de Piedras y Artesanía canaria** (*ouv. t.l.j. sf dim. 8 h-18 h 30 ; entrée gratuite* ☎ *928.78. 11.24*) séduira les amateurs de gemmes. À voir aussi : des meubles en coquillages et une chapelle à peine moins surréaliste remplie de statues.

Ingenio possède également des ruelles aux maisons pimpantes, mais la grande église s'élève sur une place trop modernisée. Dans la casa de Postas, ancien relais de poste du XVIIIᵉ s., ont lieu des expositions temporaires. À la sortie d'Ingenio, une **route**★ file à l'intérieur des terres en serpentant au fond du ♥ **barranco de Guayadeque**★, où se trouve la cueva Bermeja, village troglodytique de la « grotte vermeille » ainsi que des *cuevas muchas*, des grottes artificielles (*encadré ci-dessus*). Un **centre des visiteurs** (*ouv. mar.-sam. 9 h-17 h, dim. 10 h-18 h ; entrée gratuite* ☎ *928.17.20.26*) est aménagé à l'entrée du parc de Guayadeque. Dans l'ambiance d'une grotte, on y voit une restitution des changements de la flore en fonction de l'altitude. La vie des Guanches dans le barranco de Guayadeque est évoquée au moyen de maquettes et de sections consacrées aux activités traditionnelles (*restaurants aménagés dans des grottes, au bout de la route*).

♥ **Agüimes**★, au sud d'Ingenio, est une perle à ne pas manquer. Les maisons du *casco antiguo*, crépies à neuf dans des tons colorés, ornent leur façade avec fantaisie du côté de l'église néoclassique San Sebastián. Au carrefour des ruelles surgissent des sculptures inattendues ou des bouts de poésie. À l'ouest par la route de Santa Lucia, **Los Corralillos** est un hameau surtout connu pour son zoo de crocodiles. Un chemin descend ensuite dans le barranco de Balos et atteint les roches gravées de Lomo de los Letreros. En guise de lettres, les dessins représentent des motifs géométriques et des silhouettes humaines. La reproduction d'un bateau à la proue recourbée est le seul témoignage sur la navigation au temps des Guanches. Ce type de représentation a permis au Norvégien Thor Heyerdahl de reconstituer les bateaux en jonc dont des maquettes sont exposées au parc de Güímar (*p. 75*).

Le massif rocheux de ♥ **Fortaleza**★, qui se dessine en face du zoo, doit son nom au fait qu'il a servi de refuge aux Guanches. Des rebelles ont tenu tête aux conquérants espagnols, et seul le roi guanche christianisé Tenesor Semidan est parvenu à leur faire baisser les armes. Vous rejoindrez ensuite Maspalomas (*p. 162*) *via* l'autoroute du Sud. ●

Carnet d'adresses

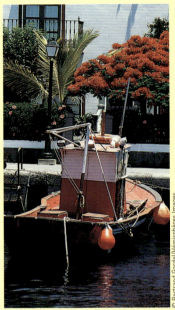

Puerto de Mogán, la "Venise canarienne", est la station balnéaire la plus attachante et la plus élitiste de Grande Canarie.

© Bertrand Gardel/Hémisphères Images

❶ **Patronato de turismo**, calle León y Castillo, 17, Las Palmas **II-D1-2** ☎ 928.21.96.00. *Ouv. lun.-ven. 8 h-13 h, 14 h en été.* < www.grancanaria.com >. À l'aéroport ☎ 928.57.41.17 ou 928.57.91.38. *Ouv. lun.-sam. 9 h-19 h, dim. 10 h-17 h.*

Arrivée

> En avion

L'aéroport de Grande Canarie se situe sur la côte est, à équidistance *(env. 30 km)* de Las Palmas et de Maspalomas. Vers Las Palmas, service régulier de bus assuré entre 6 h 15 et 19 h 15 (parque de Santa Catalina) et 7 h à 2 h (parque de San Telmo) (ligne 60 ; de 1,85 à 2,35 €) ; liaisons régulières avec Maspalomas (Faro) de 7 h 20 à 22 h 20 (ligne 66 ; 3,20 €). **Liaisons inter-îles.** Nombreux vols quotidiens (plus d'une dizaine) assurés par la Binter Canarias depuis Tenerife, Fuerteventura, Lanzarote et La Palma. Avec El Hierro et La Gomera : de 1 à 2 vols/j. en moyenne, et donc un changement probable à Tenerife. Aucune précaution particulière n'est à prendre pour louer une voiture *(nombreuses agences à l'aéroport)*. **Rens.** ☎ 928.57.91.30 (aéroport) ☎ 928.57.99.33/34 (Binter Canarias) ☎ 902.40.05.00 (Iberia).

> En bateau

Depuis **Tenerife** pour la Grande Canarie (Agaete), rapide bateau de la **Fred. Olsen** au départ de Santa Cruz de Tenerife *(6 à 8 départs/j. ; env. 1 h)*. D'Agaete, sur la côte nord, bus gratuit rejoignant le parque de Santa Catalina à Las Palmas de Gran Canaria *(env. 1 h)*. Liaisons régulières entre Santa Cruz de Tenerife et Las Palmas de Gran Canaria assurées par la **Naviera Armas SA**, mais trajet beaucoup plus long *(3 h 15)*.

Depuis **Fuerteventura**, un bateau de la compagnie **Trasmediterránea** relie Morro Jable à Las Palmas de Gran Canaria *(1 départ/j. ; env. 2 h)*. Des ferries classiques assurent aussi plusieurs liaisons hebdomadaires avec la Grande Canarie (départs de Morro Jable ou Puerto del Rosario) et **Lanzarote** (Arrecife), mais comptez entre 7 et 8 h de traversée. Le ferry de la **Trasmediterránea** en provenance de Cadix *(p. 25)* poursuit sa route au-delà de Santa Cruz de Tenerife pour atteindre Las Palmas de Gran Canaria. **Rens. :** **Líneas Fred. Olsen** ☎ 902.10.01.07 ou 928.49.50.40, < www.fredolsen.es > **Naviera Armas SA** ☎ 902.45.65.00, < www.navieraarmas.com >. **Trasmediterránea** ☎ 902.45.46.45, < www.trasmediterranea.es >.

Plusieurs agences de location de voitures au terminal du port de Las Palmas.

Circuler

> En voiture

Le N-E (région d'Agaete) et l'E, autour de Las Palmas et jusqu'à Telde, sont très urbanisés. Dans le centre et sur la côte O, la circulation vous ralentira moins que les virages incessants. N'essayez pas de faire le tour de l'île dans la journée. Lors de vos excursions dans des régions éloignées de votre base, pensez à emprunter l'autoroute (gratuite). L'*autopista del Sur* relie Las Palmas à Puerto Rico via Maspalomas-Playa del Inglés. L'*autopista del Norte*, achevée (2006-2007), permettra d'atteindre rapidement Gáldar et le quart N-O de l'île. Enfin, Las Palmas s'est doté d'un périphérique reliant les deux autoroutes entre elles.

> En bus

C'est le moyen de transport idéal pour se déplacer à Las Palmas et de ville en ville. Dans les autres cas, il n'est guère pratique et risque de vous faire perdre du temps. **Rens.** : **Global**, calle Viera y Clavijo ☎ 928. 36.83.35, < www.globalsu.net >.

> En taxi

Pour une courte excursion ou pour visiter Las Palmas, il peut se révéler intéressant. Sinon, il vaut mieux louer une voiture.

Séjourner

Le tourisme itinérant est peu développé. Dans leur immense majorité, les visiteurs se basent dans l'un des complexes balnéaires de la côte sud, autour de Maspalomas-Playa del Inglés et jusqu'à Puerto de Mogán pour les plus argentés d'entre eux. Les réfractaires aux ambiances de plage et de farniente choisiront de séjourner dans la capitale, ville passionnante et active. Enfin, pour un contact plus proche avec la réalité de l'île, on s'orientera vers le tourisme rural. L'offre est conséquente (plus de 70 gîtes), particulièrement dans

le centre (autour de Santa Brígida), le N-O (région d'Agaete) et l'est (autour d'Agüimes et d'Ingenio). **Rens.** : < www.ecoturismocanarias. com/grancanaria/ > ; < www.retur canarias.com >, < www.toprural. com >.

Fêtes et manifestations

Les fêtes sont très nombreuses (**rens.** dans la presse et sur < www. grancanaria.com >). Les deux moments forts du calendrier festif grand-canarien sont le carnaval de Las Palmas (fév.) et la fête de la Vierge del Pino (8 sept.). La patronne du diocèse des Canaries est célébrée à Teror, où les festivités durent tout le mois, avec une ferveur toute particulière.

Janv. Cabalgata de Reyes (défilé de chars et de cavaliers) à **Santa Lucía**, le 5 ; festival de musique des Canaries, janv.-fév. (< www. festivaldecanarias.com >). **Fév.** Fête de l'amandier en fleurs à **Tejeda**, du 4 au 6, et **Valsequillo**, du 11 au 13 ; carnaval à **Las Palmas** et **Maspalomas**, ainsi que dans les principales villes de l'île (**Agüimes**, **Gáldar**, **Costa de Mogán**, **Ingenio**, **Teror** et **Valleseco**). **Mars.** Festival international de théâtre comique d'Ingenio (< www.villadeingenio.org >). **Avr.** Fête du fromage à **Guía**, les 23-24 ; festival international de danse contemporaine des Canaries, < www.masdanza.com > ; festival international de marionnettes (< www.santaluciagc.com >). **Mai.** Fête du Cheval à Valsequillo, le 1er ; fête de la San-Isidro à **Gáldar** et **Artenara**, le 15 ; fêtes de San Fernando à **San Bartolomé de Tirajana**, le 30 ; Día de Canarias à **Las Palmas**, le 30, célébrant l'appartenance de l'île au royaume de Castille. **Juin.** Fête de la Saint-Antoine à **Moya** et **Mogán**, du 1er au 15 ; fête de la Saint-Jean à **Las Palmas**, **Telde** et **Valsequillo**, autour du 24 ; compétition internationale de planche à voile à **Pozo**

Izquierdo, fin juin-déb. juil. **Juil.** La fête de la Virgen del Carmen enfièvre **Agaete**, du 12 au 16 ; fêtes de la Santa Brigida à **Santa Brígida**, fin juil-déb. août ; festival international de jazz (<www.canariasjazz.com>) ; rencontre rurale du timple (Santa Brígida, San Mateo, Tejeda et Valsequillo ; <www.medianias.org>). **Août.** Bajada de la Rama, fête pendant laquelle est descendu un rameau de San Pedro à **Puerto de las Nieves**, le 4 ; fêtes de la Vierge à **Guía**, du 1er au 15, **Artenara**, du 14 au 28, et **Agüimes**, fin août-déb. sept. ; fête de la Saint-Roch à **Firgas**, du 15 au 30 ; festival international de folklore d'**Ingenio**, août-sept. (<www.alisios.es/ingenio>). **Sept.** Fêtes de la Virgen del Pino, patronne du diocèse des Canaries, à **Teror** ; fête de la Saint-Nicolas à **San Nicolás de Tolentino**, le 10 ; fête de la Vierge du Rosaire à **Las Palmas**, fin sept.-déb. nov. **Oct.** Fête de la Saint-Raphaël à **Santa Lucía**, le 24 ; festival de Zarzuela des Canaries (<www.amigoscanariosdela zarzuela.com>). **Nov.** Fête de la Saint-Grégoire à **Telde**, du 1er au 15 ; festival international de guitare. **Déc.** Fête de Santa Lucia à **Santa Lucía**, du 3 au 13 ; Feira internacional de golf à **Maspalomas**, 1re **quinzaine**.

Sports et loisirs

Sauf rares exceptions, la plupart des parcs d'attractions se trouvent dans les environs de Maspalomas-Playa del Inglés. Excursions en mer au départ des grandes stations, de la croisière à la découverte des fonds marins. Les offices de tourisme distribuent toutes les brochures publicitaires à ce sujet. La côte S de l'île, et Maspalomas-Playa del Inglés en particulier, est le paradis des plongeurs et des amateurs de sports de glisse ou de vent : ski nautique, planche à voile, surf, scooter des mers. Les novices iront sur la côte S-O (de Maspalomas à Puerto de Mogán), tandis que les véliplanchistes chevronnés tenteront le fameux spot de Pozo Izquierdo, à Vecindario *(17 km N-E de Maspalomas)*, où il y a toujours du vent.

Agaete

> *Visite p. 161.*

❶ Calle Nuestra Señora de las Nieves, 1 ☎ 928.55.43.82, <www.ayto agaete.es>. *Ouv. lun.-ven. 8 h-14 h.*

Hébergement

La région d'Agaete possède de grandes possibilités en terme d'hébergement rural. Renseignez-vous à l'office de tourisme.

▲▲▲ **Hotel Rural Finca Las Longueras**, El Valle *(7,5 km S-E d'Agaete)* ☎ 928.89.81.45, fax 928.89.87.52, <www.laslongueras.com>. *9 ch et 1 suite.* La « maison rouge » est une ancienne demeure seigneuriale de la fin du XIXe s. transformée en petit hôtel de charme avec des chambres de tout confort. Piscine. L'hôtel dispose aussi d'une *casa rurale* pour 4 personnes.

▲▲▲ **Princesa Guayarmina**, Los Berrazales, El Valle *(7,5 km S-E d'Agaete)* ☎ 928.89.80.09, fax 928. 89.85.25, <www.princesaguayar mina.es>. *27 ch.* Hôtel de très bon confort pour profiter de la région. Propose des soins d'hydrothérapie. Le **restaurant** est excellent.

Restaurants

♦ **Casa Romántica**, El Valle *(7,5 km S-E d'Agaete)* ☎ 928.89. 80.84. Très fleuri. Cuisine canarienne ; choix de viandes et excellents fromages.

Il y a l'un des deux excellents restaurants à poisson à **Puerto de las Nieves** *(2 km O d'Agaete)* pour déjeuner ou dîner au bord de l'eau. Les adresses les plus recommandables sont **El Dedo de Díos** (terrasse près de la petite plage ☎ 928.89.80.00), **El Oliver** (pour sa terrasse donnant sur le port ☎ 928. 88.61.79) et **Las Nasas** (déco marine et salle ouvrant sur le port ☎ 928. 89.86.50).

Agüimes

> *Visite p.167.*

❶ Plaza de San Antón ☎ 928.12. 41.83, < www.aguimes.net >. *Ouv. lun.-ven. 9 h-14 h, sam.-dim. 11 h-13 h.*

Hôtel

▲▲ **Villa de Agüimes** ♥, calle El Sol, 3 ☎ 928.12.45.84, fax 928.78.45.00. *6 ch.* Bel hôtel dans une bâtisse du XIXe s. Ch. agréables et bien meublées. La réception se trouve à la **Casa de los Camellos** (calle Progreso, 12 ☎ 928.78.50.03), qui dispose par ailleurs de *11 ch.* peut-être encore plus agréables. Le restaurant **El Oroval** a gagné le premier prix du concours gastronomique 2004 « Gran Canaria, île de saveurs ».

Restaurants

♦♦♦ **Señorío de Agüimes**, calle Ramón Jiménez, 1 ☎ 928.78.97.66. *F. dim. soir et lun.* Cuisine canarienne traditionnelle remise au goût du jour dans un cadre assez intime et de bon goût. Beau choix de vins.

♦ **Tagoror**, montañas Las Tierras, Guayadeque *(5 km O d'Agüimes)* ☎ 928.17.20.13. *F. lun.* Restaurant-caverne prisé des tours-opérateurs. Dîners-spectacles certains soirs.

Enfants

Cocodrilo Park, Los Corralillos *(5 km S-O d'Agüimes)* ☎ 928.78. 47.25. *Ouv. t.l.j. 10 h-17 h.* Authentique zoo avec d'impressionnants crocodiles du Nil et beaucoup d'iguanes. Spectacles de crocodiles et de perroquets. Un peu ringard quand même.

Arucas

> *Visite p. 158.*

❶ Plaza de la Constitución, 2 ☎ 928. 62.31.36, < www.arucasturismo. com >. *Ouv. lun.-ven. 8 h-16 h.*

Hôtel

▲▲▲▲ **La Hacienda del Buen Suceso**, à 1 km N (route de Bañaderos) ☎ 928.62.29.45, fax 928.62. 29.42, < www.haciendadelbuen suceso.com >. *13 ch et 5 suites.* Pour dormir au milieu des bananiers dans la plus ancienne exploitation agricole de l'île, (1572). Ch. délicieuses, **restaurant** très agréable, jacuzzi, sauna et piscine. Chic.

Restaurants

♦♦♦ **Casa Brito**, pasaje Ter, 17, route de Teror, Visvique-Arucas ☎ 928.62.23.23. *F. dim. soir, lun.-mar. et 2e quinzaine d'août.* Bonne adresse qui plaira aux amateurs de grillades. Accueil chaleureux.

♦♦ **Mesón de la Montaña**, montaña de Arucas *(1,5 km N)* ☎ 928.60. 08.44. Cuisine internationale et canarienne dans le restaurant-mirador. Idéal pour les groupes.

Costa de Mogán

> *Visite p. 162.*

❶ Av. de Mogán, Puerto Rico *(14 km S-E de Puerto de Mogán)* ☎ 928.15. 88.04, < www.mogan.es >. *Ouv. lun.-ven. 8 h 15-14 h 30, 13 h en été.*

Hôtel

▲▲▲▲ **Cordial Mogán Playa**, avenida de Canarias, Puerto de Mogán ☎ 928.72.41.00, fax 928.71.41.01,

< www.cordialcanarias.com >.
425 ch. et 55 suites. Un rêve d'archi-tecte inauguré fin 2004 qui ne donne pas l'impression de séjour-ner dans un complexe aseptisé. Luxe pharaonique à l'intérieur. Toutes les activités sont au rendez-vous, pétanque incluse. **Restaurant** *(ci-dessous).*

Restaurants

Les restaurants à poisson pullulent sur le front de mer de Puerto Rico et autour du port de plaisance de Puerto de Mogán. Deux adresses qui sortent du lot :

♦♦♦ **La Aquarela**, Aptos Aguama-rina, barranco de la Vega, Patala-vaca, Arguineguín ☎ 928.73.63.95. *F. lun.* Dans une ambiance de bon-bonnière, cuisine créative très élé-gante. Une très bonne table.

♦♦♦ **Los Guayres**, dans l'hôtel *Cor-dial Mogán Playa*, Puerto de Mogán ☎ 928.72.41.00. *F. lun. et le midi.* Encore une table de grande classe pour mesurer toute l'inventivité de la cuisine canarienne actuelle. Le rez-de-chaussée fait salon de thé avec des desserts à se damner. Il y a aussi une carte de cigares et de cognacs. Rés. impérative.

Excursions en mer

Des croisières en trois-mâts ou en catamarans sont proposées chaque jour de Puerto de Mogán ou Puerto Rico. Les formules incluent le déjeu-ner, la baignade, la partie de pêche ou de plongée. Rens. dans les hôtels.

Tauro Cruises, Puerto Rico ☎ 619. 31.74.00 ou 696.99.48.26. Au départ de Puerto Rico, croisière en mer jusqu'à Puerto de Mogán avec observation de dauphins.

Yellow Submarine, Puerto de Mogán ☎ 928.56.51.08. Croisières d'observa-tion de la faune sous-marine.

Adresses utiles

● **Taxis**. Calle Damasco ☎ 928.15. 27.40 (Arguineguín).

● **Urgences**. Police ☎ 928.15.88.03.

Cruz de Tejeda

> *Visite p. 166.*

❶ Calle Leocadio Cabrera, Tejeda *(10 km S-O)* ☎ 928.66.61.89, < www.tejeda.es >. *Ouv. lun.-ven. 9 h-14 h.*

Hébergement

Vous trouverez une douzaine de *casas rurales* à louer dans les envi-rons de Tejeda.

▲▲▲ **El Refugio**, Cruz de Tejeda ☎ 928.66.65.13, fax 928.66.65.20. *17 ch. et 1 suite.* Hôtel rural entière-ment rénové en 2002 qui retrouve son calme à la tombée de la nuit. Bon **restaurant** (cuisine canarienne traditionnelle).

Shopping

Les commerçants qui plantent leurs étals (herbes médicinales, confi-tures et miels, linge et tissus) le long du parador sont très souriants et d'excellents vendeurs, mais ils pratiquent des prix élevés.

Gáldar et Guía (Santa María de)

> *Visite p. 160.*

❶ Plaza de Santiago 1, Gáldar ☎ 928.89.58.55, < www.manco munidaddelnorte.org >. *Ouv. lun.-ven. 8 h-14 h 30.* Calle Canónigo Gordillo, Guía 22 ☎ 928.88.36.81, < www.guiadegrancanaria.org >. *Ouv. lun.-ven. 9 h-14 h.*

Hôtel

▲▲ **Hotel Hacienda de Anzo**, Valle de Anzo *(2,5 km N-O de Gáldar)* ☎ 928.55.16.55, fax 928.55.12.44. *8 ch.* Confort et calme sans être éloigné du centre.

Restaurants

Allez dans l'un des petits restau-rants de poisson à **Puerto de Sar-dina** *(5 km O de Gáldar)*. Le mieux situé, ♦ **El Ancla**, est aussi le meilleur.

♦♦ **El Rincón del Sibarita**, bajada de las Guayarminas, Edif. Bellavista, local 1, Gáldar ☎ 928.55. 14.38. *F. dim. et en août*. Cuisine fine et légère du sybarite Juan Manuel, autodidacte et auteur de plats sophistiqués qui ne devraient pas trop grever votre budget.

Enfants

Reptilandia. Parque rural de Almagro *(entre Gáldar et Agaete)* ☎ 928. 55.12.69. *Ouv. t.l.j. 11 h-17 h*. Entrée payante. Plus de 60 espèces de reptiles et même un «dragon» : un saurien de 3 m de long.

Las Palmas de Gran Canaria

> *Visite p. 150. Plans I p. 152-153 et II p. 156-157.*

❶ Pueblo Canario, plaza de Las Palmeras, 3 **II-B1** ☎ 928.24.35.93, < www.promocionlaspalmas.com > ou < www.laspalmasgc.es >. *Ouv. lun.-ven. 8 h-15 h, 14 h en été*. Différents kiosques d'informations distribuant cartes et prospectus *(ouv. lun.-ven. jusqu'à 14/15 h)* sont disséminés dans la ville : plaza de Hurtado Mendoza **I-B3** ; parque de San Telmo (près de l'ermitage de San Telmo) **II-A1** ; paseo de Las Canteras **II-D1** (près de l'hôtel *Meliá Las Palmas*) ; avenida José Mesa y López **II-C1** (entre les deux bâtiments d'El Corte Inglés) ; parque de Santa Catalina **II-C1** (à côté du commissariat de police ; *ouv. aussi le sam. 9 h-13 h)*.

Hôtels

Les numéros en **gris** renvoient aux adresses localisées sur le plan de Las Palmas, *p. 152-53 et p. 156-157.* Pensions et apparthôtels pullulent dans les petites rues derrière la playa de las Canteras **II-D1**. Il vaut mieux aller voir la chambre avant de se décider.

▲▲▲▲ **Reina Isabel 1**, calle Alfredo L. Jones, 40 **II-D1** ☎ 928.26.01.00, fax 928.27.45.58. *225 ch*. Sur la plage, près du centre, confortable. Piscine.

▲▲▲▲ **Santa Catalina ♥ 2**, calle León y Castillo, 277 **II-B1** ☎ 928. 24.30.40, fax 928.24.27.64, <www. hotelsantacatalina.com >. *187 ch*. Palace chic au charme *british*. Ch. avec vue sur les arbres du parque Doramas.

▲▲▲ **Fataga 3**, calle Néstor de La Torre, 21, quartier d'Alcaravaneras, S de Puerto de la Luz **II-C1** ☎ 928. 29.06.14, fax 928.29.27.86, <www. hotelfataga.com >. *92 ch*. Un caravansérail pour hommes d'affaires. Agréablement situé.

Restaurants

Une foule de restaurants étrangers du côté de l'avenida Mesa y López **II-C1** ou de la playa de las Canteras **II-D1**. Restaurants japonais (**Sakura I**, calle Nestor de la Torre **I-C1**, 29 ☎ 928.24.82.21. **Sakura II**, calle Olof Palme, 33 **I-C1** ☎ 928.26. 36.74) excellents. Snacks et restaurants à poisson pullulent sur le paseo de Las Canteras **II-D1**.

♦♦♦♦ **Amaiur 4**, calle Pérez Galdós, 2 **I-C2** ☎ 928.37.07.17. *F. dim*. Institution culinaire. Cuisine basque dans un cadre élégant.

♦♦♦ **El Noray 5**, Muelle Santa Catalina, estación Jetfoil, 1er ét. **II-C1** ☎ 928.32.74.86. *F. dim. soir et lun*. Une cuisine créative « cantabro-canarienne » qui a remporté le 2e prix au concours gastronomique 2004 « Canaries, îles des saveurs ». Impressionnante salle panoramique.

♦♦♦ **La Casita 6**, calle León y Castillo, 227 **II-B1** ☎ 928.24.54.64. Cuisine savoureuse. Chalet dans les jardins de l'hôtel *Santa Catalina*.

♦♦ **Los Malteses 7**, calle Malteses, 11 **I-C2** ☎ 928.36.27.06. *F. dim. et j.f*. Adresse très courue du quartier de Vegueta proposant une bonne cuisine de marché. Il faut réserver si l'on veut manger assis. À défaut, bonne ambiance au bar à tapas.

golf

Les greens de la Grande Canarie comptent parmi les plus beaux au monde. Les trois premiers se trouvent au S de Las Palmas, les trois autres sur la côte S :

El Cortijo Club de Campo, autopista del Sur, km 6,4, Telde ☎ 928.71.11.11, < www.elcortijo.es >. Green de 50 ha avec 6 lacs et plus de 600 palmiers où se déroulent de grandes compétitions internationales. **El Cortijo Golf Center (Oasis Club)**, autopista del Sur, km 6,4, Telde ☎ 928.68.48.90, < www.cortijogolfcenter.com >. Un golf par 3 considéré comme l'un des meilleurs au monde ; entièrement illuminé, il est même possible d'y jouer la nuit. **Real Club de Golf de Las Palmas**, carretera de Bandama, Santa Brígida ☎ 928.35.01.04, < www.realclubdegolfdelaspalmas.com >. Le plus ancien golf d'Espagne (1891), déplacé depuis 1956 près de la caldera de Bandama. Un must. **Anfi Tauro Golf**, Valle de Tauro, Costa Mogán ☎ 928.12.88.40/41. Le dernier-né, près de Mogán, en cours d'agrandissement. **Campo de Golf de Maspalomas**, avenida Neckermann, Maspalomas ☎ 928.76.25.81, < www.maspalomasgolf.net >. Créé par Mackenzie Ross avec les dunes de Maspalomas et la mer à l'horizon. **Salobre Golf & Resort**, autopista del Sur, km 5, Maspalomas ☎ 928.01.01.03, < www.salobregolfresort.com >. L'un des parcours les plus récents, en cours d'agrandissement lui aussi. ●

♦♦ **Hoya La Vieja ♥ 8**, calle Perdomo, 15 **I-C2** ☎ 928.36.04.60. *F. sam. soir et dim.* Excellente adresse au cœur de Triana. Bon accueil et cuisine délicate. Rés. le soir.

Se déplacer

Compte tenu des difficultés de stationnement et de distances parfois longues, utiliser le taxi ou le bus est vivement conseillé. Vous trouverez un plan détaillé du réseau à l'**estación de guaguas du parque de San Telmo II-A1**. Les tickets s'achètent à l'unité dans le bus, de même que la *guagua tur'stica*, valable 1 jour pour un nombre illimité de trajets. Les lignes 12 et 13 permettent de rallier rapidement et sans fatigue les quartiers de **Vegueta** ou de **Triana II-A1** et le **parque de Santa Catalina II-C1**. **Estación de guaguas de San Telmo** ☎ 928.36.83.35, < www.guaguas.com >. **Intercambiador de Santa Catalina**, en sous-sol près du centre commercial El Muelle **II-D1** ☎ 928.22.96.40.

Shopping

Il y a plusieurs centres commerçants. **Calle Mayor de Triana II-A1** et dans les rues perpendiculaires se regroupent les boutiques de prêt-à-porter et de décoration. L'**avenida Mesa y López II-C2** accueille les grands magasins du Corte Inglés. Entre l'**avenida Mesa y López** et la **playa de las Canteras**, il est possible de passer des heures à faire du lèche-vitrines. Tenues par des Indiens, les boutiques d'électronique et de photographie, de parfumerie, de tabac et d'alcool pullulent entre le **parque de Santa Catalina** et le **paseo de las Canteras II-CD1**.

Côté centres commerciaux géants, vous avez le choix entre **El Muelle II-C1** (près du port de Santa Catalina), **Las Arenas hors plan II par A1 ou par C1** (à l'extrémité S de la playa de las Canteras, près de l'auditorium Alfredo Kraus), et **La Ballena hors plan II par A1** (près du périphérique). Pour acheter des souvenirs et des produits locaux, un marché aux puces se tient le dim. dans le **parque de San Telmo II-A1**. Le Cabildo Insular a ouvert une boutique destinée à promouvoir l'artisanat de l'île : **Fedac**, calle Domingo J. Navarro, 7 **I-C2**. *Ouv. lun.-ven. 9 h 30-13 h 30 et 16 h 30-20 h.*

Vie nocturne

L'animation nocturne se concentre autour de la **calle Mayor de Triana II-A1** et de la **playa de las Canteras II-CD1**, avec ses innombrables bars et salles de jeux. **Auditorium Alfredo Kraus**, avenida Príncipe de Asturias **hors plan II par A1 ou par C1** ☎ 902.40.55.04, < www.auditorioalfredokraus.com >. Grande salle de concerts construite en 1997 au bord de l'océan. **Casino de Las Palmas**, hôtel *Santa Catalina*, calle León y Castillo, 277 **II-B1** ☎ 928.23. 39.08, < www.casinolaspalmas. com >. *Ouv. à partir de 21 h.* Informations sur les sorties possibles dans la presse locale ou en consultant le site Internet < www.las palmas.tonight.com >.

Adresses utiles

● **Compagnies aériennes**. **Binter**, Alcalde José Ramirez Bethancourt, **II-C1** ☎ 928.37.21.11, < www.binternet.com >. **Iberia**, calle León y Castillo, 229 **II-BC1** ☎ 902.40.05. 00, < www.iberia.es >.

● **Consulats**. **Belgique**, calle Leopoldo Matos, 22, 1er ét. **II-C1** ☎ 928. 23.07.01. **France**, calle Néstor de La Torre, 12, 1er ét. **II-C1** ☎ 928.29. 23.71. **Suisse**, calle Domingo Rivero, 2 **II-B1** ☎ 928.29.34.50.

● **Cybercafés**. Possibilité de se connecter dans les *locutorios* (centres téléphoniques) des petites ruelles entre le **parque Santa Catalina** et la **playa de las Canteras II-CD1**.

Ciber Siglo XXI, calle de los Reyés Católicos, 59 **I-A3** ☎ 928.33. 50.16. **Conecta**, calle Bernardo de la Torre, 3 **II-C1** ☎ 928.27.73.97. **Cyberspacio**, calle Peregrina, 7

Ouv. lun.-sam. 11 h-14 h et 16 h 30-23 h, dim. 17 h 30-23 h.

● **Location de voitures**. **Avis**, calle Juan Manuel Durán González, 13 **II-C1** ☎ 928.26.55.67. **Cicar**, calle Nicolás Estévanez, 18 **II-C1** ☎ 928. 82.29.00.

● **Taxis**. **Radio Taxi** ☎ 928.46.18. 18 ☎ 462.222 ou ☎ 460.000.

● **Urgences** ☎ 112. **Police** ☎ 092.

Maspalomas-Playa del Inglés

> *Visite p. 163.*

❶ **Centro insular de turismo**, avenida de España, (à l'angle de l'avenida Estados Unidos), Playa del Inglés ☎ 928.77.15.50, < www.maspalomas.com >. *En hiver, ouv. lun.-ven. 9 h-21 h, sam. 9 h-13 h ; en été, ouv. lun.-ven. 9 h-14 h et 15 h-20 h, sam. 9 h-13 h.* La boutique d'artisanat est *ouv. lun.-ven. 10 h-14 h et 16 h-19 h 30*. **Oficina Anexo II**, paseo Marítimo, centro comercial Anexo II, local 20, Maspalomas (près de la plage) ☎ 928.76.84.09. *Mêmes horaires que le Centro insular de turismo.* **Oficina Campo de Golf**, plazoleta de Jandía, avenida de Gran Canaria, Maspalomas (à l'angle de l'avenida TO Tui, près du centre commercial Sonnenland) ☎ 928.76.95 .85. *Mêmes horaires que le Centro insular de turismo.*

Hébergement

Les établissements de moins de 3 étoiles sont inexistants, si bien que vous devrez vous rabattre sur les apparthôtels. Demandez l'assistance de l'office de tourisme.

▲▲▲▲ **Grand Hotel Residencia**, avenida del Oasis, 32, Playa del Inglés ☎ 928.72.21.00, fax 928.72.31.09, <www.seaside-hotels.com>. *94 ch.* Le grand luxe à dimension (presque) humaine : des villas de 2 étages de style hispano-mauresque au cœur d'un jardin tropical, ch. spacieuses et aménagées avec un chic un peu nouveau-riche.

▲▲▲▲ **Riu Gran Palace Maspalomas Oasis**, plaza de las Palmeras ☎ 928. 14.14.48, fax 928.14.11.92, < www. riu.com >. *334 ch.* La meilleure adresse de la côte S, près de la plage, dans un cadre verdoyant.

▲▲▲ **Ifa Beach**, calla los Jazmínes, 25 ☎ 928.77.40.00, fax 928.76. 85.99, < www.ifahotels.com >. *200 ch.* Établissement de bon confort dans un jardin tropical avec piscine. Prix corrects.

Restaurants

◆◆◆◆ **Amaiur**, avenida Neckerman, 42, Playa del Inglés ☎ 928.76. 44.14. *F. dim.* Près du golf. Excellente cuisine basque.

◆◆◆◆ **Bamira**, calle Los Pinos, 11, playa del Aguila, San Agustín *(3 km E de Maspalomas)* ☎ 928.76.76.66, < www.bamira.com >. *F. mer. et 15 juin-15 sept.* La cuisine fusion d'Herbert Eder mélange saveurs d'Europe centrale et piquant d'Orient, le tout dans une ambiance *design*. Une vraie aventure gastronomique.

◆◆ **Ano Domini**, centro comercial San Agustín, Locales 82-85, San Agustín *(3 km E de Maspalomas)* ☎928.76.29.15. *F. dim et mai-sept.* Chef français très inventif. Bon accueil. Bon endroit pour déjeuner à l'écart de la foule.

◆◆ **Rías Bajas**, avenida de Tirajana (ed. Playa Sol), Playa del Inglés ☎ 928.76.40.33. Cuisine galicienne. Restaurant élégant.

◆◆ **La Casa Vieja**, carretera de Fataga, 139, Maspalomas ☎ 928.76. 99.18. Grill canarien typique, assez touristique, mais de qualité.

Enfants

En dehors des parcs aquatiques (Aqualand et Ocean Park), d'innombrables parcs d'attractions autour de la station : **Holyday World**, campo internacional de Maspalomas. *Ouv. dim.-jeu. 18 h-minuit, ven.-sam. 18 h-1 h. Entrée payante* ☎ 928.73.04.98, < www.holyday worldmaspalomas.com >. Complexe de loisirs pour petits et grands en forme de Lunapark géant avec bowling, piscine et discothèques. **Mundo Aborigen**, Macizo de Amurga, parque natural de Ayagaures, carretera de Fataga *(6 km N). Ouv. t.l.j. 9 h-18 h. Entrée payante* ☎ 928.17.22.95. Restitution de la vie quotidienne et des rites guanches. **Palmitos Park**, barranco de los Palmitos *(10 km N). Ouv. t.l.j. 10 h-18 h ; entrée payante* ☎ 928.14.02.76, < www.palmitos park.es >. Le grand parc zoologique de l'île : rapaces et perroquets, aquarium regroupant 4 000 espèces de poissons, myriade d'animaux (iguanes, kangourous, caïmans) et ferme pour enfants. **Sioux City**, barranco del Aguila ☎ 928.76.25.73. *Ouv. t.l.j. sf lun. 10 h-17 h. Entrée payante.* Décor de western américain devenu parc d'attractions, avec reconstitution d'une ville du Far West et d'un village indien ; 2 attaques de la banque par après-midi.

Excursions

Duna Oasis, avenida de Oceanía, Maspalomas *(près du charco et des dunes de Maspalomas). Ouv. 9 h-16 h 30* ☎ 928.76.07.81. Pour l'incontournable promenade d'1 km au milieu des dunes. **La Baranda-Camel Safari Park**, carretera de Fataga *(15 km N). Ouv. 9 h-18 h* ☎ 928.79.86.80. Promenades à dos de dromadaire dans le barranco de Fataga.

Sports

● **Motonautisme**. Water Sport Center, Playa del Inglés ☎ 928.76. 66.83.

● **Planche à voile**. Top Windsurfing Canarias, calle Los Pinos, 13, San Agustín ☎ 928.76.78.23.

● **Plongée**. Calypso & Tortuga Diving, avenida Gran Canaria, Playa del Inglés ☎ 928.76.94.64. **Diving Center Náutico**, calle los Jazmínes, 3, San Agustín ☎ 928. 77.81.68.

● **Tourisme actif**. **Canary Aventura**, avenida de Francia, 1, Playa del Inglés ☎ 928.76.61.68, < www. canariaventura.com >. Pour randonner dans l'île, escalader le roque Nublo ou faire du canyoning, du kayak et même du tir à l'arc.

Shopping

Les centres commerciaux et autres galeries marchandes rivalisent dans le gigantisme (Gran Chaparal, Yumbo ou Kasba à Playa del Inglés ; Sonnenland ou Varadero à Maspalomas), mais les prix sont plus élevés qu'à Las Palmas, surtout s'agissant de l'électronique et du matériel photo. Pour éviter les souvenirs canariens hideux en vente partout, allez voir la boutique du Cabildo Insular, dans les locaux de l'office de tourisme central *(ouv. lun.-ven. 10 h-14 h et 16 h-19 h 30)*.

Vie nocturne

Il y a l'embarras du choix côté salles de jeux, bars, pubs et discothèques, surtout du côté de l'avenida de Gran Canaria. **Casino Gran Canaria**, hôtel Tamarindos, calle Las Retamas, 3, San Agustín ☎ 928.76. 27.24. *Ouv. t.l.j. à partir de 21 h.*

Adresses utiles

● **Cybercafés**. Si l'hôtel ne dispose pas d'un point d'accès, les centres téléphoniques ne manquent pas pour se connecter à Internet ; pensez aussi aux salles de jeux et même aux bars : ils disposent souvent d'une poignée d'ordinateurs à cet effet.

● **Gare routière**. À l'O des dunes, du côté du palais des Congrès ☎ 928.76.53.22 ou 928.76.53.39.

● **Locations**. **De deux-roues**. **Maspalomas Aventura**, avenida Tirajana, 10, Playa del Inglés ☎ 928.76. 54.07, < www.maspalomas-aventura.com >. Du VTT au scooter, et même jusqu'au quad. **De voitures**. **Cicar**, Edif. Alegranza, avenida de Italia, Playa del Inglés (San Barto-

lomé de Tirajana) ☎ 928.82.29.00. **Europcar-Betacar**, Edif. Bayuca, calle Aléréces Provisionales, Playa del Inglés ☎ 928.76.55.00.

● **Taxis**. Maspalomas ☎ 928.76. 67.67.

● **Urgences** ☎ 112. **Croix Rouge** ☎ 928.76.22.22. **Police** (Maspalomas) ☎ 928.72.34.28.

San Nicolás de Tolentino

> *Visite p. 162.*

❶ Calle Doctor Fleming, 57 ☎ 928. 89.03.78, < www.la-aldea.com >. *Ouv. lun.-ven. 9 h-13 h.*

Enfants

Cactualdea, carretera de Mogán (à la sortie de San Nicolás ☎ 928. 89.12.28. *Ouv. t.l.j. 10 h-18 h.* Entrée payante. Jardin planté de diverses espèces de cactus et d'euphorbes avec des attractions très datées. Un peu cher pour ce que c'est.

San Bartolomé de Tirajana

> *Visite p. 163.*

Hôtels

▲▲▲▲ **Las Tirajanas ♥**, calle Oficial Mayor José Rubio ☎ 928.12.23.00, fax 928.12.30.23. < www.hotel-las tirajanas.com >. *60 ch. et 7 suites.* Luxe et bon goût. Vue sur la mer. **Restaurant** excellent.

▲▲▲ **Molino de Agua de Fataga**, carretera Fataga a San Bartolomé, près de Fataga *(7 km S de San Bartomomé)* ☎ 928.17.20.89 et 608.64. 21.69. *11 ch.* Au cœur d'une palmeraie, rural et confortable. Bon restaurant et balades en chameau.

Shopping

Marché rassemblant les producteurs locaux chaque dim. à **Santa Lucía de Tirajana** *(7 km S-E).*

Santa Brígida

> *Visite p. 167.*

❶ Calle 18 de Julio, 5, Santa Brígida ☎ 928.64.10.59 < www.santabri gida.es >. *Ouv. lun.-ven. 9 h-13 h.* Calle Queipo de Llano (Edif. Servicios Sociales), Vega de San Mateo ☎ 928.66.03.58, < www.vegasanma teo.es>. *Ouv. lun.-ven. 9 h 30-13 h 30.*

Hébergement

Offre de *casas rurales* bien fournie à Santa Brígida et dans ses environs. **Rens.** aux offices de tourisme de Santa Brígida et Vega de San Mateo.

▲▲▲▲ **Hotel rural Las Calas**, El Arenal, 36, La Lechuza, Vega de San Mateo *(10 km E)* ☎ 928.66.14.36, fax 928.66.07.53, <www.hotelrural lascalas.com>. *7 ch.* Dans le hameau de La Lechuza, demeure rustique de style traditionnel (v. 1800) agrémentée d'un superbe balcon en bois.

Restaurants

La région de Santa Brígida, Tafira et Vega de San Mateo concentre les tables parmi les plus réputées.

♦♦♦ **Las Grutas de Artiles**, Las Meleguinas, Valle de la Angostura *(1 km N de Santa Brígida)* ☎ 928. 64.05.75. Restaurant très apprécié, notamment pour célébrer des mariages. Jardin tropical et salles installées dans un réseau de tubes volcaniques. Bonne cave.

♦♦♦ **Satautey**, calle Real de Coello ☎ 828.01.04.21. Restaurant de l'hôtel-école Santa Brígida au nom guanche de la localité. Excellente cuisine internationale (produits de saison et tradition canarienne).

♦♦ **Los Templarios,** carretera del Centro, Monte Lentiscal *(3 km N de Santa Brígida)* ☎ 928.35.35.03. Réputé. Accueil chaleureux.

♦ **Enoteca El Zarcillo**, carretera del Centro, plaza de Tafira, Tafira Alta *(5 km N-E de Santa Brígida)* ☎ 928. 35.45.34. *F. dim. et lun. midi.* Restaurant de style bistrot tenu par une équipe créative et enthousiaste.

L'occasion de goûter à d'excellents crus de la Grande Canarie.

Shopping

Casa del Vino, Finca El Galeón ☎ 928.64.42.72. *Ouv. lun.-ven. 10 h-18 h, sam.-dim. 10 h-15 h.* Vieille bâtisse pour découvrir le Monte Lentiscal ou l'AOC Gran Canaria. Musée, dégustation et vente. **La Atalaya**, camino de la Picota, 11, La Atalaya *(3,5 km E de Santa Brígida)* ☎ 928.28.82.70. *Ouv. lun.-ven. 9 h-14 h et 17 h-21 h, sam. 10 h-14 h.* Centre de poterie créé par Panchito et Antoñita. Avec petit musée (casa Alfar de Panchito). **Marché** à Santa Brígida et à Vega de San Mateo *le sam. et le dim. matin.*

Telde

> *Visite p. 168.*

❶ Calle León y Castillo, 2 ☎ 928. 01.33.31, < www.ayuntamientode telde.org>. *Ouv. lun.-ven. 8 h-15 h, 14 h en été.*

Restaurants

♦♦♦ **Cinco Jotas**, El Cortijo Golf Center *(3 km N-E)* ☎ 928.69.55.20. Le restaurant « andalou » du golf Cortijo Club Center : presque abordable. À goûter : le jambon de Jabugo, le meilleur d'Espagne dit-on.

♦♦ **Casa Perico**, calle Luís Morote, 9, Playa de Melenara *(5 km E)* ☎ 928.13.30.13. *F. oct.* Restaurant canarien spécialisé dans les poissons. Excellent *sancocho* (ragoût de poisson aux pommes de terre).

Teror

❶ Calle de la Huerta, 1 ☎ 928.61. 38.08, < www.mancomunidaddel norte.org>. *Ouv. lun.-ven. 9 h 30-14 h 30.*

Shopping

Marché (décevant) *dim. 8 h-14 h,* près de la basilique. Ouverture d'une **casa de Miel** *(2 km E par la route de Tamaraceite)* en projet. ●

Fuerteventura,
l'île rouge

L'atout de Fuerteventura ? Ses plages interminables, toujours de sable blanc et bordées d'eau cristalline, idéales pour la baignade comme pour la planche à voile.

© Agnès Boutteville

L e vent du large souffle sur cette terre rouge et ocre comme nulle part ailleurs. Le soleil y a modelé des paysages brûlés et arides où ne pousse qu'une végétation steppique. L'Afrique et le Sahara sont à moins de 100 km, et tout vient le rappeler : horizons de dunes, villages blancs aux maisons cubiques, population rare et relief presque sage en comparaison des autres îles canariennes. Tous ceux que le visage parfois un peu policé de Lanzarote a rebutés aimeront cette « oasis de désert dans la civilisation ».

« LA DÉSERTIQUE »

Connue des Romains sous le nom de Herbania, « qui n'a pas d'herbe », ou d'« île Pourpre », selon Pline l'Ancien, en raison de sa couleur brune, l'île est très peu habitée. Lorsque les premiers conquérants abordent son rivage, au début du XVᵉ s., deux royaumes guanches *(p. 48-49)* occupent cette terre hostile. Les fiefs de ces deux rois, nommés Ayoze et Guize, sont séparés par une muraille au niveau de l'isthme de la

© Agnès Boutteville

en bref...

● **Superficie**. 1 659,74 km²
(1 731 km² avec l'isla de Los
Lobos, au N-E).

● **Dimensions**. 100 km sur
30 km env.

● **Alt**. **max**. Jandía : 807 m.

● **Population**. 79 986 hab.

● **Densité**. 46,21 hab./km².

● **Capitale**. Puerto del Rosario (28 357 hab.).

● **Autres municipalités**.
Pájara (16 821 hab.), La Oliva
(15 583 hab.) et Tuineje
(11 623 hab.).

● **Principales ressources**.
Agriculture (seule la tomate
est exportée), pêche, élevage
caprin et tourisme. ●

Pared, « le mur », dont il subsiste de vagues vestiges.

En abordant Herbania en 1404, Jean de Béthencourt est frappé par son visage sévère. Il lance un sonore « Que fuerte ventura ! », littérale-ment « Quelle forte aventure ! » – exclamation qui deviendra le nouveau nom de l'île. Tout en menant une pacification accélérée, le conquistador fonde la capitale, Betancuria, et partage les terres entre les grandes familles nobles qui l'ont aidé lors de la conquête. Jusqu'au début du XIXᵉ s., leurs des-cendants maintiennent l'île dans un statut féodal.

Peu favorisée par des terres arides, la population n'a guère d'autre solution que d'émigrer. Isolée et structurellement sous-développée, Fuerteventura est, au XXᵉ s., un lieu idéal pour reléguer les opposants à la dictature. Le philosophe Miguel de Unamuno *(encadré p. 180)*, hos-tile au régime du général Primo de Rivera, est le plus illustre des nom-breux prisonniers politiques que l'île voit affluer sous Franco.

CULTURE SÈCHE ET TOURISME

La densité de sa population reste la plus faible de tout l'archipel, bien que le nombre d'habitants aug-mente à un rythme accéléré (l'ac-croissement démographique est ici le plus fort des Canaries). L'agricul-ture est encouragée, notamment la culture sèche *(encadré p. 209)*. Cependant, la récolte de figues, de maïs ainsi que les cultures maraî-chères couvrent à peine les besoins locaux, tandis que la production de tomates et la pêche assurent des revenus à l'exportation. En fait, l'absence de sources naturelles *(encadré p. 190)* – taries avec le temps – empêche toute forme de développement agricole. Çà et là, des éoliennes puisent une eau sau-mâtre dans les nappes phréatiques, assurant de bien maigres rende-ments aux paysans. Une usine de dessalage, installée près de Puerto del Rosario, répond aux besoins des insulaires.

Le tourisme est la grande ressource de l'île. Les plages de sable blanc font vivre la majorité de la popula-tion active. Pourtant, à voir le développement des stations bal-néaires de Corralejo, au nord, et de Costa Calma-Morro Jable, au sud, on se demande si les autorités ne seraient pas en train de tuer la poule aux œufs d'or... Les com-plexes hollywoodiens se multi-plient et des nappes de lotisse-ments s'étendent toujours plus. La péninsule de Jandía, au sud, est balafrée par un axe rapide qui des-sert les complexes hôteliers. Le lit-toral a ainsi perdu son caractère sauvage. Créer un nouvel aéroport pour en favoriser l'accès est envi-sagé. Seule la côte « au vent », pro-tégée par son statut de parc natu-rel, est épargnée, ainsi que les plages du nord-ouest, fiefs des sur-feurs. L'intérieur résiste bien à la furia des ronds-points et des routes tracées dans le désert. Ici, le charme africain de Fuerteventura demeure intact.

© Agnès Boutteville

Puerto del Rosario, la capitale, n'attire guère les touristes. Alors on continue tranquillement, comme si de rien n'était, à palabrer ou à jouer aux dominos près du port...

Puerto del Rosario

> *Carnet d'adresses p. 198.*

Capitale depuis le XIXᵉ s. seulement, Puerto del Rosario s'est appelée jusqu'en 1957 Puerto de Cabras, littéralement « port aux chèvres ». Dans les années 1970, au lendemain de l'indépendance de l'ancien Sahara espagnol, elle a dû accueillir des légionnaires, ce qui a été mal accepté par la population. Seul le musée Unamuno, situé dans le centre *(calle Virgen del Rosario, 11 ; ouv. lun.-ven. 9 h-14 h ; entrée libre* ☎ *928.86.23.00),* mérite un intérêt. Installé dans l'ancien hôtel *Fuerteventura* où l'écrivain a résidé pendant son exil, il rassemble des souvenirs du célèbre adversaire du franquisme.

En descendant vers le port, puis en suivant la calle Ruperto Gonzalez Negrin à gauche, vous atteindrez un ancien cinéma devenu **centre d'art** *(calle Almirante Lallemand, 30 ; expositions temporaires ; ouv. mar.-sam. 10 h-13 h et 17 h-21 h ; entrée libre* ☎ *928.86.23.00).* Il est dédié au poète surréaliste **Juan Ismael** (1907-1981), né à Fuerteventura.

Environs de Puerto del Rosario

> *Itinéraire de 16 km S.*

Le sud de Puerto del Rosario n'est guère engageant : à l'aéroport succède la station balnéaire de Caleta de Fustes, emblème d'un développement touristique capable de faire surgir un golf au milieu du *malpaís* (p. 187)... À Las Salinas se cache une curiosité à ne pas manquer : les **salines del Carmen**★ *(ouv. t.l.j. sf lun. et sam. 9 h30-17 h30 ; entrée payante* ☎ *928.17.49.26).* Le **museo**

---

programme

Trois jours suffiront pour une visite éclair de l'île. Réservez deux nuits dans l'un des petits hôtels ruraux du centre de l'île (à Antigua ou La Oliva). De là, vous irez rapidement à l'essentiel : **Dunes de Corralejo**★★ *(p. 186)* et **Betancuria**★★★ *(p. 188),* ♥ **La Oliva**★★ *(p. 185)* et les paysages du centre, les plages de la **péninsule de Jandía**★★ *(p. 189),* dans le sud de l'île. ●

de la Sal* évoque l'histoire de l'exploitation du sel, ancien pilier de l'économie dans l'archipel (surtout à Lanzarote, sur la côte ouest de Tenerife et la côte sud-est de la Grande Canarie). Après avoir visité le musée, vous suivrez le processus de fabrication en vous baladant autour des différents bassins de décantation ou d'évaporation. De l'ancien entrepôt, le sel était ensuite acheminé jusqu'à l'embarcadère sur des wagonnets glissant sur des rails.

Le nord de l'île

> Itinéraire d'env. 100 km au départ de Puerto del Rosario.

La campagne suffocante et dépeuplée peut paraître rébarbative avant de séduire. La Oliva, au milieu d'une véritable oasis, est l'une des plus belles localités de l'île. Vous atteindrez ensuite la pointe N, puis gagnerez les dunes de sable blanc de Corralejo, qui s'étendent à perte de vue. Vous trouverez ici sans problème un coin pour vous baigner tranquille, avant de regagner la capitale en suivant la route côtière.

Vers la montaña Quemada*

De Puerto del Rosario, la route de La Oliva passe par la petite localité de **Tefir**, avec son petit centre urbain

et son église au parfum typiquement canarien. La Matilla, un peu plus loin, est écrasée par la silhouette de la montaña Quemada, la «montagne brûlée». À l'embranchement, la route de gauche conduit vers Tefía, et après 5 km, à l'ecomuseo de la Alcogida (p. 187). En continuant vers La Oliva, vous longez la montaña Quemada au bas de laquelle se dresse le monument dédié à Miguel de Unamuno (encadré p.185). Vous rencontrez ensuite la **montaña Tindaya**, la montagne sainte des Guanches. Dans sa partie la plus élevée, plus de 200 silhouettes de pieds humains plus ou moins stylisés ont été gravés dans la roche. Les études des archéologues ont découvert qu'ils étaient orientés vers le sol, la lune ou le Teide.

♥ La Oliva**

> A 25 km N-O de Puerto del Rosario. **Carnet d'adresses** p. 196.

Avec ses demeures aux allures de palais et ses ruelles assoupies, La Oliva porte encore tous les signes de son ancienne splendeur. Au temps des Guanches, elle est la capitale du fief du roi Guize, qui s'étend du sud jusqu'à l'istmo de la Pared. Délaissée au profit de Betancuria, elle retrouve lentement grâce aux yeux des conquérants. Au XVIIIᵉ s., ils y reviennent, y édifient des maisons et

---

portrait

Comme en témoigne le gigantisme de la statue élevée en plein cœur de l'île, les habitants de Fuerteventura éprouvent une affection toute particulière pour **Miguel de Unamuno** y Jugo (1864-1936), ardent adversaire du fascisme. Déporté en 1924, sous la dictature du général Primo de Rivera, ce Basque a écrit de très belles pages sur Fuerteventura : « Cette île a un style propre, un style qui est celui du squelette. Sa terre est squelettique, comme ses ruines volcaniques, ses montagnes en bosses de chameau [...] surgies du fond de la mer, un don pour ceux qui savent ce qu'est le secret intime de sa force. » Ayant réussi à s'enfuir, il s'exile à Paris jusqu'à l'instauration de la république, dont il est le grand inspirateur. Recteur de l'université de Salamanque, il meurt dans cette ville en 1936, alors que se profile le franquisme... ●

FUERTEVENTURA

une grande église, et lui restituent, au début du siècle suivant, son statut de capitale – qu'elle partage alors avec Antigua, située plus au sud. Le renouveau sera de courte durée. À la fin du XIXᵉ s., La Oliva reperd sa position de chef-lieu au profit de Puerto del Rosario.

L'**église Nuestra Señora de la Candelaria***** date du XVIIIᵉ s. ; sa grosse tour-clocher ocre lui donne l'allure d'une forteresse. En suivant les indications, vous atteindrez le **centro de Arte canario***** *(ouv. t.l.j. sf dim. et j.f. 10h-18h, 10h-17h en hiver ; fermeture possible à 14h ; entrée payante ☎ 928.86.82.83).* Son charmant jardin est peuplé d'un troupeau de chèvres découpées dans de la tôle et vous y verrez les œuvres des meilleurs artistes canariens, dont César Manrique *(encadré p. 195).* Vous pourrez y acheter des tableaux et des aquarelles. En continuant dans la même direction, vous découvrirez la fierté de La Oliva : la **casa de los Coroneles***** (1650), la « maison des colonels », qui abritait autrefois la commanderie de l'île. Cette grande hacienda de style colonial posséderait autant de portes et de fenêtres qu'il y a de jours dans l'année… En tout cas, elle a belle allure avec son grand **portail***** et ses balcons en bois. La restauration de la bâtisse et de ses **dépendances***** s'est achevée en février 2006. En ville, la casa La Cilla *(revenir à l'église et traverser la route ; indications)* abrite un musée (*museo del Grano* ; *ouv. t.l.j. sf lun. et sam. 9 h 30-17 h 30* ; *entrée payante* ☎ *928.86.87.29*) évoquant la vie agricole de l'île. Regardez aussi la casa del Inglés, avec ses toits pointus et ses tours crénelées, malheureusement à l'abandon.

Vers Corralejo★

> *Itinéraire d'env. 45 km N (17 km par la route directe, sans le détour via Lajares).*

Prenez vers le N en direction de Corralejo. Au-delà de Villaverde, vous rencontrez la **casa-museo La Rosita** (*ouv. lun.-sam. 10 h-18 h ; entrée payante*), ancienne ferme exploitant le tabac. L'histoire agricole de l'île au siècle dernier y est retracée à travers des photos anciennes et des outils (attelages de chameaux). Un zoo (animaux de la ferme) et un jardin de cactus appelé à s'agrandir complètent la visite.

Une route à gauche conduit à **Lajares**, réputée pour ses broderies, avec son église à clocher ajouré et son moulin. Poursuivez vers la côte jusqu'à ♥ **El Cotillo**. La superbe playa del Castillo est un haut lieu du surf. Elle est dominée par le **Castillo del Tostón**, tour de guet du XVIIᵉ s. destinée à protéger l'île des attaques corsaires. Plus loin en continuant vers le nord et vers le phare de Tostón s'étendent d'autres plages tout aussi venteuses. Revenu sur la route principale en prenant la direction du port et de la station balnéaire de Corralejo, vous longez une région en plein développement ; l'endroit ressemblait autrefois à un grand désert hostile… En chemin, vous apercevrez à gauche un grand cône de scories, le bayuyo San Rafael. Le sommet de son cratère égueulé est accessible par une piste qui part de Corralejo puis se transforme en sentier. D'une hauteur de 300 m, il offre une vue panoramique de la campagne environnante avec, au loin, les dunes de Corralejo, l'île de Los Lobos et Lanzarote.

Corralejo★

> *A 42 km N de Puerto del Rosario et 140 km N-E de Morro Jable-Jandía Playa.* **Carnet d'adresses** *p. 194.*

Corralejo, où accostent les ferries en provenance de Lanzarote, ressemble à n'importe quelle autre station balnéaire canarienne avec ses lotissements et ses commerces. C'est un endroit agréable, propice au farniente. Vous vous promènerez sur le port, dans le centre piétonnier, et surtout vous admirerez le paysage lunaire de dunes et de plages, protégées par le statut de parc naturel (parque natural de Corralejo). Il s'étend sur plusieurs kilomètres le long de la côte est.

Isla de Los Lobos★

Si vous résidez à Corralejo, faites une excursion vers « l'île des loups » à bord du *Mojorero*, dont la coque vitrée vous permettra d'admirer la beauté des fonds marins. Les loups de mer étaient autrefois nombreux dans El Río, le bras de mer qui la sépare de Fuerteventura. Gadifer de La Salle, compagnon de Béthencourt, abandonné un temps sur Los Lobos, aurait survécu grâce à leur chair… Aujourd'hui, les phoques moines ont déserté les rivages comme partout dans l'Atlantique. Des colonies subsistent dans les islas Desertas, près de Madère, autour du cap Blanc, entre le Maroc et la Mauritanie, en Méditerranée et en mer Égée. On en a aussi aperçu il y a des années au large de la Corse. La promenade autour de ce minuscule îlot de 2 km², couronné par un volcan, est agréable.

Parque natural de las dunas de Corralejo★★

> *À env. 5 km S-E de Corralejo.*

Même si la comparaison avec le Sahara est éculée, les dunes de Corralejo font penser au désert. Garez votre voiture n'importe où au bord de la route et vagabondez au milieu des dunes. Au retour, traversez la voie sablonneuse et trouvez

Les dunes de Corralejo, dans le nord de l'île, ont l'aspect d'un petit Sahara.

un coin abrité du vent pour paresser sur la plage.

De la **playa de Corralejo**★★ à Puerto del Rosario, l'univers de dunes et de sable blanc fait place au *malpaís* – le mauvais pays de la région d'El Jable. Le caractère hostile de cette partie de l'île n'empêche pas les lotissements de pousser (Parque Hollandès)... Puerto Lajas, sur la côte peu avant d'arriver à Puerto del Rosario, possède un certain charme avec son port et ses barques hissées sur la plage de galets.

Le centre
et le sud de l'île★★

> *Itinéraire d'env. 255 km S-O de Puerto del Rosario.*

Plus montagneuse que le nord, cette région offre les paysages les plus rudes et les plus caractéristiques de l'île. Au milieu de terres rouges et ocre s'éparpillent çà et là des villages aux maisons blanches mouchetées de pierre noire, dominés par leurs inévitables moulins. En dehors de quelques belles bourgades – Betancuria et Pájara en tête –, le sud possède des plages qui n'ont rien à envier à celles du nord. Les playas de Sotavento de Jandía s'étirent à l'infini. Si vous traversez l'austère péninsule de Jandía et poussez jusqu'à sa rive nord, vous aurez la quasi-certitude de trouver un endroit désert.

Vers Betancuria★★

> *Itinéraire d'env. 35 km O de Puerto del Rosario.*

La route passe d'abord par Casillas del Ángel, installé au milieu d'une palmeraie. Son église originale s'ouvre par un clocher-porche ajouré en lave noire. Peu après, un petit détour à droite conduit au hameau de Tefía.

L'♥ **ecomuseo de la Alcogida**★ (*ouv. t.l.j. sf lun. et sam. 9 h 30-17 h 30; entrée payante* ☎ *928.85.14. 00,* <www.majorero.com/laalco gida/>) est une ferme traditionnelle restaurée avec ses dépendances, son four et ses citernes destinées à stocker l'eau de pluie. Divers animaux, dont de placides dromadaires et de sympathiques *verdinos (encadré p. 159)*, sont dans des enclos. De

Oiseaux

Point commun à tous ces volatiles : leur adaptation au désert. Les très nombreux prédateurs – buses, vautours et faucons pèlerins – piquent sur leurs proies qui gambadent dans la rocaille et le fond plus humide des *barrancos* : cailles, coqs de bruyère et autres perdrix. Plus pacifiques, la huppe, la colombe ou le bouvreuil vivent en bonne entente avec une multitude d'échassiers. Enfin, certains prétendent avoir vu des flamants roses, plus rares, et des oiseaux migrateurs en « escale », en particulier des cigognes. ●

Malgré sa petite superficie, Fuerteventura attire plus d'une centaine d'espèces d'oiseaux.

© Agnès Boutteville

retour sur la route de Betancuria et après avoir tourné à droite en direction de Los Llanos de la Concepción, vous entrez dans une région de moulins et de terres jaune orangé.

Après l'intersection vers Antigua, la route monte et offre des **vues**** du moutonnement montagneux, avec la mer en toile de fond. Avant d'atteindre Betancuria, grimpez au mirador aménagé de **Morro Velosa***** *(route d'accès à g. ; env. 1 km)*, vous y jouirez du plus beau panorama de l'île. Betancuria, au terme d'une descente, fait figure d'oasis en comparaison de la campagne environnante. À l'entrée de la ville se dressent les ruines de l'église d'un couvent franciscain du début du XVᵉ s.

Betancuria***

> *À 30 km S-O de Puerto del Rosario (via Antigua) et env. 85 km N-E de Morro Jable-Jandía Playa.* **Carnet d'adresses** *p. 194.*

Capitale de l'île jusqu'au début du XIXᵉ s., Betancuria n'est plus aujourd'hui qu'un gros village. C'est cependant la plus jolie localité de l'île. Le site est grandiose, et sa belle église s'élève fièrement au milieu d'une profusion de fleurs et de palmiers.

L'ÉGLISE SANTA MARÍA**

Ouv. t.l.j. 11 h-17 h, sam. 11 h-19 h ; entrée payante.

Édifiée sur ordre de Jean de Béthencourt, l'église fut détruite lors d'une incursion de pirates au cœur de l'île, en 1539, puis intégralement reconstruite au début du XVIIᵉ s. À l'entrée, remarquez les très beaux **motifs**** sculptés des vases d'où émergent des fleurs stylisées. L'intérieur, non moins orné, abrite un maître-autel ruisselant d'or et une chaire en bois portant les effigies des évangélistes. Dans la sacristie *(accès à gauche de l'autel)*, couverte d'un plafond mudéjar, se trouvent des tableaux du XVIIIᵉ s. Revenu dans la nef, allez voir la **chapelle du baptistère*** au bout du collatéral droit, vestige de l'édifice primitif du XVᵉ s.

LE MUSEO ARQUEOLÓGICO

Après avoir flâné parmi les bougainvillées et les mimosas, redescendez vers le bas de la ville. Le Museo arqueológico, ou Casamuseo *(ouv. mar.-sam. 10 h-17 h, dim. 11 h-14 h ; entrée payante* ☎ *928. 87.82.41)*, abrite armes, outils anciens et de très intéressantes pièces guanches, notamment une série d'idoles anthropomorphes trouvées dans une grotte.

Vers l'istmo de la Pared***

> *Itinéraire d'env. 45 km S-O de Betan-curia à Matas Blancas.*

C'est la région la plus accidentée de l'île ; les montagnes y culminent à 700 m d'altitude. La campagne devient presque riante à **Vega de Río de las Palmas***, une palmeraie *(encadré p. 194)* qui s'étend au bas de la masse brune d'un massif d'origine volcanique, créant un tableau coloré tout à fait irrésistible. Vous y verrez une intéressante église à clocher-porche. Près du lac de barrage de las Peñitas *(à dr. de la route principale)*, l'**ermita de la Peña** conserve une Vierge en albâtre qui fait l'objet d'une grande dévotion à l'occasion d'un important pèlerinage.

Au-delà, la route courant à flanc de montagne prodigue des **vues*** splendides sur une région redevenue désertique, où ne poussent que des agaves *(encadré p. 196)*. Avant l'arrivée à Pájara, le bleu de la mer apparaît au loin et vient heureusement tempérer la monotonie de ces terres hostiles.

PÁJARA*

Après la traversée de ces immensités désertiques, la ville fait figure de métropole. Noyée sous les fleurs et les grands arbres à l'abri desquels les vieillards prennent le frais, l'église de la **Virgen de la Regla*** (1645-1687) est l'une des plus vastes et des plus belles de l'île. Elle s'ouvre par un **portail*** décoré de motifs (serpents, soleils, etc.) plus raffinés encore que ceux de l'église Santa María de Betancuria et qui évoquent l'art aztèque. Dans la **calle Real*** *(en traversant la route de Tuineje à dr.)*, jetez un coup d'œil aux maisons traditionnelles aveuglantes de blancheur.

Au-delà de Pájara, la route de la Pared traverse une campagne vallonnée abritant des troupeaux de chèvres et quelques éoliennes. Au fur et à mesure que vous approchez de l'isthme, l'île devient plus déser-tique encore. Faites une pause au bord de la route pour écouter le vent chaud qui souffle au milieu de ces terres rouges et noires ourlées de gris. Arrivé à l'istmo de la Pared, qui jadis marquait la frontière entre les deux royaumes guanches, la terre change encore de couleur et devient grise, puis blanche.

La péninsule de Jandía**

> *Itinéraire de 30 km S-O, de Matas Blancas à Morro Jable.* **Carnet d'adresses** *Morro Jable-Jandía Playa p. 197.*

Cette presqu'île (classée parc régional) est surtout connue pour ses plages de sable blanc qui s'étendent à perte de vue tant sur le littoral nord que sur le littoral sud. Ce dernier, faute de protection sous statut de parc naturel, attire depuis quelques années la convoitise des promoteurs. La station de Costa Calma, proche de l'isthme de La Pared, ne cesse de s'étendre vers le sud, tandis que le complexe balnéaire de Jandía Playa gagne vers le nord... Une voie rapide, avec son lot d'échangeurs desservant les nouvelles *urbanizaciónes*, a achevé d'enlaidir le paysage.

Costa Calma-Cañada del Rio se signale par sa palmeraie. La station balnéaire née en 1984, victime de l'essor de la multipropriété, attire 80 % d'Allemands. Elle s'urbanise toujours plus loin à l'intérieur des terres. La playa Barca est paradisiaque et l'eau d'une transparence telle qu'elle se confond avec le sable blanc. Si vous aimez les plages plus tranquilles, poursuivez vers le sud pour gagner les **playas de Sotovento de Jandía**, un cordon de sable qui s'étire sur env. 7 km, paradis des véliplanchistes. Vous trouverez des coins encore pas trop fréquentés au débouché du **barranco de Pescenescal** (vers le centre de windsurf et l'hôtel *Sol Elite Gorriones*), ou en prenant la direction de l'hôtel *Los Guïmones (Risco del Paso)*. Le viaduc routier de Butihondo annonce l'arrivée au complexe de **Jandía Playa**, également plébiscité par les touristes allemands venus profiter de la playa del Matorral. Vous y trouverez d'innombrables hôtels ou apparthôtels, ainsi que galeries commerciales et autres centres d'aloe vera à foison.

La punta de Jandía⋆

> *Itinéraire A/R de 45 km O de Morro Jable.*

Morro Jable est une petite localité agréable qui dévale vers la mer *(nombreux restaurants)*. De là, une promenade maritime longeant les falaises permet de regagner la station de Jandía Playa. À la hauteur du port de pêche où accostent les ferries, une piste poussiéreuse et sinueuse *(4 x 4 conseillé)* traverse la « vraie » péninsule de Jandía, une terre pelée et abandonnée (un seul hameau sur la route, Casas de Jorós), qui se termine brusquement à la **punta de Jandía⋆**, signalée par un phare. En revenant vers Morro Jable, une piste à gauche *(7 km ; circulation difficile en raison des virages)* traverse l'isthme et rejoint le hameau de Cofete *(bar-restaurant)*, avec ses maisons et ses bergeries éparpillées à distance respectable de la mer. Devant vous s'étend la playa de Cofete⋆⋆, où vous pourrez bronzer sans craindre la promiscuité. Plus loin le long de cette côte balayée par les vents du nord s'étend la ♥ **playa de Barlovento de Jandía**, appréciée des naturistes.

La région de Tuineje

> *Itinéraire d'env. 75 km N-E, de Morro Jable à Antigua.*

Regagnez l'isthme de la Pared et suivez la route de Puerto del Rosario. Vous passez près de la station de **La Lajita** (en plein essor), dont l'intérêt se résume à son zoo Oasis Park *(p. 197)*. Filez ensuite à l'intérieur des terres pour rejoindre **Tuineje**, établie au pied d'un volcan. Malgré l'aridité de la terre, la culture de la tomate et l'élevage caprin sont les deux principales ressources de la région. Par la route d'Antigua, vous atteignez **Tiscamanita** et sa jolie chapelle blanche. Le **Centro de interpretación Los Molinos⋆** *(ouv. t.l.j. sf lun. et sam. 9 h 30-17 h 30 ; entrée payante ☎ 928.86.23.00)* comprend un grand moulin restauré, dit *molino macho*. On vous expliquera la fabrication du *gofio (encadré p. 33)*, et les amateurs pourront en acheter un sac à l'entrée. La route atteint ensuite Antigua.

---

denrée

L'eau

L'**eau** manque cruellement à Fuerteventura. Comme à Lanzarote, les vents marins qui passent au-dessus des massifs arrondis de l'île donnent rarement la moindre ondée, mais seulement quelques gouttes de rosée (il tombe 150 mm d'eau par an). Selon des récits du temps de la conquête, il y avait jadis de nombreuses sources. À l'exclusion de celles que signalent les éoliennes, elles sont toutes taries. Les averses extrêmement rares ne parviennent pas à réalimenter les nappes phréatiques. La seule solution reste le **dessalement de l'eau de mer** par distillation ou par osmose inverse (séparation des sels sous pression par passage dans des membranes semi-perméables). L'usine proche de Puerto del Rosario peine à fournir les besoins d'une île qui attire plus de 100 000 visiteurs par mois. L'eau à Fuerteventura est ainsi l'une des plus chères d'Espagne. ●

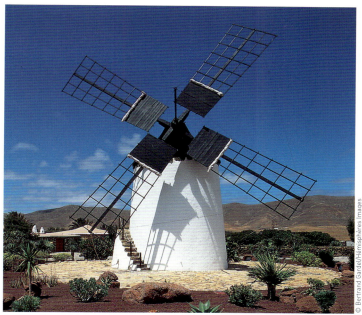

Fuerteventura doit beaucoup de son charme à ses moulins à vent, dont la silhouette gracile vient tempérer l'austérité des paysages insulaires.

♥ Antigua★

> *A 23 km S-O de Puerto del Rosario.*
Carnet d'adresses p. 193.

Cette ville se trouve au centre géographique de l'île. C'est pour cette raison qu'elle a été promue capitale de 1812 à 1834, en même temps que La Oliva. Fondée au XVᵉ s., la localité compte de nombreuses maisons traditionnelles. Son église (XVIIᵉ s.), qui se dresse sur une place ombragée, possède à l'intérieur deux colonnes en lave munies de bénitiers et coiffées de chapiteaux intéressants. À la sortie d'Antigua par la route de Puerto del Rosario, le **Centro de artesanía molino de Antigua★** a été aménagé autour d'un jardin planté d'espèces endémiques et d'un vieux moulin. Un restaurant et un centre d'artisanat *(ouv. t.l.j. sf. lun. et sam. 9 h 30-17 h 30 ☎ 928.87.80.41)* offrant un choix de céramiques produites par les meilleurs artisans de l'île complètent la visite.

De là, on poursuivra la route qui reconduit à **Puerto del Rosario** *(p. 183) via* Casillas del Ángel, à moins de revenir vers le centre d'Antigua pour rallier Betancuria *(p. 188).* Peu avant de retrouver Casillas del Ángel, vous passerez au bas de la **Casa-museo Dr. Mena** *(ouv. mar.-ven. 9 h 30-15 h, sam. 9 h 30-17 h 30; entrée payante ☎ 928. 86.23.00),* dite aussi casa de los Alfaro. La demeure rurale (XIXᵉ s.) frappe par ses dimensions imposantes. Restaurée par le Cabildo insular, elle abrite les effets personnels de Tomás Mesa y Mena (1802-1868), issu d'une humble famille de la région, qui passa une grande partie de sa vie à La Havane. Médecin et grand amateur d'art, il était célèbre jusqu'aux États-Unis pour sa connaissance de maladies épidémiques comme la fièvre jaune et le choléra. Par testament, il demanda la création d'un hôpital à La Ampuyenta. ●

Carnet d'adresses

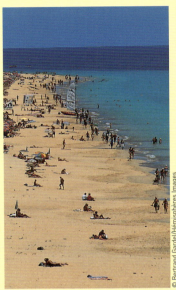

À Fuerteventura, bronzer sans être dérangé par la sonnerie d'un portable est encore possible, à condition de marcher un peu...

❶ Avenida de la Constitución, 5, Puerto del Rosario ☎ 928.53.08.44, <www.fuerteventuraturismo.com>, *ouv. lun.-ven. 8 h-15 h.*

Arrivée

> En avion

L'aeropuerto del Rosario est à 5 km au sud de Puerto del Rosario. L'île est reliée par la Binter Canarias à la Grande Canarie *(12 à 13 vols/j. ; 40 mn)* et à Tenerife *(4 vols/j. ; 45 mn)*. Un service régulier de bus est assuré entre 7 h et minuit vers Caleta de Fustes et Puerto del Rosario (ligne 3 ; 1,10 €) ; 3 liaisons/j. vers Morro Jable (ligne 3 ; 7,50 €). **Rens.** ☎ 928.86.06.00 (aéroport), ☎ 928.86.09.49 (Binter Canarias), ☎ 928.86.05.10 (Iberia).

> En bateau

Depuis Las Palmas de Gran Canaria, la liaison la plus rapide est assurée par la compagnie **Trasmediterránea** en jetfoil ou en fast-ferry, avec arrivée au port de Morro Jable, à la pointe sud de Fuerteventura *(1 départ/j. ; env. 2 h).* Des ferries classiques de la **Trasmediterránea** et de la **Naviera Armas** assurent aussi plusieurs liaisons hebdomadaires depuis la Grande Canarie et Tenerife, avec arrivée à Morro Jable ou à Puerto del Rosario *(env. 7 h).*

Il faudra seulement 15 à 30 mn pour rallier Fuerteventura (Corralejo) depuis Lanzarote (Playa Blanca). Les liaisons sont assurées env. toutes les heures par les ferries de la **Naviera Armas** et de la **Líneas Fred. Olsen**, plus rapides et à peine plus chers. Il existe aussi une ligne Arrecife-Puerto del Rosario, mais la traversée dure env. 3 h. **Rens. Líneas Fred. Olsen** ☎ 902.10.01.07, <www.fredolsen.es>. **Naviera Armas** ☎ 928.86.71.01 (port de Corralejo) ou 928.54.21.13 (port de Morro Jable), <www.navier aarmas.com>. **Trasmediterránea** ☎ 902.45.46.45, 928.54.02.50 (port de Morro Jable), <www.trasmedi terranea.es>.

Circuler

> En voiture

Compte tenu des dimensions importantes de l'île et de la carence des transports collectifs, la location d'un véhicule est recommandée (agences au port de Corralejo et à l'aéroport). Si votre budget vous le permet, optez pour un 4 x 4, afin de visiter plus facilement la péninsule de Jandía, dans le sud, seule partie de l'île où les routes ne sont pas goudronnées. Le reste du réseau routier est excellent et, en raison de la douceur du relief, parfois rectiligne.

> En car

Les *guaguas*, avec des fréquences de passage très limitées, s'adressent surtout aux autochtones. Le stop est volontiers pratiqué dans l'île.

> **À vélo**

Si le relief est plus doux qu'ailleurs, le vent souffle parfois fort.

Séjourner

L'atout essentiel de l'île réside dans ses 50 km de littoral de sable fin. Le tourisme itinérant est inexistant. Fuerteventura compte quatre grandes stations balnéaires du nord au sud : Correlejo, Caleta de Fustes, Costa Calma et Jandía Playa-Morro Jable. Si vous êtes réfractaire aux complexes géants, pourquoi ne pas louer une *casa rurale* dans l'arrière-pays ? L'offre est désormais conséquente bien qu'encore limitée : **Rens.** < www.ecoturismocanarias. com/fuerteventura >.

Fêtes et manifestations

Mai. Feria Insular de Artesanía à **La Antigua**. **Juin**. Fête de la Saint-Jean à **El Matorral**, **Vallebrón**, **Ajuy** et **Tiscamanita**, le 24. **Juil**. Fête de la Saint-Bonaventure, patron de l'ancienne capitale **Betancuria**, le 14. Fête de Nuestra Señora del Carmen à **Corralejo**, **Morro Jable**, le 16. **Août**. Championnat du monde de planche à voile et de kiteboard à Jandía, **mi-juil.-mi août**. **Sept**. Romería de la Peña avec pèlerinage à **Vega de Río de las Palmas**, le 3ᵉ **sam.** ; open international de pêche en haute mer à **Gran Tarrajal Oct**. Fête de Nuestra Señora del Rosario à **Puerto del Rosario**, le 7 ; Fiestas juradas San Miguel (grande procession) à **Tuineje**, le 13 ; championnat de pêche au lancer en haute mer à **Puerto del Rosario**. **Nov**. Championnat de cerfs-volants à **Playa del Burro** (Corralejo), autour du 8.

Sports

Fuerteventura est une destination très appréciée des surfeurs, des véliplanchistes, des plongeurs et des plaisanciers. L'île tente aussi de développer les sports terrestres, comme la randonnée ou l'équitation. Le VTT a le vent en poupe.

---

budget

Hébergement
▲▲▲▲ de 120 à plus de 200 €
▲▲▲ de 80 à 120 €
▲▲ de 50 à 80 €
▲ de 40 à 50 €

Restaurants
♦♦♦♦ plus de 30 €
♦♦♦ de 25 à 30 €
♦♦ de 20 à 25 €
♦ moins de 20 € ●

L'office de tourisme édite une brochure répertoriant d'autres façons de découvrir l'île, *Rural and Active Fuerteventura*.

Antigua

> *Visite p. 191.*

Hôtel

▲▲▲ **Hotel Era de la Corte ♥**, calle La Corte, 1 ☎ 928.87.87.05, fax 928. 87.87.10, < www.eradelacorte.com >. *11 ch.* Belles chambres aménagées avec goût, dont certaines avec baldaquin. Hôtel de charme très confortable comme on aimerait en trouver plus souvent sur l'île. Piscine.

Restaurant

♦♦ **El Molino de Antigua** (*sortie nord d'Antigua*) ☎ 928.87.82.20. *F. dim.* Le restaurant du centre d'artisanat propose une bonne cuisine traditionnelle dans un intérieur reconstitué. Spécialité de *cabrito* (chevreau) et bons fromages de l'île.

Shopping

Le magasin d'artisanat de Molino de Antigua est tenu par le Cabildo insular, gage de qualité à des prix assez élevés.

Numéros utiles

● **Taxis** ☎ 928.87.80.11.

flore

Le palmier-dattier

Le *Phœnix dactylifera*, est l'arbre le plus répandu de l'île. On le trouve partout, isolé ou en palmeraie. Sa silhouette est le meilleur indicateur de la présence d'une nappe phréatique, donc d'eau et de développement agricole. Les fruits des dattiers de cette espèce ne sont pas comestibles.

À Fuerteventura, on cultive le palmier-dattier pour ses fibres. Celles-ci sont utilisées pour fabriquer des nasses pour la pêche ou des moules pour le fromage de chèvre. ●

Betancuria et ses environs

> *Visite p. 188.*

Hôtel

▲▲▲ **Casa Isaítas ♥**, à Pájara *(16 km S de Betancuria)* ☎ 928. 16.14.02, fax 928.16.14.82,< www.casaisaitas.com >. *4 ch.* Dans une vieille maison traditionnelle avec tout le confort moderne. Du chic de bon aloi, avec un bon **restaurant** dans le patio *(sf jeu. et le soir en sem.).*

Restaurants

♦♦ **Casa de Santa María**, en face de l'église ☎ 928.87.82.82. Adresse très touristique, mais agréable. Spécialités de viandes grillées.

♦♦ **Don Antonio**, sur la place de l'église, Vega de Rio Palmas *(7 km S)* ☎ 928.87.87.57. *F. lun. et le soir.* Restaurant élégant et sympathique de Michael Springer établi dans une vieille ferme, qui propose des plats canariens revisités. Quelques tables pour déjeuner agréablement en terrasse sur la place. Spécialités d'agneau.

♦♦ **Valtarajal**, calle Presidente Hermigua ☎ 928.87.80.07. Bons plats de chevreau et large choix de fromages de chèvre.

Shopping

Casa María Betancuria. Près de l'église. *Ouv. t.l.j. sf dim. 11 h-16 h. Entrée payante.* Impossible à manquer, un étrange mélange de musée d'artisanat et de magasin, le tout nécessitant de s'acquitter d'un droit d'entrée surévalué. Vous trouverez ici un panorama complet des spécialités culinaires de l'île, du miel à la confiture de cactus, ainsi que des bijoux. Les stands de produits à base d'aloe vera et de fromages sont très complets. Dégustation. Agréable cafétéria. À **Pájara** *(16 km S de Betancuria)*, la boutique d'artisanat de la calle Nuestra Señora de Regla vend des broderies traditionnelles. *Ouv. lun-mar et jeu.-ven 10 h-13 h 30, mer. 11 h-12 h et 15 h 30-18 h.* À la **Casa del Queso**, en sortant de la ville vers Vega de Rio de las Palmas, vous trouverez un beau choix de fromages de l'île.

Corralejo

> *Visite p. 186.*

ⓘ Playa Poeblica ☎ 928.86.32.35. *Ouv. lun.-ven 8 h 30-14 h 30, sam. 9 h-12 h.* Au port ☎ 928.53.71.83. *Ouv. lun.-ven. 8 h-14 h, sam. 8 h-12 h.*

Hébergement

En dehors des hôtels de luxe, des apparthôtels et des villas louées à la semaine, le choix est très limité.

▲▲▲▲ **Riu Palace Tres Islas**, avenida Grandas Playas ☎ 928.53.57.00, fax 928.53.58.58. *365 ch,* < www.riu.com >. Le meilleur complexe hôtelier de l'île. Plage en face. Activités sportives.

▲▲▲ **Riu Oliva Beach**, avenida Grandas Playas ☎ 928.53.53.34, fax 928.86.61.54. < www.riu.com >. *410 ch et 413 appart.* Une barre très inesthétique dont ne peut pas dire

Les pales bruissantes des éoliennes viennent rompre le silence de la campagne du nord de l'île.

© Bertrand Gardel/Hémisphères Images

qu'elle embellisse l'horizon des dunes de Corralejo... De tout confort évidemment, et entièrement rénové en 2004. Formule club incluant animations pour enfants et adultes.

Restaurants

♦♦ **La Factoria**, avenida Marítima, 12 ☎ 928.53.57.26. Sur le front de mer. Terrasse agréable. Service efficace et cuisine de qualité.

♦♦ Marquesina, muelle Viejo, près du vieux port ☎928.53.54.35. Excellents poissons. Adresse connue qui ne désemplit pas en saison.

Excursions en mer

De nombreuses excursions sont proposées au port, depuis la pêche sportive jusqu'à la mini-croisière en passant par l'excursion à l'sla de Los Lobos. Rens. à l'office de tourisme. Catamaran Celia Cruz ☎ 616.50.98.20. Observations sous-marines. Glass Bottom Boat ☎ 928.86.92.38. Liaisons régulières avec excursions à Lobos. Isla de Los Lobos ☎ 608.01.80.22. Excursions et mini-croisières. Pez Veloro ☎ 928.86.61.73. Pêche sportive.

Loisirs

L'office de tourisme de Corralejo vous informera sur les possibilités dans la station.

● **Planche à voile**. **Ventura Surf**, playa La Galera ☎ 928.86.62.95. **Windsurf Fanatic**, avenida Grandas Playas ☎659.55.24.08.

● **Plongée**. **Dive Centre Corralejo**, calle Nuestra Señora del Pino, 36 ☎ 928.53.59.06. **Escuela de Buceo Atlántico**, avenida Grandas Playas, 72 ☎ 928.53.57.53.

● **Surf**. **Natural Surf**, calle Phalangre, 1 ☎ 928.86.73.07.

● **VTT**. **Vulcano Bike**, calle Acorazado España, 10 ☎ 928.53.57.06.

Adresses utiles

● **Location**. Vous trouverez sans difficulté à louer une voiture, une moto ou un quad dans les nombreuses agences de la station. **Avis,**

flore

L'agave

© Bertrand Gardel/Hémisphères Images

Importé d'Amérique centrale, l'agave a été introduit à Fuerteventura par les colons espagnols qui utilisaient les feuilles pour tresser des cordes. Aujourd'hui, ce cactus n'a plus guère qu'un rôle ornemental, donnant aux paysages l'aspect d'un décor de western. Personne ne se soucie de la prolifération de cette plante magnifique qui meurt en lançant une grande fleur après 15 ans de lutte contre le désert *(p. 164-165)*. •

calle Anguila ☎ 928.86.71.69. **Cicar**, avenida General Franco, centro comercial Atlántico, local 35 ☎ 928.86.64.13 ; centro comercial Jardín de Cactus ☎ 928.86.74.87.
● **Taxis** ☎ 928.86.61.08.
● **Urgences** ☎ 112. **Police** ☎ 092.

La Oliva et ses environs

> *Visite p. 185.*

❶ < www.majorero.com/laoliva/>

Hébergement

▲▲▲ **Hôtel Mahoh**, Sitio de Juan Bello, Villaverde *(3 km N-E)* ☎ 928.86.80.50, fax 928.86.86.12, < www.mahoh.com >. 9 ch. Hôtel rural installé dans une demeure du XIXᵉ s. portant l'ancien nom de Fuerteventura. Chambres à lit à baldaquin. Piscine et jardin. Excellent **restaurant**. Le costume traditionnel des serveuses est peut-être de trop...

▲▲ **Casa de las Portadas/ Fimbapaire**, calle Las Portadas, 12 ☎ et fax 928.86.80.61 ou 629.47.37.47, < www.ecoturismocanarias.com/ fuerteventura/>. *2 maisons* dans les champs, à louer pour 3 j. min.

▲▲ **Casa Pedro**, calle Montaña, Villaverde *(3 km N-E)* ☎ 646.61.84.40. *Casa rurale* disposant de *3 ch.* indépendantes pour passer quelques jours dans un calme absolu.

Restaurant

♦ **El Horno**, Villaverde *(4 km N-E)* ☎ 928.86.86.71. *F. lun.* Grand restaurant spécialisé dans la viande locale (chèvre, chevreau et agneau).

Excursions

Camel Safari Calderón Hondo, carretera de Majanicho, Lajares *(9 km N)* ☎ 928.86.80.06. Excursions à dos de chameau sur le proche volcan de Calderón Hondo. **Caminata**, calle Tabaiba, Villaverde *(4 km N-E)* ☎ 608.92.83.80. Randonnées à pied avec guide.

Shopping

Reproductions d'art ou lithographies au **centro de Arte canario** de La Oliva *(voir p. 185)*, tableaux d'artistes canariens et céramiques contemporaines. L'artisanat est demeuré vivant à **Villaverde** *(4 km N-E)* et à **Lajares** *(9 km N)*.

Morro Jable-
Jandía Playa

> *Visite p. 189.*

ℹ Centro comercial Shopping Center, Jandía Playa ☎ 928.54.07.76, < www.ayuntamientopajara.com >. *Ouv. lun.-ven. 9 h-15 h.*

Hébergement

▲▲▲♦ Barceló Jandía Golf, playa del Jable, barranco de Vinamar, Morro Jable ☎ 902.10.10.01 (centrale de rés. ☎ 34.871.20.30.25 depuis la France), < www.barcelo. com >. *166 appart.* Nouvel hôtel de la chaîne Barceló avec golf 18 trous inauguré à l'hiver 2005.

▲▲▲▲ Riu Palace Jandía, urb. Solana El Matorral, Matorral ☎ 928.54.03.70, fax 928.54.06.20, < www.riu.com >. *200 ch.* Grand confort avec la plage en bas de l'hôtel. La chaîne dispose d'un autre établissement de confort équivalent à Morro Jable.

▲▲▲ Faro Jandía, avenida del Saladar, Jandía ☎ 928.54.50.35, fax 928.54.52.40. *200 ch.* Accueil chaleureux, chambres propres et petit déjeuner pantagruélique.

Restaurants

Vous trouverez d'agréables terrasses de restaurants à Morro Jable pour dîner au bord de l'eau.

♦♦ Château Morro ♥, avenida del Faro, 12, Morro Jable ☎928.54.20. 00. *F. dim.* Cadre élégant, intime. Cuisine internationale inventive et généreuse. Accueil souriant.

♦♦ Maraboe, calle Fuente de Hija, Esquinzo *(8 km N de Morro Jable)* ☎ 928.54.40.98. *F. dim.* L'un des meilleurs établissements du sud de Fuerteventura, très apprécié des tourismes allemands. Plats de viandes et de poissons à des prix raisonnables.

♦ Mesón Don Pedro, ed. Palma Garden, local 49, Jandía ☎ 928.54. 00.45. Poissons frais grillés à savourer sur une terrasse.

Enfants

Oasis Park La Lajita, carretera General de Jandía, La Lajita ☎ 902. 40.04.34 ; *entrée payante. Ouv. t.l.j. 9 h-18 h.* Le grand parc d'attractions de Fuerteventura, avec zoo, jardin botanique (un bel ensemble de cactées), reconstitution d'une savane africaine et spectacles d'animaux.

Excursions en mer

Nombreuses possibilités au port de Morro Jable : croisières, pêche sportive, excursions en catamaran avec observation de la faune sous-marine... **Rens.** au port ou à l'office de tourisme.

Loisirs

● **Equitation.** Centro Hípico Tarajalejo, carretera General de Tarajalejo ☎ 928.87.20.70. **El Rancho**, Stella Canaris, barranco de Vinamar, urb. Solana El Matorral ☎ 928.87.33.99.

● **Planche à voile.** Escuela de Windsurfing Center René Egli, hôtel *Sol Elite Gorriones*, Playa Barca ☎ 928.54.74.83, < www.rene-egli. com >. Escuela de Windsurfing Robinson Club Jandía Playa, ☎ 928.16.91.00. Fanatic Center Costa Calma, hôtel *Monica Beach*, Costa Calma ☎ 928.54.70.85 ou 928.86.60.68.

● **Plongée.** Centro de Buceo Acuarios Jandía, Sotavento Club ☎ 928. 54.70.60. Centro de Buceo Dive Center Robinson, Robinson Club Jandía Playa ☎ 928.54.10.65.

● **Surf.** Surf-Center, La Pared ☎ 928.54.91.22.

● **VTT.** Procenter, hôtel *Sol Elite Gorriones*, Costa Calma ☎ 928.54. 74.83.

Adresses utiles

● **Location.** Vous trouverez sans difficulté à louer une voiture, une moto ou un quad dans les nombreuses agences de Jandía Playa ou de Costa Calma. **Betacar**, hôtel *Taro Beach*, Costa Calma ☎ 928.54.

73.17 ; Edificio Esmeralda, local 2, Jandía Playa ☎ 928.54.19.10.

● **Taxis** ☎ 928.54.12.57 (Morro Jable).

● **Urgences** ☎ 112. **Police** ☎ 092.

Puerto del Rosario et ses environs

> *Visite p. 183*

❶ Centro comercial Castillo Centro, Caleta de Fustes *(12 km S)* ☎ 928.16.32.86, < www.costacaleta. es>. *Ouv. lun.-ven. 9h-15h.*

Hôtels

▲▲▲▲ **Elba Palace Golf**, Caleta de Fustes *(12 km S)* ☎ 928.16.39.22, fax 928.16.39.23, <www.slh.com/ elbapalace/>. *51 ch.* Le nec plus ultra du palace de luxe à taille humaine, autour du plus grand terrain de golf de l'île, hors de prix évidemment. Chambres élégantes avec meubles en bois et lits *king size*. **Restaurant** de haute volée.

▲▲▲ **Casa de los Rugama**, carretera Puerto del Rosario, Casillas del çngel *(13 km O)* ☎ 928.53.82.24. *13 ch.* Très bel établissement rural autour d'un bâtiment central du XVIIIᵉ s., avec bibliothèque, sauna, piscine et jardin. Si l'on n'y résider pas, on se consolera en allant au **restaurant**, une valeur sûre, alliage réussi de tradition et de nouvelle cuisine. Spécialités de poisson et de chevreau.

▲▲▲ **Fuerteventura-Playa Blanca**, *(4 km S de Puerto del Rosario)* ☎ 928.85.11.50, fax 928.85.11.58. *50 ch.* Parador transformé en hôtel-école. Trop près de la banlieue de Puerto del Rosario et de l'aéroport.

Restaurants

Vous trouverez beaucoup de restaurants à poisson autour du port de plaisance de **Caleta de Fustes** *(12 km S)*, au bas du vieux fort.

♦♦ **Don Quijote**, calle Isla Graciosa ☎ 928.85.87.51. *F. dim.* Dédié au héros de Cervantès. L'un des meilleurs restaurants classiques de la cuisine castillane.

Loisirs

La station balnéaire de Caleta de Fustes est en plein développement ; elle possède le plus grand golf de l'île : **Fuerteventura Golf Club**, carretera de Jandía *(12 km S)* ☎ 928.16.039.22.

Shopping et vie nocturne

L'animation de Puerto del Rosario, centre administratif de l'île, n'a rien de touristique. À la station de **Caleta de Fustes**, vous trouverez un centre commercial Atlántico tout neuf avec multiplexe, ainsi qu'une myriade de distractions balnéaires (bars, boîtes et salles de jeux).

Adresses utiles

● **Location de voiture**. **Autos Dominguez**, à l'aéroport ☎ 928. 86.05.16. **Avis**, à l'aéroport ☎ 928.86.06.22. **Cicar**, à l'aéroport ☎ 928.86.07.58.

● **Surf**. Fédération de surf de Fuerteventura, calle Fernández Casteñeyra, 27 ☎ 928.85.03.16.

● **Taxis** ☎ 928.85.00.59 ou 928. 85.02.16.

● **Urgences** ☎ 112. **Police** ☎ 092. ●

Lanzarote,
l'île de lave et de feu

La pointe nord de l'île présente des paysages variés. Aux horizons boisés du risco de Famara succède le Malpaís de la Corona et son amoncellement de pierres volcaniques.

Située à l'extrémité nord-est de l'archipel, Lanzarote possède de nombreux atouts : un fantastique champ de lave pétrifiée, les montañas del Fuego, de magnifiques étendues sablonneuses au sud et un arrière-pays aride planté de figuiers de Barbarie. L'architecte canarien César Manrique a beaucoup œuvré pour préserver cette île du sort qu'ont connu la Grande Canarie et Tenerife. Aujourd'hui, même si elle subit de graves entorses autour de Playa Blanca, au sud de l'île, la volonté de préserver l'environnement reste d'actualité, et cela malgré la présence des touristes. L'île, culturellement la plus riche de la province après la Grande Canarie, est dotée de paysages variés qui invitent à la promenade.

TEGUISE ET ARRECIFE

En 1312, le Génois Lancelotto Malocello (Lancelot de Malvoisel), débarqué ici, aurait donné son nom à l'île. Selon une

---

en bref...

● **Superficie**. 845 km^2 (795 km^2 sans les îlots).

● **Dimensions**. 60 km sur 20 km max.

● **Alt. max**. Peñas del Chache : 670 m.

● **Population**. 116 782 hab.

● **Densité**. 138,20 hab./km^2.

● **Capitale**. Arrecife (51 633 hab.).

● **Autres municipalités**. San Bartolomé (16 884 hab.), Tias (15 788 hab.), Teguise (14 477 hab.), Yaiza (8 130 hab.).

● **Principales ressources**. Agriculture (vin, tomate et pomme de terre) et tourisme (80 % des ressources de l'île). ●

---

autre version, Lanzarote dériverait de *lanza rota*, « lance rompue », celle qu'aurait brisée Jean de Béthencourt (1402) à son arrivée. Les Guanches *(p. 48-49)* – quelques centaines – vivaient dans le centre-nord. En débarquant au sud, le conquérant évite l'affrontement immédiat. Il colonise l'île et distribue les terres à des familles nobles. Lorsque Lanzarote est intégrée à la couronne d'Espagne, la capitale est fondée à Teguise, à l'intérieur des terres. Cette ville reste pendant longtemps le plus grand centre urbain de l'archipel. Le choix est judicieux, car le littoral est proche de la route maritime qu'empruntent les pirates, notamment au XVIe s., qui, redoutés, pillent les richesses de l'île et s'emparent de ses habitants, revendus à des marchands d'esclaves. Beaucoup plus tard, au XIXe s., l'enclavement de Teguise devient un handicap. En 1852, la ville cède son statut de capitale à Arrecife, dont le port n'a entre-temps cessé de prendre de l'importance.

LE GRAND SÉISME

Les années 1730-1736 marquent une date essentielle dans l'histoire de Lanzarote. Une intense activité volcanique s'empare alors de l'ouest de l'île. Un témoin, le curé du village de Yaiza, raconte : « *Le 1er septembre, entre 9 h et 10 h du soir, la terre s'ouvrit soudain à proximité de Timanfaya, à deux milles de là. Au cours de la première nuit, une énorme montagne s'éleva des entrailles de la terre, des flammes jaillirent du sommet ; elles brûlèrent pendant dix-neuf jours.* » Devant ce cataclysme, les habitants fuient la fertile *vega* (plaine riche et cultivée) de Timanfaya. Plus de 400 fermes sont détruites, 11 villages sont engloutis sous la lave en fusion (6 à 10 m d'épaisseur); la population se réfugie alors en masse à la Grande Canarie. La région d'El Volcán, devenue la parque nacional de Timanfaya et des montañas del Fuego *(p. 214)*, garde la trace intacte de ce séisme qui a remodelé le visage de l'île. En effet, en se solidifiant, les coulées de lave ont augmenté la superficie de l'île en créant l'actuel site d'El Golfo *(p. 210)*.

LE DÉVELOPPEMENT RAPIDE DU TOURISME

Lanzarote vit traditionnellement de la pêche et de ses dérivés (conserveries et salines), mais celle-ci traverse aujourd'hui une grave crise liée à la raréfaction des poissons. Malgré l'absence de nappes phréatiques et de pluies, la pratique de la culture sèche *(encadré p. 209)* a permis de développer la culture de tomates et de pommes de terre. Les vignes de la Geria placent l'île au premier rang de l'archipel pour ses exportations de vin. L'élevage de la cochenille *(encadré p. 214)*, l'exploitation des salines de Janubio et l'artisanat sont encouragés. Lanzarote tire maintenant l'essentiel de ses ressources du tourisme. L'île séduit l'ensemble de l'Europe du Nord. Le secteur s'est développé plus tardivement qu'à

Isla de
Alegranza

**Isla de
Montaña Clara**   **Isla
Graciosa**

Las Agujas

Caleta del Sebo   El Río   El Embarcadero
Orzola

Mirador del Río
Monte Corona
Mirador de Guinate   **Cueva
de los Verdes**

**Playa
de Famara**   **Haría**   **Los Jameos del Agua**
Punta Mujeres
Arrieta

La Isleta   La Caleta   Peñas del
Chache
La Santa   Ermita de las Nieves   Parque
Eólico   Mala

Museo Agr.   Mirador   **Jardín de Cactus**
el Patio   **de los Valles**   Guatiza

Volcán de   **Tinajo**   El Jable
Caldera Blanca   **Mancha
Blanca**   **Tiagua**   **Teguise**   Castillo de
Santa Barbara
458
Tao   Monumento
Islote   **Montañas**   del Campesino
**PARQUE
NACIONAL**   de Hilario   **del Fuego**   **Masdache**   **Tahiche**
DE TIMANFAYA   510   Montaña
Diama   San   **Fundación
Bartolomé**   **César Manrique**   **Costa Teguise**
El Golfo   ▲468
Montaña de   Ruta de los
Vieja Gabriel ▲   Volcanes   Mont. Chapaderos
Los Hervideros   226   **Yaiza** ▲   313   La Geria   **Arrecife**
**Salinas
de Janubio**   **Uga**   **Macher**   Tías   Playa de
los Pocillos
La Hoya
Las Breñas   **Femès**   Playa   **Puerto del**
Quemada   **Puerto   Carmen**
Calero
Playa Blanca   El Rubicón   **Playa Blanca**

Punta   Playa de
de Pechiguera   Mujeres
Playa
del Papagayo   Punta del Papagayo

OCÉAN
ATLANTIQUE

PUERTO DEL ROSARIO
(FUERTEVENTURA)

LAS PALMAS
(GRAN CANARIA)

0   5   10 km

FUERTEVENTURA

(inset map:)
Lanzarote
MAROC

N

LANZAROTE

Tenerife ou à la Grande Canarie, mais il a déjà produit trois grandes stations balnéaires. Les paysages s'urbanisent peu à peu et la circulation devient de plus en plus dense.

Arrecife★

> **Carnet d'adresses** Arrecife et Costa Teguise p. 217 et 218.

Très étendue et ceinturée par une *rambla medular*, cette grosse ville active séduit par la présence d'une plage en plein centre. Un front de mer soigné met en valeur l'*Arrecife Gran Hotel (p. 217)*, qui remplace

l'ancien *Gran Hotel*, monument d'une époque révolue et bâtiment le plus haut jamais construit à Lanzarote.

Au-delà du club nautique se profile le **puente de las Bolas★** («le pont aux boules», XVIIIe s.), reliant le **castillo de San Gabriel★** *(en restauration)* à la terre. L'ensemble, élevé à la fin du XVIe s., était destiné à contrer les attaques pirates. En face s'ouvre la calle Castillo y León, rue piétonnière où se concentre l'essentiel de l'animation de la ville. De là, en prenant une ruelle à droite, vous atteindrez le quartier plus élégant

programme

Trois ou quatre jours suffisent pour voir l'essentiel de l'île sans se presser. **Jour 1**. Visite de ♥ **Teguise★★** *(p. 203)* et du **nord de l'île★★★** *(p. 202)*. **Jour 2**. Découverte du **parque de Timanfaya★★★** *(p. 214)* et de la **valle de la Geria★★★** *(p. 208)*. **Jour 3**. Excursion dans l'extrémité sud *(p. 210)*. Si vous ne disposez que d'une seule journée, visitez en priorité le parque de Timanfaya *(p. 214)* en passant par la valle de la Geria. ●

(cafés et librairies) de la **place★** que borde la très belle **façade★** de l'église San Ginés, patron de la ville. Plus loin s'étend le ♥ **charco de San Ginés★**, grand bassin aux barques multicolores autour duquel il fait bon se promener. Depuis 1976, il abrite le **museo internacional de Arte contemporáneo★** *(ouv. t.l.j. 11 h-21 h ; entrée gratuite ☎ 928.81. 23.21)*. Très bien présenté, le fonds a été constitué grâce aux subventions du gouvernement espagnol. Il est d'une richesse étonnante : peintures de Miró à Tàpies ; œuvres de Manrique ; sculptures abstraites des années 1950 aux années 1970. Un escalier conduit à l'étage inférieur qu'occupe le restaurant conçu selon les plans de Manrique.

Pour se baigner, il suffit de traverser un triste environnement industrialo-portuaire du nord d'Arrecife et de pousser jusqu'à la station balnéaire de Costa Teguise *(5,5 km N-E d'Arrecife)*, née dans les années 1970 et en pleine expansion. L'endroit compte plusieurs plages de sable fin, dont la playa de las Cucharas, la plus grande.

© Bertrand Gardel/ Hémisphères Images

Le nord de l'île★★★

> *Itinéraire d'env. 95 km N d'Arrecife.*

Dans la partie montagneuse de l'île se trouvent non seulement l'ancienne capitale, Teguise, mais aussi une multitude de curiosités naturelles, des lacs souterrains, des plantations de figuiers pour l'élevage de la cochenille et des parcs de cactus… L'isla Graciosa, l'«île gracieuse», offre de superbes paysages marins.

D'Arrecife, empruntez la route du nord vers Teguise. À un carrefour orné d'une œuvre de Manrique, peu avant Tahiche, prenez à gauche en direction de la fundación César Manrique.

La fundación César Manrique★★

> *À 4 km N d'Arrecife, à Taro de Tahiche ; ouv. t.l.j. 1er juil.-31 oct. 10 h-19 h ; 1er nov.-30 juin, lun.- sam. 10 h-18 h, dim. 10 h-15 h ; entrée payante ☎ 928.84.31.38.*

La fondation occupe la maison que le peintre a habitée jusqu'à sa mort, en 1992 *(encadré ci-contre)*. Construite en 1968, elle est un bel exemple d'une architecture moderne qui cherche à se fondre dans l'environnement. L'intérieur utilise le basalte noir de l'île. Les salons s'intègrent dans des bulles volcaniques naturelles éclairées par des puits de lumière, tandis que le blanc immaculé des murs rappelle celui des maisons traditionnelles de l'île.

La promenade dans la fondation vous permettra d'admirer des peintures contemporaines subtilement présentées. Plus que les dessins de Picasso, les toiles de Lam ou d'Alechinsky, ce sont les œuvres de Manrique qui attirent l'attention. Avec leur jeu de rouges et de noirs et leur incandescence, elles sont le parfait reflet pictural de l'île.

Revenez sur la route principale conduisant à Teguise. À l'ouest de Tahiche s'étend la **montaña de**

art

César Manrique

© Agnès Boutteville

La visite de la fondation César Manrique, en forme de parcours initiatique, est un voyage au cœur du génie protéiforme d'un artiste d'exception.

Si Lanzarote paraît moins bétonnée que Tenerife ou que la Grande Canarie, c'est à l'un de ses enfants qu'elle le doit, le peintre et architecte **César Manrique** (1922-1992). Cet artiste proche de l'expressionnisme abstrait et du mouvement Cobra lui a laissé à jamais son empreinte. Après avoir connu une carrière internationale, Manrique retrouve son île en 1968 et voit le danger qu'un développement anarchique du tourisme peut faire courir à Lanzarote, dont la beauté des plages excite déjà la convoitise des promoteurs. Son opiniâtreté convainc le gouvernement espagnol de classer l'île « d'intérêt touristique spécial », c'est-à-dire de la placer sous haute protection écologique. Jusqu'à sa mort accidentelle, en 1992, Manrique protège les sites naturels dont il assure l'aménagement. Il fait interdire les publicités de rues trop voyantes et favorise le chaulage des maisons. Il veille aussi à ce que les stations balnéaires soient ceintes d'une zone verte et que les nouveaux complexes hôteliers de Costa Teguise ou d'ailleurs n'excèdent pas quatre étages. ●

Zonzamas, du nom du roi guanche de Lanzarote à l'époque de Lancelotto Malocello. Le Cabildo Insular projette de créer ici un musée archéologique à l'horizon 2008 : affaire à suivre…

♥ Teguise★★

> *À 11 km N d'Arrecife.*

La première capitale de Lanzarote doit son nom à la fille d'un roi guanche (ou à ce roi lui-même) qui aurait épousé le neveu de Jean de Béthencourt.

C'est la plus belle ville de l'île ; elle garde les traces de son passé de cité royale. D'ailleurs, ses habitants continuent de l'appeler La Villa, désignant Arrecife par son ancien nom : El Puerto (« le port »).

Teguise possède un **centre ancien★★** attachant, constitué de ruelles et de places pittoresques.

La moindre de ses maisons aux fenêtres et aux volets ouvragés est bien entretenue. Si sa situation au cœur de l'île n'a pu lui éviter les attaques des pirates, comme en

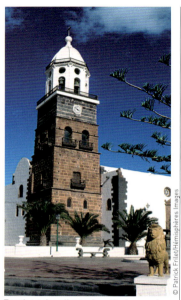

Teguise a des allures de petite bourgade tranquille depuis qu'elle a perdu son rang de capitale.

témoigne le nom de certaines rues (le callejón de la Sangre...), des demeures plus vastes qu'ailleurs trahissent son ancienne opulence. L'église **San Miguel**★ et le **palacio de Spínola**★★ bordent la place principale, joliment aménagée. De style gothique, l'église San Miguel date du XVᵉ s. mais elle a été remaniée après un incendie en 1909. On y vénère la Vierge de Guadalupe, dont la statue est à l'intérieur (fête le 15 août). Le palais, construit au XVIIIᵉ s. *(ouv. lun.-ven. 9 h-15 h, sam.-dim. 10 h-15 h ; entrée payante* ☎ *928.84.51.81)* par le marchand génois Vicente Spínola, est de style Renaissance. Il a été restauré par César Manrique. La visite permet de découvrir ses fraîches cours intérieures et son ameublement canarien.

Dans la partie sud de la ville se trouve le **couvent de San Domingo**★ *(ouv. lun.-ven. 10 h-15 h, dim. 10 h-14 h ; entrée payante* ☎ *928.84. 50.00)*, fondé à la fin du XVIIᵉ s. Ses

deux grandes nefs et sa chapelle forment un décor de choix à des expositions d'art contemporain.

CASTILLO DE SANTA BÁRBARA★

> *À 500 m à l'E en prenant la direction de Haria, puis une route à droite.*

L'éminence dominant Teguise a été sans doute utilisée à des fins défensives bien avant le XVIᵉ s., date à laquelle est élevée ici une tour de guet. L'ouvrage prend son allure définitive au XVIIᵉ s., quand il est considérablement renforcé.

Le **museo del Emigrante**★ *(ouv. en été lun.-ven 10 h-16 h, sam.-dim. 10 h-15 h ; en hiver lun.-ven. 10 h-15 h, sam.-dim. 10 h-14 h ; entrée payante* ☎ *928.84.59.13)*, éparpillé dans plusieurs petites salles du fort, retrace l'histoire de l'émigration américaine des Canariens, avec son lot de tragédies, comme celle du *Valbanera*, le « *Titanic* » espagnol mystérieusement disparu en 1919 avec plusieurs centaines de passagers à bord. Les candidats à l'exil partirent d'abord à Cuba et dans les Caraïbes. Au XVIIIᵉ s., après le séisme, ils allèrent chercher un meilleur avenir jusqu'en Floride, au Guatemala ou à Buenos Aires.

Le risco de Famara★★

> *Itinéraire d'env. 35 km de Teguise au mirador del Río.*

Risco de Famara (un *risco* est un rocher escarpé) est le nom donné à cette partie nord-ouest de la côte.

De Teguise, la route de Haría vous mène au ♥ **mirador de los Valles**★ *(restaurant)* qui domine un bel environnement volcanique et le fascinant champ d'éoliennes du parque Eólico. Au-delà, une route à gauche conduit à l'ermita de las Nieves. La chapelle blanche s'élève sur les pentes du Peñas del Chache, sommet de l'île, qui domine la ♥ **playa de Famara**★, sur la côte ouest *(accessible par la route depuis Teguise)*. Le petit bourg proche de la plage, **La Caleta**, avec ses barques hissées dans ses rues, possède une authenticité qui plaît beaucoup aux surfeurs de toutes nationalités. La descente en lacet vers Haría prodigue de belles **échappées⋆** sur le nord de l'île et sur l'oasis qui a valu à la bourgade son surnom de « ville aux mille palmiers ».

Haría⋆

> *Carnet d'adresses p. 219.*

C'est un village typique de l'île avec ses maisons blanches et sa place ombragée au bout de laquelle se dresse l'église. La principale curiosité est le **Taller municipal de artesanía** (*voir le Carnet d'adresses p. 220*), dans une rue à gauche en venant de Teguise. Il expose l'artisanat de l'île, comme de très belles poteries et des dentelles. Les différents ateliers ne sont pas toujours ouverts. Le samedi est le jour du grand marché municipal d'artisanat. Plus loin, une route à gauche conduit au mirador de Guinate, d'où l'on aperçoit l'isla Graciosa. En chemin, vous passerez à côté du Guinate Tropical Park.

L'itinéraire traverse ensuite l'austère univers volcanique de l'extrémité nord de Lanzarote, strié de murets de pierres superposées qui protègent des plantations de tomates, de pommes de terre, des vignes et des figuiers de Barbarie.

mirador del Río⋆⋆⋆

> *À 10 km de Haria, ouv. t.l.j. en été 10 h-18 h 45, en hiver 10 h-17 h 45. Entrée payante ☎ 928.17.35.36.*

Aménagé par César Manrique et inauguré en 1973, il offre une **vue⋆⋆⋆** plongeante sublime de l'isla Graciosa et, se profilant derrière elle, de l'isla de Montaña Clara, plus petite. Au loin, on aperçoit aussi l'isla de Alegranza. Le café-snack, doté d'une salle panoramique, s'intègre bien au paysage rocheux. Si la vue seule vous intéresse, s'acquitter du billet d'entrée devient inutile : le point de vue offert à gauche du mirador est quasiment identique.

Autour du Malpaís de la Corona

> *Itinéraire d'env. 50 km du mirador del Río à Arrecife.*

En reprenant la direction d'Arrecife, une route à gauche traverse la région viticole du nord de l'île, dont les vins n'ont rien à envier à ceux de la Geria (*p. 208*). Elle atteint **Orzola**, d'où partent les excursions vers l'île Graciosa. Le petit port, où il règne une ambiance de bout du monde, a conservé beaucoup de charme avec ses nombreux restaurants de poisson. La route du retour longe le littoral hostile du **Malpaís de la Corona**. Ce gigantesque champ d'éboulis volcaniques, sans âme qui vive, est ponctué de passages de dunes avec de rares criques très attirantes pour les plongeurs….

La isla Graciosa⋆

> *À la pointe N-O de Lanzarote. Départs depuis le port d'Orzola. **Carnet d'adresses** Haria p. 219.*

C'est une petite île de 27 km², plate et sablonneuse, que dominent plusieurs cônes de scories, dont le plus important, Las Agujas, culmine à 266 m au-dessus du niveau de la mer. Elle est demeurée inhabitée jusqu'en 1876, date à laquelle une conserverie de poissons s'y installa ; celle-ci était en faillite au début du XXᵉ s., mais les pêcheurs ne quittèrent pas l'île, demeurant à Caleta del Sebo, son unique port. Aujourd'hui, Graciosa fait partie du parc naturel qui regroupe les islas de Montaña Clara et de Alegranza – réserves naturelles intégrales, donc fermées au public –, ainsi que la pointe N-O de Lanzarote (risco de Famara). Ses plages sont parmi les moins fréquentées de Lanzarote. On pourra les rallier en louant un vélo au port de Caleta del Sebo. Avant d'atteindre la belle playa de las Conchas, un sentier grimpe en pente raide au sommet de Montaña Bermeja (157 m), d'où s'offre un splendide **panorama⋆⋆**.

La cueva de los Verdes**

> *Visite guidée t.l.j. 10 h-17 h par groupes de 20 personnes; entrée payante* ☎ *928.17.32.20.*

La « grotte des verts » est un tube volcanique par lequel le magma du monte Corona *(N-O)* s'est écoulé jusque dans la mer lors de sa dernière éruption, il y a environ 5 000 ans. Longue de 10 km, cette cavité se poursuit dans la mer et a servi de refuge aux insulaires lors des raids de pirates. Vous y entrez par la voûte effondrée. Sur environ 1 000 m (1/5ᵉ du couloir volcanique a été aménagé pour la visite), vous verrez de grandes salles, des couloirs tortueux, des concrétions volcaniques savamment éclairées par César Manrique, des stalactites et de spectaculaires coulées de lave pétrifiées. Une salle de concert d'une excellente acoustique a été aménagée. L'endroit est inadapté à la foule, et les groupes sont strictement limités. Pour éviter une longue attente, arrivez dès l'ouverture.

Los Jameos del Agua**

> *Ouv. t.l.j. 10 h-18 h 45, nocturnes mar., ven. et sam. 19 h-3 h du matin; entrée payante* ☎ *928.84.80.20.* **Carnet d'adresses** *Haría p. 219.*

À l'est de la cueva de los Verdes, au bord de la mer, ces grottes appartiennent au même réseau volcanique souterrain. L'océan, en s'engouffrant dans une fissure, a rencontré la lave en fusion; un bouchon de vapeur s'est alors formé et a fait « sauter » la couverture de la poche, créant deux cavités à ciel ouvert. César Manrique est à l'origine de la mise en valeur des Jameos del Agua où il a fait aménager un auditorium (concerts de musique classique ou folklorique lors des nocturnes), un joli jardin et un restaurant. Le clou du site est le lac souterrain où vivent des crabes scintillants, les *Munidopsis polymorpha (encadré ci-contre)*. Des problèmes de fragilité et la nécessité de travaux de renforts peuvent entraîner des fermetures partielles.

Vers Tahiche

> *Itinéraire de 28 km S-O de Los Jameos del Agua à Arrecife via Tahiche.*

On quitte l'univers du Malpaís de la Corona pour une campagne moins austère. Jetez un coup d'œil au port de pêche sans prétention de **Punta Mujeres**, pittoresque avec ses barques multicolores. Plus loin, la plage de sable fin d'**Arrieta**, peu fréquentée, vous retiendra peut-être. Peu après Mala et jusqu'à Guatiza, vous traverserez les dernières plantations de figuiers de Barbarie. Vous remarquerez un fin dépôt blanc sur les feuilles de ces cactus. Il s'agit de la fameuse cochenille dont est fait un colorant rouge résistant *(encadré p. 214)*.

♥ **El Jardín de Cactus**★ *(ouv. t.l.j. 10 h-18 h 45 en été, 10 h-17 h 45 en hiver; entrée payante* ☎ *928.52. 93.97)*. Dominé par un vieux moulin à *gofio (encadré p. 33)*, ce parc est une curiosité amusante. Fort bien aménagé en amphithéâtre, il abrite une collection de quelque 1 400 espèces différentes de cactus, certains de taille fort respectable. Vous trouverez également ici un restaurant et un bar. L'itinéraire se poursuit ensuite jusqu'à Tahiche, où vous retrouverez, à gauche, la route d'Arrecife.

faune

Presque aussi transparent que l'eau, le *Munidopsis polymorpha* est un petit crabe qui s'est retrouvé enfermé dans cette caverne lors de sa formation, il y a environ 5 000 ans. Privé de lumière pendant des millénaires, il est devenu aveugle et sa carapace a perdu sa pigmentation, ce qui l'a rendu transparent et brillant à la lumière. Il est interdit désormais de lui jeter des pièces dans le bassin où il vit. Le métal, en s'oxydant, a failli tuer ce fragile crustacé. ●

© Bertrand Gardel/Hémisphères Images

Los Jameos del Agua illustrent parfaitement le grand précepte de César Manrique selon lequel l'architecture doit être en accord avec la nature.

Le sud-ouest de l'île★★★

> *Itinéraire d'env. 100 km O d'Arrecife.* **Carnet d'adresses** *Yaiza et San Bartolomé p. 223 et 222.*

D'intéressantes curiosités sont au rendez-vous de ce circuit : la valle de la Geria, au cœur de l'île, et la côte d'El Golfo, tournée vers l'ouest. Le sud offre des plaisirs simples : villages tranquilles, restaurants au bord de l'eau, stations balnéaires pour retrouver les délices d'une civilisation cosmopolite.

San Bartolomé★

> *Itinéraire de 10 km N-O jusqu'au monumento del Campesino.*

La localité, située légèrement à l'écart de la route, est encore peu touristique, et attachante. L'église à clocher carré (XVIIIe s.) s'élève au bord d'une placette plantée de palmiers pleine de charme. Dans les ruelles se cachent d'anciennes demeures seigneuriales comme la **casa Cerdeña** (XIXe s.) ou la **casa Ajei**, bel exemple d'architecture rurale du XVIIIe s. Les passionnés d'ethnologie visiteront l'indigeste **museo Tanit** (*calle Constitución, 1* ☎ *928.52.06.55, < www.museo tanit.com >; ouv. lun.-ven., 10 h-17 h, sam. 10 h-14 h; entrée payante*), demeure du début du XVIIIe s. où un bric-à-brac d'outils, de costumes et de meubles rassemblés dans le cellier est censé donner un aperçu global de l'histoire des habitants de l'île depuis les origines jusqu'aux années 1950. En dédiant ce musée à la déesse de la fécondité vénérée à Carthage, le couple fondateur entendait « protéger l'héritage des ancêtres » et leur rendre hommage.

Plusieurs moulins à *gofio* s'élèvent en contrebas du museo, autour de la calle Rubicón. En poursuivant cette rue, puis en prenant à droite vers la calle Serpiente, vous atteindrez la **casa Mayor Guerra** (XVIIIe s.; *ouv. lun.-ven. 10 h-18 h; entrée libre* ☎ *928.52.23.51*). Depuis sa rénovation en 2003, elle accueille un petit musée, une boutique d'artisanat et un restaurant canarien.

Plus loin, le **monumento del Campesino**, aussi appelé monumento de la Fecundidad, est une sculpture érigée par Manrique et dédiée au travail acharné des paysans de l'île. Derrière le monument, la **casa museo del Campesino** (ouv. t.l.j. 10 h-18 h ; entrée gratuite ☎ 928.52.01.36) est à ne pas manquer. Les meilleurs produits de l'île (tissus, céramiques de très belle qualité, vin, mais aussi meubles) sont regroupés par genre. Les artisans travaillent sous vos yeux. Un restaurant de cuisine canarienne (midi seulement) vous permettra de vous sustenter et de goûter au vin de la Geria, toute proche.

Après avoir pris à gauche en direction de Yaiza, vous pénétrerez dans la Geria, vaste champ de lave coloré qui s'étend sur plusieurs kilomètres jusqu'à Uga.

La valle de la Geria★★★

> Itinéraire d'env. 35 km du monumento del Campesino à Playa Blanca. **Carnet d'adresses** Yaiza p. 223.

Le plateau de la Geria, au sud-est des montañas del Fuego, a été recouvert d'une couche de cendres au lendemain de l'éruption de 1730-1736. Aujourd'hui, grâce au lent et patient travail de l'homme, la Geria est redevenue une région agricole.

Peu avant Masdache, en bordure de route, la bodega **El Grifo** abrite un musée du Vin (ouv. t.l.j. 10 h 30-18 h ; entrée gratuite ☎ 928.52.49.51, < www.elgrifo.com >), où l'on peut déguster d'excellents crus. Jusqu'à Uga, vous traverserez des vignes protégées du vent par des murets de pierre qui rampent à terre ou grimpent sur les pentes volcaniques. Les blanches haciendas des producteurs se détachent au milieu des sombres champs d'éboulis pierreux.

Après la traversée de la Geria, **Uga** fait figure d'oasis. Relativement important, ce village aux petites maisons blanches est joliment établi au creux d'un cirque de volcans.

C'est ici, dans une étable, que « résident » les dromadaires utilisés par les touristes qui veulent se rendre sur les pentes des montañas del Fuego (p. 214). Son église, sa charmante place, ses maisons blanches aux volets verts et ses nombreuses boutiques d'artisanat font de **Yaiza★**, à côté, un village attrayant.

Un détour de 7 km (S-O) vous conduira à ♥ **Femés★**, un village en balcon sur la mer où il fait bon s'arrêter un moment (on peut déjeuner dans l'un des restaurants à côté de l'église). C'est à Femés que Jean de Béthencourt aurait établi sa colonie de peuplement et érigé la première église de Lanzarote. Celle que vous voyez aujourd'hui ne remonte qu'au XVIIIe s. Elle abrite un tableau représentant saint Martial de Limoges, patron de l'île, ainsi que des ex-voto.

Via Las Breñas, vous retrouvez la route rectiligne à la hauteur des salinas de Janubio (p. 209) ; prenez à gauche, à travers le paysage monotone et désolé d'El Rubicón, en direction de Playa Blanca et de l'extrémité sud-ouest de Lanzarote.

Playa Blanca★

> À 42 km S-O d'Arrecife (route directe). **Carnet d'adresses** p. 212.

Playa Blanca a souffert de l'explosion touristique depuis ces dernières années. Une marée de bungalows et de résidences de vacances a rejoint le phare de Pechiguera pourtant à 5 km à l'ouest, et des complexes hôteliers poussent toujours plus loin dans les terres. Les alentours du port (départs des ferries pour Fuerteventura) et le front de mer de l'ancien village de pêcheurs, près de la petite plage qui lui vaut son nom, restent cependant très agréables.

Playa Blanca doit son succès aux magnifiques plages encerclées de falaises situées à l'est, autour de la punta del Papagayo. Elles sont placées sous statut de parc naturel protégé (Monumento natural de los Ajaches) et vous devrez acquitter

La culture sèche

© Bertrand Gardel/Hémisphères Images

La vallée volcanique de la Geria, où l'on cultive le vignoble en le protégeant du vent par des pierres, paraît avoir été criblée par une pluie de météorites.

Les paysans de la Geria n'ont jamais voulu considérer leurs terres comme irrémédiablement perdues. Patiemment, ils ont creusé des trous en entonnoir atteignant parfois 1 m de profondeur au centre pour retrouver la terre arable. Après avoir planté dans chacun de ces trous un ou deux pieds de vigne, ils ont recouvert le tout d'une mince couche de *picón (p. 226)*, gravier volcanique très poreux qui capte l'humidité de l'air. Et ce n'est pas tout... Ils ont protégé du vent chacune de ces fragiles plantations en édifiant un petit muret en arc de cercle. Le miracle s'est produit, et la plaine a reverdi. Aujourd'hui, c'est dans ce milieu hostile que pousse le meilleur malvoisie de l'archipel avec celui de La Palma ! ●

un péage pour y accéder. Les plus belles, et aussi les mieux abritées, sont la **playa de Mujeres★** et la **playa del Papagayo★★**, près de laquelle s'établirent les hommes de Jean de Béthencourt au début du XVᵉ s. La **playa de la Caleta del Congrio**, à l'est de la punta del Papagayo, est généralement plus tranquille, car moins abritée. Plus loin, la **playa de Puerto Muelas** est appréciée des naturistes. Par l'itinéraire précédent *(route de Yaiza)*, retraversez le Rubicón pour bifurquer à gauche en direction des salinas de Janubio.

Les salinas de Janubio★★

> *À 10 km N de Playa Blanca.*

Au bord de l'océan et d'une plage de lave, ces marais salants sont les derniers du genre à Lanzarote. Le vert turquoise de l'eau stagnante allié au brun-noir de la lave et à la blancheur éclatante des petits monticules de sel crée un tableau séduisant sous une lumière rasante. Autrefois, le sel de taille grossière était utilisé par les conserveries de poisson. Aujourd'hui, les salines se sont reconverties dans la production de sel fin de mer.

Toujours en activité, les salinas de Janubio témoignent de ce qui fut autrefois l'une des grandes ressources de l'archipel.

♥ Vers El Golfo★★

> *Itinéraire de 9 km des salinas de Janubio à El Golfo.*

La route qui longe la mer depuis les salines en direction d'**El Golfo** laisse un souvenir fort et rare. Sur une étendue interminable, des coulées de lave pétrifiées et d'éboulis volcaniques constituent l'unique décor. Ajoutez à cela le cri des mouettes et le fracas de la mer contre les rochers.

À **Los Hervideros**★ (« les sources bouillonnantes »), la mer s'engouffre dans une grotte dans un bruit assourdissant. Un escalier glissant *(à déconseiller à ceux qui manquent d'équilibre)* mène au cœur de cet univers apocalyptique. En arrivant à El Golfo, un parking à gauche signale l'accès au chemin pédestre menant en quelques minutes à un beau panorama sur la **lagune**★★. Sa couleur verte, qui se marie magnifiquement avec le bleu de la mer, le rouge et le jaune des pierres, est due à sa teneur en sel, plus élevée que celle de la mer Morte. Il est théoriquement interdit de descendre jus-

qu'à la plage *(accès autorisé par la route en cul-de-sac au sud de la montaña del Golfo)* mais personne ne devrait trop vous en vouloir… Beaucoup viennent ici à la recherche de fragments de « pépites » d'olivine *(encadré p. 218)* : il suffit de se baisser pour en ramasser.

Gagnez ensuite El Golfo, qui possède de nombreux restaurants de poisson. Peut-être serez-vous tenté d'y dîner, en attendant le coucher de soleil digne d'une carte postale.

Le sud de l'île

> *Itinéraire d'env. 35 km d'El Golfo à Arrecife.* **Carnet d'adresses** *Puerto del Carmen p. 221.*

D'El Golfo à Yaiza, la route traverse un paysage lunaire que l'on retrouvera au parque de Timanfaya *(p. 214)*. Au-delà de Yaiza, la route d'Arrecife passe près d'Uga avant de traverser une région un peu monotone.

Un détour d'environ 4 km au sud vous conduira à la marina ultramoderne de **Puerto Calero**, agrandie en 1999. En dehors d'un catalogue complet de yachts et de voiliers, vous verrez ici le **museo de Cetáceos de Canarias**★ (*Edificio Antiguo Varadero, 1er ét.; ouv. t.l.j. 10h-18h; entrée payante* ☎ *928.84.95.60, < www.museodecetaceos.org >*). L'élégant bâtiment de la Secac (Sociedad para el Estudio de los Cetáceos en el Archipiélago Canario) renferme de belles photographies sous-marines, des squelettes, des reproductions et de précieuses informations sur les différentes espèces de cétacés croisant au large de l'archipel.

À la hauteur de Macher, un embranchement à droite conduit à **Puerto del Carmen**, le plus grand complexe balnéaire de l'île et le plus animé. Hôtels, restaurants internationaux, magasins, bars et boîtes de nuit s'étirent sur plusieurs kilomètres entre Playa Grande et la playa de Los Pocillos à l'est (et même au-delà). L'endroit est abîmé, certes, mais les apparthôtels de cette station n'approchent que de très loin le gigantisme de leurs homologues de Tenerife ou de la Grande Canarie. Au-delà de Macher, la route mène à l'aéroport de Lanzarote, puis à Arrecife.

Le centre de l'île

> *Itinéraire d'env. 120 km (avec les détours) au N-O d'Arrecife.*

Silencieuse et à jamais pétrifiée, la région de Timanfaya, autrefois fertile, offre au visiteur un univers plus bouleversant peut-être que le Teide de Tenerife (*p. 90*), car la nature n'y a encore moins repris ses droits.

La région d'El Jable

Moins urbanisée et moins peuplée que le sud de Lanzarote, la région d'El Jable possède de très jolis villages. Sur cette terre venteuse, vous verrez de nombreux moulins et quelques belles plages. Malheureusement, celles-ci sont rarement propices à la baignade en raison des écueils et des forts courants.

Partant d'Arrecife en direction du nord, dépassez San Bartolomé et le monumento del Campesino (*p. 208*). À **Tiagua**, allez visiter le ♥ **museo agricola El Patio**★★ (*ouv. lun.-ven. 10h-17h30, sam. 10h-14h30; entrée payante* ☎ *928. 52.91.34*). Cette grande et belle ferme (construite en 1840), avec ses dépendances et ses moulins, a été soigneusement restaurée. Elle abrite deux musées qui présentent la vie agricole à Lanzarote de manière attractive. Vous y verrez des céramiques, des poteries, des dentelles anciennes, des vieux métiers à tisser et autres outils agricoles. Une cave à vin, une cour plantée de cultures traditionnelles (tomates, arbres fruitiers, céréales, etc.) et des animaux domestiques complètent l'ensemble. Ne manquez pas l'occasion de pénétrer dans un *molino macho* (moulin mâle), avec ses 3 niveaux.

Tinajo possède une jolie place plantée d'arbres où s'élève une église au double vaisseau tendu de poutres ajourées. Le village le plus important du nord vit surtout de la culture de la vigne.

Si vous poursuivez jusqu'au littoral à travers la campagne austère, vous atteindrez le village de pêcheurs de **La Santa**. Les rares étrangers à s'aventurer jusqu'ici sont des surfeurs et les résidents de l'hôtel-club *La Santa*, sur l'île bunkerisée de la Isleta, reliée à la terre ferme par des digues.

Sur le chemin du parque de Timanfaya, faites une halte au **centre des visiteurs** (*ouv. t.l.j. 9h30-17h; entrée gratuite* ☎ *928.84.08.39*) pour découvrir les volcans (table d'orientation) et visiter l'intéressante exposition, notamment sur la genèse des îles Canaries et le volcanisme. Toutes les heures est programmé un spectacle multimédia sur le parc de Timanfaya. À **Mancha Blanca**, une croix signale l'endroit où le torrent de lave s'est détourné de sa route, épargnant ainsi le village.

Les volcans

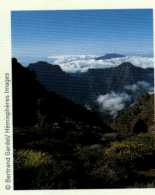

© Bertrand Gardel/Hémisphères Images

Si la paix règne désormais dans l'ar-chipel, il n'en fut pas toujours ainsi. La naissance des Cana-ries s'est faite dans la douleur : coulées de lave, pluies de cendres et raz de marée... Depuis la conquête, environ une vingtaine d'érup-tions volcaniques ont été enregistrées. Elles ont surtout eu lieu aux XVIIe s. et XVIIIe, à La Palma, Tenerife et Lanzarote.

Des volcans dans la mer

Les Canaries se sont formées au cours d'une période très longue, entre 3 millions d'années pour les îles les plus récentes (La Palma et El Hierro) et 20 millions d'an-nées pour la plus ancienne (Fuerteventura). Du fait de la dérive des continents, l'archipel se trouve maintenant à l'est de la dorsale atlantique qui relie les deux pôles *via* l'Islande et les Açores, avant de suivre au-delà de l'équa-teur une ligne à peu près équidistante entre l'Afrique et l'Amérique du Sud.

Calderas et cônes de scories

Les volcans naissent d'une fracture de la lithosphère, partie de la sphère terrestre particulièrement fragile au niveau d'une dorsale. Dans le cas où des fissures s'orien-tent dans des directions différentes, un volcan dit « cen-tral » se crée et son sommet forme un cratère. Lorsque le rayon de celui-ci dépasse 1 000 m, on donne au volcan le nom de *caldera* (chaudière). On en rencontre à Tene-rife (Las Cañadas del Teide), à La Palma (caldera de Taburiente) et à Lanzarote (montañas del Fuego ou de Timanfaya).

Les formes coniques visibles aux environs immédiats des calderas ne sont pas à proprement parler des vol-cans, mais des cônes de scories constitués de bombes et de cendres accumulées. Leurs dimensions n'excèdent généralement pas quelques centaines de mètres de dia-mètre et leurs pentes sont très raides (de 30 à 35°). Les différences chimiques des matériaux rejetés expliquent leur couleur variable – rouge, ocre, noir, voire tirant sur le vert.

Basalte et obsidienne

L'essentiel des rejets volcaniques présente une composi-tion chimique très variée (silicates mélangés à des cris-taux et à divers composés volatils du magma). La viscosité des laves, liée à la température du magma, détermine

Les paysages volcaniques de Lanzarote, nés d'une série de séisme de 1730 à 1736, sont les plus récents de l'archipel à l'échelle géologique (ci-dessous à g.). Au sommet du Teide, à Tenerife, la lave s'écoule en impressionnantes rivière pétrifiées (ci-dessous à dr.).

© Agnès Boutteville

© Agnès Boutteville

© Agnès Boutteville

© Agnès Boutteville

logiquement la morphologie du volcan et l'effet destructeur d'une éruption. Ainsi, les coulées de basalte liquide – les plus fréquentes aux Canaries – se répandent en véritables torrents (jusqu'à 80 km/h) sur plusieurs kilomètres. Leur épaisseur va de quelques centimètres au point d'émission à une vingtaine de mètres au plus loin de la source. Au sommet du Teide ou à Timanfaya, on peut voir des coulées plissées comme des tissus ou enroulées en cordes.

Inversement, les laves à base d'obsidienne, de couleur noire ou verte, sont très visqueuses et ont tendance à s'empiler pour créer des dômes, ou «cumulo-volcans». Poussées vers le haut, elles forment parfois des monolithes verticaux du type de ceux que l'on croise au centre de la Grande Canarie.

À la périphérie, la lave qui est au contact des surfaces refroidit plus vite que le cœur de la coulée. Lorsque le torrent se tarit, il se forme une sorte de «tunnel». Avec l'érosion, des «chenaux de lave» apparaissent, comme ceux qui strient les pentes du Teide. Certaines de ces étonnantes architectures volcaniques sont encore intactes, notamment au nord de Lanzarote, où les grottes atteignent la mer. ●

Les paysages volcaniques de Lanzarote (en haut et en bas à g.), nés d'une série de séismes entre 1730 et 1736, sont très récents à l'échelle géologique.

Les dernières éruptions importantes du Teide, à Tenerife (en bas à dr.), remontent à des temps beaucoup plus reculés (600 000 ans). En s'écoulant de la caldeira, la lave a formé ici d'impressionnantes rivières pétrifiées. Au sein de cet univers hostile, la nature réapparaît timidement.

culture

La cochenille

© Bertrand Gardel/Hémisphères Images

La cochenille a besoin d'impressionnantes étendues de cactus pour proliférer.

Importée du Mexique, la cochenille est cultivée aux Canaries au début du XIXe s. La production connaît son apogée vers 1870-1880, avant de péricliter face à la concurrence de l'aniline, un colorant également rouge mais d'origine chimique.

L'élevage de ce puceron est aujourd'hui quasi abandonné partout aux Canaries sauf dans le nord-est de Lanzarote, où se trouvent les grandes plantations de figuiers. La ponte des insectes dure une quinzaine de jours, pendant laquelle les plantes grasses se couvrent d'une mousse blanche où l'on distingue de petits grains bruns : les cochenilles. Séchées et broyées, elles donneront un colorant rouge très résistant qu'apprécient les fabricants de tapis d'Orient et l'industrie cosmétique. La cochenille est en effet utilisée pour fabriquer des rouges à lèvres ! ●

Chaque 15 septembre, la fête de la Virgen de los Volcanes célèbre ce miracle. En poursuivant vers le sud-ouest, vous longerez sur la droite le somptueux volcán de Caldera Blanca dont les parois dominent de près de 300 m le cœur du cratère. Peu après, vous pénétrerez dans le parque de Timanfaya.

Le parque de Timanfaya★★★ et les montañas del Fuego★★★

> À 55 km N-O d'Arrecife et 26 km N de Playa Blanca ; ouv. en été t.l.j. 9 h-18 h 45, en hiver 17 h 45 (dernière vis. 45 mn avant). Affluence moindre le dim. a.m. ; entrée payante ☎ 928.84.00.56. *Carnet d'adresses* : restaurant El Diablo à *Yaiza* p. 223.

Créé en 1974, le parc naturel de Timanfaya protège une zone d'environ 5 000 ha sortie du chaos au XVIIIᵉ s. – presque hier à l'échelle géologique –, ce qui place le site volcanique parmi les plus récents de la planète. L'accès à ce précieux terrain d'étude pour les vulcanologues du monde entier est rigoureusement réglementé et limité. Dans cet univers de silence et de mort, la flore et la faune n'ont pas encore repris leurs droits. Seuls quelques lichens, de minuscules euphorbes et des lézards sont parvenus à survivre au milieu de la lave pétrifiée dont le noir d'encre joue avec le bleu du ciel.

Après avoir pris la route à péage – généralement embouteillée –, laissez votre véhicule au parking d'Islote de Hilario et empruntez l'autocar qui serpente sur une voie étroite. Pour agrémenter l'attente à l'arrêt de bus, plusieurs attractions amusantes vous seront proposées : un fétu de paille jeté dans un trou qui s'enflamme quasi instantanément, de l'eau versée dans un tube qui ressort sous la forme d'un impressionnant geyser. En effet, les montañas del Fuego, les « montagnes du feu », sont toujours en activité. Vous en aurez la confirmation en allant au restaurant construit d'après les plans de César Manrique, *El Diablo*, où viandes, volailles et autres *papas* (*encadré p. 31*) sont grillés dans un four naturel qui fonctionne sans combustible. À 10 cm de profondeur, la température atteint déjà 150 °C, et environ 500 °C quelques mètres plus bas !

L'excursion en autocar (*env. 30 mn*) permet d'admirer une partie du parque. Certains esprits chagrins regretteront de ne pouvoir mettre pied à terre (le bus climatisé roule au ralenti mais ne s'arrête jamais) et de devoir photographier derrière une vitre… Mais ce petit inconvénient n'est-il pas le moyen le plus efficace pour protéger le site des détritus qui viendraient immanquablement le polluer ?

La visite ne couvre qu'environ 1/5ᵉ de la superficie du parc mais elle laisse apercevoir un univers apocalyptique : coulées figées, crevasses, grottes et étendues de cendres à la valle de la Tranquilidad, cratères impressionnants à la caldera de los Cuervos et flancs ruisselant de pierres multicolores…

Une fois sorti de l'enceinte du parc en direction de Yaiza (*p. 208*), une autre balade payante s'offre à vous, à dos de dromadaire cette fois. Vous grimperez sur les volcans, au seul bruit des pattes des animaux sur le gravier. Un grand moment qui séduira les enfants. Arrivé à Yaiza, vous pouvez, soit poursuivre la promenade jusqu'à l'extrémité sud-ouest de Lanzarote et Playa Blanca (*p. 208*), soit revenir vers Arrecife. Dans ce cas, prenez plutôt la route du cœur de l'île, vous reverrez ainsi la valle de la Geria (*p. 208*) où sont tombées des pluies de cendres des montañas del Fuego. ●

Carnet d'adresses

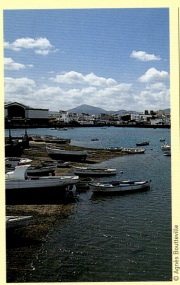

Le charco de San Ginés, à Arrecife, est un lieu paisible, propice aux promenades rêveuses.

© Agnès Boutteville

❶ **Patronato de turismo**, calle Blas Cabrera Felipe, Arrecife ☎ 928. 81.17.62, < www.turismolanzarote. com >. *Ouv. juil.-sept. lun.-ven. 8 h-14 h , oct.-juin 8 h-15 h.*

À l'aéroport ☎ 928.82.07.04. *Ouv. lun 10 h-24 h, mar. 7 h 30-23 h 30, mer. 10 h-17 h et 20 h 30-23 h 30, jeu. 8 h-21 h 30, ven. 10 h-16 h 30 et 20 h 30-minuit, sam. 7 h 30-21 h 30 et dim. 7 h 30-13 h 30 et 14 h 30-minuit.*

Arrivée

> En avion

L'aéroport de Lanzarote est situé à 5 km S d'Arrecife. L'île est reliée par la Binter Canarias à la Grande Canarie *(env. 12 vols/j. ; 45 mn)*, à Tenerife *(8 à 9 vols/j. ; 50 mn)* et à La Palma *(2 vols/sem. ; 70 mn)*. Service régulier de bus assuré entre 7 h et 22 h 30 vers Arrecife (ligne 3 ; 1,10 €) ; 3 liaisons/j. vers Morro Jable (ligne 4 ; 0,90 €). **Rens**. ☎ 928.84.60.01 ou 928.84.01.16 (aéroport), ☎ 928.84.62.08 (Binter Canarias), ☎ 928.84.61.01 (Iberia).

> En bateau

Entre 15 et 30 mn seulement pour rallier Lanzarote (Playa Blanca) depuis Fuerteventura (Corralejo). Liaisons assurées env. toutes les heures par les ferries de la **Naviera Armas** et de la **Líneas Fred. Olsen**, ces derniers étant les plus rapides. Il existe aussi une ligne Puerto del Rosario-Arrecife *(env. 3 h)*.

Depuis Las Palmas de Gran Canaria, la **Trasmediterránea** propose 3 à 4 liaisons/sem. avec Arrecife, mais le trajet est long *(env. 8 h)*. Cette même compagnie assure aussi une liaison hebdomadaire avec Cadix, mais la distance et les deux escales (Tenerife et Grande Canarie) s'apparentent à une épopée... **Rens. : Líneas Fred. Olsen** ☎ 902.10.01.07 ou 928.51.72.66 (Muelle de Playa Blanca), < www. fredolsen.es >. **Naviera Armas** ☎ 928.82.49.30 (Arrecife), < www. navieraarmas.com >. **Trasmediterránea** ☎ 928.82.49.30, < www. trasmediterranea.es >.

Circuler

> En voiture

Compte tenu du grand nombre de curiosités, beaucoup de vacanciers louent une voiture. Il est prudent de la réserver à l'avance si vous venez par avion. Si vous débarquez d'un ferry, vous trouverez plusieurs agences de location au port de Playa Blanca, mais leurs guichets ferment à l'heure du déjeuner. Les routes sont bonnes, avec des ronds-points à foison, et la circulation assez dense sur la côte S. Pour faciliter le trafic dans le parc de Timanfaya, l'arrêt sur les accotements est partout impossible en dehors des aires aménagées à cet effet.

> En car

Le réseau de *guaguas* est bon mais inadapté au tourisme itinérant. Ces bus desservent les villages le matin et le soir. Le stop peut être tenté sur les petites routes du N, c'est-à-dire dans la partie la moins touristique de l'île.

> ### En deux-roues

Relativement plate, l'île se prête bien aux randonnées à vélo. Il suffit que le vent ne souffle pas trop fort… Vous trouverez sans difficulté des loueurs de vélos ou de VTT à la journée dans toutes les grandes stations balnéaires.

Séjourner

Résider dans l'un des complexes hôteliers ou des apparthôtels de l'une des trois grandes stations balnéaires du littoral S (Costa Teguise, Puerto del Carmen ou Playa Blanca) n'est plus une fatalité. Vous pourrez trouver quelques hôtels de charme dans l'intérieur de l'île. Par ailleurs, l'offre de *casas rurales* se développe dans l'arrière-pays, mais il faut réserver à l'avance. **Rens.** < www.lanzarote.com/turismo rural-en >.

Fêtes et manifestations

Fév. Carnaval à **Arrecife**, **Tias**, **Teguise** et **Haría**. **Juin**. Fête du Corpus Cristi dans toute l'île ; la Fête-Dieu prend une résonance particulière à **Arrecife** (création de tapis de sel colorés) ; fête de la Saint-Jean à **Haría**, les 23-24. **Juil**. À **Femés**, fête de San Marcial, patron de Lanzarote, la 1re sem. ; fêtes en l'honneur de la Vierge du Carmen dans la plupart des localités, à **Teguise** et **Playa Blanca** en particulier. **Août**. Fête de la San Ginés à **Arrecife**, le 25. **Sept**. Romeria de Nuestra Señora de los Dolores, aussi appelée Vierge des volcans, à **Yaiza**, **Tinajo** et **Mancha Blanca**, avec festival folklorique et marché d'artisanat.

Sports

Vous pourrez pratiquer tous les sports de glisse et de vent, du scooter des mers à la planche à voile. Les grandes stations balnéaires

---

budget

Hébergement
▲▲▲▲ de 120 à plus de 200 €
▲▲▲ de 80 à 120 €
▲▲ de 50 à 80 €
▲ de 40 à 50 €

Restaurants
♦♦♦♦ plus de 30 €
♦♦♦ de 25 à 30 €
♦♦ de 20 à 25 €
♦ moins de 20 € ●

---

offrent le plus large éventail de possibilités, en incluant aussi la pêche sportive. Le surf fait un tabac dans le quart N-E, autour de la playa de Famara, où les amateurs trouvent une belle concentration de spots. Les plaisanciers disposent de deux mouillages agréables, la Marina Rubicón de Playa Blanca et la base nautique de Puerto Calero, havre de luxe au milieu de nulle part. Les plongeurs seront aussi gâtés : ils trouveront plusieurs centres à Puerto del Carmen et à Costa Teguise. Les sports terrestres font pâle figure en comparaison. En dehors du vélo, les possibilités sont assez limitées.

Arrecife

> *Visite p. 201.*

❶ Kiosque en face de la calle León y Castilla ☎ 928.81.18.60. *Ouv. lun.-ven. 9 h-14 h.*

Hôtels

▲▲▲▲ **Arrecife Gran Hotel**, parque Islas Canarias ☎ 928.80.00.00, fax 928.80.59.06, < www.arrecife hoteles.com >. *52 ch et 108 suites.* Moderne un brin désincarné pour le vertige de découvrir l'île et la mer à ses pieds (quand on a la chance d'être à un étage élevé). Hôtel surtout pour hommes d'affaires.

culture

L'olivine

Généralement près des sites touristiques, des marchands plantent leurs étals d'**olivine**, une pierre semi-précieuse d'origine volcanique de couleur jaune-vert. Ils la vendent en vrac ou incrustée à la lave dont elle est issue. Autrefois fort prisée, l'olivine était vendue à bon prix à des orfèvres qui s'en servaient pour décorer les objets de culte. Aujourd'hui, vous verrez des bijoux en argent ornés de cette pierre dans les magasins de souvenirs et dans les boutiques des grands hôtels, notamment au *Meliá Salinas* à Costa Teguise. ●

▲▲▲ **Lancelot**, avenida Mancomunidad, 9 ☎ 928.80.50.99, fax 928.80. 50.39. *110 ch.* Prix corrects hors saison, mais bruyant sur le front de mer.

Restaurants

♦♦ **Castillo de San José**, dans le castillo de San José ☎ 928.81.23.21. Aménagé par Manrique dans le fort du XVIIIe s. Cadre très années 1970. Cuisine canarienne et internationale.

Bars à tapas près de l'église San Ginés et des terrasses ensoleillées autour du charco de San Ginés.

Shopping

Le quartier commerçant est concentré autour de la calle León y Castillo, au bord de laquelle s'élèvent de grands magasins. Beaucoup de bazars et de magasins détaxés bordent l'avenida Dr. Glez Negrín, qui longe le front de mer près du parque Islas Canarias et de l'*Arrecife Gran Hotel*. Le centre d'artisanat près du **monumento del Campesino** (*12 km N-O d'Arrecife*) offre un aperçu d'ensemble des productions locales. Prix élevés.

Adresses utiles

● **Cybercafé**. Ciber Exodas, avenida Mancomunidad ☎ 928.84. 61.90.

● **Location de voitures**. Avis, à l'aéroport ☎ 928.846.245. **Cabrera Medina**, à l'aéroport ☎ 928.846.276. **Cicar**, à l'aéroport ☎ 928.84.62.66. **Hertz**, à l'aéroport ☎ 928.84.61.90.

● **Taxis**. Radio Taxi Arrecife ☎ 928.80.31.04.

● **Urgences**. ☎ 112. **Police** ☎ 092.

Costa Teguise

> *Visite p. 203.*

❶ Centro comercial Los Charcos, avenida Islas Canarias ☎ 928. 82.71.30, < www.teguise.com >. *Ouv. lun.-ven 9 h 30-13 h.*

Hébergement

▲▲▲▲ **Meliá Salinas**, playa de las Cucharas ☎ 928.59.00.40, fax 928. 59.03.90. *308 ch.* Palace conçu par Manrique en bord de plage. L'un des meilleurs hôtels de Lanzarote. Piscine d'eau de mer sous les palmiers, piano-bar, boutiques, etc.

▲▲▲ **Beatriz Costa & Spa**, ☎ 928. 59.08.28. *300 ch.* Hôtel gigantesque à 1 km de la côte. Intérieur ahurissant : rivière, cascade… Ch. impeccables, 2 restaurants, piscines et buffet au petit déjeuner.

L'association **Rural Villas** (☎ 902. 36.33.18, fax 928.80.42.09, < www. rural-villas.com >) propose *3 villas luxueuses* à louer à Los Valles, vers Haría. La plus extraordinaire d'entre elles est la **Casa El Aljibe** ♥, ancienne citerne avec salon voûté et chambre en mezzanine.

Restaurants

Vous aurez l'embarras du choix dans la station balnéaire de Costa Teguise. Allez dîner dans la vieille Teguise au moins une fois, afin de profiter de sa mystérieuse ambiance nocturne.

♦♦♦ **La Graciosa**, avenida de las Islas Canarias ☎ 928.59.00.40.

F. dim. et lun. Restaurant de l'hôtel *Meliá Salinas*, élégant. Cuisine internationale. Bons poissons.

♦♦ **Acatife ♥**, calle San Miguel, 4, Teguise ☎ 928.84.50.37. Belle demeure. Cadre intime et bon service.

♦♦ **Mesón La Jordana**, centro comercial Lanzarote Bay, local 10-11 ☎ 928.59.03.28. *F. dim.* Poissons et fruits de mer. Chevreau rôti exquis. Très bonne carte des vins.

Sports

● **Aéronautisme**. Lanza Air, avenida de Islas Canarias ☎ 928.59.05.33, < www.lanzaair.com >. Excursions, cours de pilotage et location d'avions.

● **Golf**. Costa Teguise Golf, avenida del Golf ☎ 928.59.05.12, < www.lanzarote-golf.com >.

● **Planche à voile**. Windsurfing Club Nathalie Simon, calle de las Olas, plaza de Tenerife ☎ 928.59.07.31, < www. sportaway-lanzarote.com >. **Lanzarote Surf Company** ☎ 928.59.19.74.

● **Plongée**. Aquatis Diving Center Lanzarote ☎ 928.59.08.79, < www.diving-lanzarote.net >.

Shopping

Palacio del Marqués, calle Herrera y Rojas, 9, Teguise ☎ 928.84.57.73. *Ouv. t.l.j. 12 h-20 h (10 h-18 h en hiver), dim. 10 h-15 h.* Excellente adresse pour acheter les meilleurs crus. Boissons et tapas dans le délicieux patio de cette vieille demeure du XVᵉ s. Les boutiques des environs de la place de l'église San Miguel à Teguise proposent des créations artisanales plus modernes.

Le **mercadillo**, marché très touristique accompagné d'animations folkloriques, se tient chaque dim.

Adresses utiles

Myriade de loueurs de voitures ou de vélos dans les centres commerciaux proches de l'avenida de las Islas Canarias. Possibilité de se connecter à Internet ou de transférer ses photos sur CD.

● **Location de voiture**. Cicar, centro comercial Los Charcos, avenida de las Islas Canarias ☎ 928.51.11.26.

Haría et ses environs

> *Visite p. 205.*

Hébergement

▲▲▲ **Finca La Corona**, Yé *(6 km N)* ☎ 902.36.33.18, fax 928.80.42.09, < www.rural-villas.com >. Ensemble de *6 résidences de luxe* avec piscines et jacuzzi. Mobilier et décor boisé très smart. On pourra dormir dans une ancienne étable ou dans une vieille citerne dotées du dernier confort moderne.

▲▲▲ **Finca La Crucita**, calle de San Juan, 63 ☎ 928.81.05.65 ou 696.28.17.91, < www.villasdelanzarote.com >. *Plusieurs villas* de tout confort, aménagées dans le style traditionnel, avec 2 ou 3 ch.

Restaurants

♦♦♦ **Los Jameos del Agua** ☎ 928.84.80.20 *(11 km N-E)*. Cuisine internationale ou canarienne élaborée. Restaurant très prisé des tours-opérateurs.

vin

Comme à La Palma *(encadré p. 143)*, le **vin de Lanzarote** est un malvoisie mais ici on le trouve surtout sous la forme de rosés et de rouges. Achetez-le dans une des bodegas sur le bord de la route, en particulier entre le monument del Campesino et Masdache, principal centre viticole de la valle de la Geria. Les crus du nord de l'île qui poussent autour du monte Corona au-delà de Haría sont moins connus mais méritent également d'être testés. ●

♦ **Casa El Cura**, calle Nueva, 1
☎ 928.83.55.56. Cuisine canarienne
de qualité dans une demeure
ancienne. Bien pour déguster les
vins du N de l'île.

♦ **Dos Hermanos**, plaza León y
Castillo ☎ 928.83.54.09. Pour
déguster une excellente daurade sur
une terrasse tranquille.

Pour déjeuner au bord de la mer,
allez jusqu'à **Orzola** *(20 km N)*, où
vous trouverez une ribambelle de
restaurants à poisson.

Enfants

Guinate Tropical Park, Guinate
(7 km N) ☎ 928.83.55.00, < www.
guinatepark.com >. *Ouv. t.l.j. 10 h-
17 h ; entrée payante.* Jardin zoologique et botanique avec spectacle
de perroquets. Le billet d'entrée
adulte est hors de prix *(14 €)* !

Parque natural Las Pardetas, carretera Orzola-Yé, km 1 ☎ 928.84.25.
45. *Ouv. t.l.j. 10 h-18 h, 19 h en été ;
entrée libre.* Parc récréatif proche
d'Orzola, où vos enfants feront
connaissance avec la flore locale
avant d'enfourcher un poney. Avec
camping, atelier de poterie et restaurant à tapas.

Excursions à Graciosa

Romero, calle García Escámez, 11,
isla de La Graciosa ☎ 928.84.20.55.
La compagnie propose 3 à 4 liai-
sons/j. pour l'isla Graciosa depuis
le port d'Orzola. Préférez les
départs à 10 h et 12 h.

Sur l'île, à Caleta de Sebo, vous
trouverez des VTT à louer chez **La
Graciosa Bike** (☎ 928.84.21.38) ou
bien encore au **Natural Bike**
(☎ 928.84.21.42).

Shopping

Aux supermarchés et aux bazars de
Costa Teguise préférez le **Taller
municipal de artesanía** *(ouv. t.l.j.
en été 10 h-13 h et 16 h-19 h, en hiver
15 h-18 h, sam. 10 h-14 h).*

Playa Blanca

> *Visite p. 208*

❶ El Varadero, ☎ 928.51.90.18.
*Ouv. juil.-sept. lun.-ven. 9 h-13 h 30,
jusqu'à 14 h le reste de l'année.*

Hôtel

▲▲▲▲ **H 10 Lanzarote Princess**,
calle Maciot ☎ 928.51.71.08,
fax 928.51.70.11, < www.h10.es >.
407 ch. Face à la mer (accès à la
plage par un petit escalier), au
milieu de la verdure à environ
400 m du centre. Grand confort.

Restaurants

♦ **Almacén de la Sal**, avenida
Marítima, 12 ☎ 928.51.78.85.
F. mar. Vieil entrepôt où l'on stoc-
kait le sel des salinas de Janubio.
Cuisine basque et espagnole de
qualité.

♦ **Casa Pedro** ☎ 928.51.70.22.
L'une des meilleures adresses. Spécialités de poissons.

On n'oubliera pas d'aller à **Femés**
(15 km N) pour profiter de la vue
depuis la terrasse du restaurant près
de l'église.

Excursions en mer

Marea Errota, calle Limones, 42
☎ 928.51.76.33, < www.marea
errota.com >. Croisières en goé-
lette au large du parc de los
Ajaches. **Rubicat**, puerto deportivo
Marina Rubicón ☎ 928.51.90.12,
< www.marinarubicon.com >.
Excursions à bord d'un luxueux
catamaran avec observation de
dauphins *(env. 5 h).*

Sports

● **Motonautisme**. Playa Clari
☎ 928.17.35.16.

● **Plongée**. Centro de Buceo Cala
Blanca, centro comercial El Papa-
geyo ☎ 928.51.90.40, < www.cala
blancasub.com >. **Centro de Buceo
Toninas**, hôtel *Playa Flamingo*
☎ 928.51.73.00, < www.diving
toninas.com >.

Adresses utiles

● **Location de voiture.** Vous trouverez plusieurs agences près du port et dans la station.

Cicar, avenida Juan Carlos I, 6 ☎ 928.51.11.26. **Orcar**, centro comercial Punta Limones, local 7, ☎ 928.84.62.55. *F. 13 h-16 h.*

Puerto del Carmen

> *Visite p. 211.*

❶ Avenida de las Playas ☎ 928. 51.33.51. *Ouv. juil.-sept. lun.-ven. 10 h-16 h, 17 h le reste de l'année.*

Hébergement

▲▲▲ **Los Jameos Playa**, calle playa de Los Pocillos ☎ 928.51.19.71, fax 928.51.34.41. < www.seaside-hotels.de >. *530 ch.* Complexe confortable. Bel effort architectural et prix intéressants. Cours de plongée et nombreuses activités.

▲ **Casa Las Claras**, camino de las Claras, Tias *(5 km N)* ☎ 660.47. 75.77 ou 928.83.43.30. *Casa rurale* offrant 3 ch. avec s.d.b. et vue sur la montaña Blanca et la mer au loin. Le propriétaire vient vous chercher à l'aéroport. Une excellente adresse communiquée par un lecteur.

Restaurants

◆◆◆ **Casa Roja** ♥, avenida Varadero ☎ 928.51.58.66. Jolie maison du port. Agréable terrasse. Poissons excellents et service rapide.

◆◆ **El Bodegón**, calle Nuestra Señora del Carmen, 6 ☎ 928.51. 52.65. Viande rouge et vins de qualité. Bon rapport qualité-prix.

◆◆ **La Cascada del Puerto**, calle Roque Nublo, 5 ☎ 928.51.29.53. Excellentes viandes et plats de poisson copieux. Bon rapport qualité-prix.

Enfants

Minigolf San Antonio, avenida de las Playas, à la sortie N de la station ☎ 608.01.13.57. **Rancho Texas Park**, calle Noruega ☎ 928.84.12. 86, < www.ranchotexaslanzarote. com >. *Ouv. t.l.j. 9 h30-17 h; entrée payante.* Parc d'attractions avec zoo, mine d'or, ferme lilliputienne, spectacles d'animaux (rapaces et crocodiles), promenades en poney et à cheval.

Excursions

Blue Delfin, calle Teide, 30 ☎ 928.51.23.23, < www.bluedelfin. com >. Minicroisières avec excur-

Des forains s'installent de temps à autre à Arrecife. Loin des écrans plasma des bars de Puerto del Carmen, on trouve là une ambiance bon enfant.

© Agnès Boutteville

sions à Fuerteventura, Lobos et au parc naturel de los Ajaches; « safari dauphins » *(3 h)* à bord d'un catamaran à pont inférieur transparent. **Motobarcas Arosa**, Muelle El Varadero ☎ 928.51.43.22, < www.lanzarote.com/subcat >. Croisières à bord d'un catamaran sous-marin *(1 h)*. Assez spectaculaire, mais pas donné *(45 € adulte, 26 € enfant)*. **Princesa Ico**, au port ☎ 928.51.61.13. 2 départs/j. pour rallier Fuerteventura (Corralejo) à bord d'un bateau rapide capable d'embarquer 250 passagers. **Tamarán Jeep Safari**, calle Roque Nublo, 2 ☎ 928.51.24.75, < www.tamaran.com >. Pour soulever de la poussière à Timanfaya ou dans toute l'île.

Vous trouverez une offre similaire à **Puerto Calero** *(15 km O)*.

Loisirs et vie nocturne

L'animation s'étend tout le long de l'avenida de las Playas. Bars à écran géant, salles de jeux, pubs et boîtes de nuit alternent sur plusieurs kilomètres. **Casino de Lanzarote**, avenida de las Playas, 12 ☎ 928.51.50.50, < www.casinodelanzarote.com >. *Ouv. t.l.j. 11 h-4 h.*

Sports

Rens. à l'office de tourisme.

● **Motonautisme. Paracraft Lanzarote** ☎ 619.06.86.80.

● **Pêche sportive. Club de Pesca La Tiñosa**, au port ☎ 608.02.96.55. **Lanzarote Fishing Club**, au port ☎ 689.16.79.56.

● **Parapente. Paracraft Lanzarote**, playa Chica ☎ 619.06.86.80. Parapente, jet-ski et autres sports nautiques.

● **Plongée. Lanzarote Dive Service**, avenida de las Playas, 35C ☎ 928.51.08.02, < www.lanzarotedive.com >.

Adresses utiles

● **Cybercafés**. Le long du front de mer (avenida de las Playas); les salles de jeux disposent souvent de plusieurs ordinateurs prévus à cet effet.

● **Location de voiture**. La plupart des grands hôtels possèdent un bureau de location. **Autos Rocio**, centro comercial Costa Luz, calle Suecia, 28 ☎ 928.51.16.90. **Vicente Rent a car**, calle Juan Carlos I, 35 ☎ 928.51.34.56.

● **Urgences** ☎ 112. **Police** ☎ 092.

San Bartolomé et ses environs

> *Visite p. 207.*

❶ Casa Cerdeña, calle Dr. Cerdeña Bethencourt, 17 ☎ 928.52.23.51, < www.sanbartolome.org >. *Ouv. juil.-sept. lun.-ven. 8 h-14 h, 15 h le reste de l'année.*

Hébergement

▲▲▲ **Finca Isabel**, Mozaga *(2 km N)* ☎ 609.74.21.63, fax 928.52.01.42, < www.islaviva.com >. *2 appart. et 1 studio* pouvant accueillir 12 personnes. Villa de vacances construite autour d'un réseau de grottes naturelles. *Design* des piscines évoquant la fondation César Manrique.

▲▲▲ **Caserío de Mozaga ♥**, Mozaga *(2 km N)* ☎ 928.52.00.60, fax 928.52.20.29, < www.caseriodemozaga.com >. *8 ch.* L'un des rares hôtels ruraux de l'île, qui offre des ch. décorées avec goût. Beau jardin pour paresser et **restaurant** excellent.

Restaurants

♦ **El Funcionaro**, près de l'église. Bar-restaurant sans prétention avec une petite salle toujours bondée. Bonne ambiance.

♦ **Verdemar**, La Santa *(20 km N)*. Tenu par un Anglais très apprécié des gens du coin et des surfeurs.

Yaiza et ses environs

> *Visite p. 208.*

Hôtels

▲▲▲▲ **Hotel Rural Finca de las Salinas ♥**, calle la Cuesta, 17 ☎ 928.83.03.25, fax 928.83.03.29. < www.

fincasalinas.com >. *15 ch. et 2 suites.* Belle demeure du XVIIIes. Hôtel de charme. Parc planté d'espèces exotiques, bon restaurant. Piscine. Route proche.

▲▲▲ **La Casona de Yaiza ♥**, calle El Rincón, 11 ☎ 928.83.62.62, fax 928.83.62.63. *8 ch.* Un nouveau venu sur le créneau de l'hôtel de charme. Mélange de rustique et de moderne, tableaux symbolistes et préraphaélites, expositions d'artistes contemporains et **restaurant** offrant une cuisine sophistiquée, accueil personnalisé : aux antipodes des hôtels des chaînes de la côte.

Restaurants

♦♦♦ **La Era**, Barranco, 3 ☎ 928.83. 00.16. Pour déguster, dans une ambiance cosmopolite, une cuisine inventive des plus réussies. Belle carte de vins. L'accueil n'est pas toujours à la hauteur. Si le restaurant est complet, allez au *El Volcán*, près de l'église, plus simple mais très bon.

♦♦ **Bodega Uga ♥**, sortie d'Uga *(3 km E de Yaiza)*, route d'Arrecife. Sorte de bar à vin fréquenté par les autochtones. Excellents crus de Lanzarote.

♦♦ **El Diablo**, parque de Timanfaya, islote de Hilario *(12 km N de Yaiza)* ☎ 928.84.00.57. *Ouv. 12 h-16 h 30.* Créé par César Manrique dans les montañas del Fuego. Cuisine canarienne au four naturel.

Restaurants de poisson à El Golfo *(19 km O de Yaiza)*, comme Le ♥ **Costa Azul** (belle terrasse, vue sur la mer, service un peu lent), ou le ♦ **Plácido**, dont l'accueil est bon.

Excursions

En dehors de la promenade minutée à dos de chameau dans le parc de Timanfaya, *must* absolu de tout séjour à Lanzarote : **Lanzarote a caballo**, carretera Arrecife-Yaiza, km 17 (à l'E d'Uga) ☎ 928.83. 03.14, < www.lanzaroteacaballo. com >. *Ouv. t.l.j. en hiver 10 h-19 h, en été 10 h-20 h.* Différentes promenades à cheval et en chameau. Paintball. ●

repères

Petit dictionnaire

Artesonado : plafond à caissons en bois ouvragé.

Ayuntamiento : hôtel de ville.

Baroque : style dynamique et coloré affectant les arts au XVIIe s. Il met l'accent sur la gloire de la Vierge, des saints et de l'Église. Terme utilisé pour l'art de la première moitié du XVIIIe s.

Barranco : ravin né de l'érosion des pentes d'un volcan.

Barrio : quartier en espagnol.

Cabildo insular : Conseil de l'île.

Casco antiguo : centre ancien.

Feria : foire aux bestiaux à l'origine, la *feria* se rapproche aujourd'hui d'une simple fête.

Gofio : pâte faite de farine de maïs ou d'orge et d'eau.

Gothique flamboyant : ultime expression du style gothique (XIVe-XVe s., voire XVIe s.) ; il doit son nom à son goût de la décoration, qui affecte souvent la forme de flammes.

Guanche : littéralement « enfants du grand volcan ». Nom donné par les conquérants aux premiers habitants de l'archipel.

Hacienda : ferme ou propriété rurale.

Mauresque : terme utilisé pour qualifier l'art des musulmans ou l'art influencé par les Arabes.

Mudéjar : concerne l'art chrétien marqué par l'art musulman dans l'Espagne reconquise (XIIe-XVIe s.).

Orseille : originaire de la Méditerranée, ce lichen sert à fabriquer un colorant rouge violacé.

Picón : cendre volcanique employée dans les cultures sèches.

Plateresque : style décoratif aux détails ciselés à la manière des orfèvres (de *plata*, « argent »), que l'on remarque autour des portes ou des fenêtres.

Risco : rocher escarpé.

Rois catholiques : Isabelle de Castille et son époux Ferdinand II d'Aragon. Ils se rendent maîtres du royaume musulman de Grenade en 1492. Ce terme désigne aussi les rois de Castille qui participèrent à la Reconquête aux XIIIe et XIVe s.

Romería : fête d'un saint patron ou pèlerinage.

Siècle d'or : période coïncidant avec l'apogée de la puissance espagnole, du règne de Charles Quint (1519-1556) au début de celui de Philippe IV (1621-1665).

Timple : petite guitare typique des Canaries.

© Agnès Boutteville

Pages précédentes, les Canaries fleurent bon les Caraïbes et Cuba. Ci-dessus, l'avenida Marítima de Santa Cruz de la Palma.

Quelques mots d'espagnol

César Manrique a marqué à jamais le visage de Lanzarote. Dans l'île, les carrefours et les curiosités naturelles s'annoncent par des œuvres de cet artiste inclassable.

Les chiffres

Zéro	*Cero*
Un, une	*Uno, una*
Deux	*Dos*
Trois	*Tres*
Quatre	*Cuatro*
Cinq	*Cinco*
Six	*Seis*
Sept	*Siete*
Huit	*Ocho*
Neuf	*Nueve*
Dix	*Diez*
Vingt	*Veinte*
Trente	*Treinta*
Quarante	*Cuarenta*
Cinquante	*Cincuenta*
Soixante	*Sesenta*
Soixante-dix	*Setenta*
Quatre-vingts	*Ochenta*
Quatre-vingt-dix	*Noventa*
Cent	*Cien, ciento*
Mille	*Mil*
Un million	*Un millón*

Le temps

Hier	*Ayer*
Aujourd'hui	*Hoy*
Demain	*Mañana*
Une minute	*Un minuto*
Une heure	*Una hora*

Mots et formules usuels

Au revoir	*Adiós*
Bonjour	*Buenos días* ou *hola* (plus familier)
Bon marché/cher	*Barato/caro*
Bonsoir (l'après-midi)	*Buenas tardes*
Bonne nuit	*Buenas noches*
Bon voyage	*Buen viaje*
C'est cela	*Eso es*
Combien par jour ?	*¿Cuánto por día ?*
Combien vous dois-je ?	*¿Cuánto le debo ?*
J'ai besoin d'un médecin/dentiste	*Necesito un médico/dentista*
J'aimerais téléphoner en France	*Quisiera llamar a Francia*
Meilleur marché	*Más barato*
Merci, merci beaucoup	*Gracias, muchas gracias*
Non	*No*
Nous sommes d'accord	*Estámos de acuerdo*
Oui	*Sí*
Où est la pharmacie la plus proche ?	*¿ Dónde está la farmacia más cercana ?*
Où sont les toilettes ?	*¿ Dónde están los servicios ?*
Ouvert/fermé	*Abierto/cerrado*
Parlez-vous français ?	*¿ Habla Usted francés ?*

S'il vous plaît........................*Por favor*
Un coup de soleil................................
........................*Una quemadura de sol*
Un peu ....*Un poco*
Y a-t-il du courrier pour moi ? ....
..............*¿ Hay alguna carta para mí ?*

En voyage

Aéroport ....*Aeropuerto*
Bagages ....*Equipaje*
Billet aller/retour..............................
.............................*Billete de ida y vuelta*
Bus ....*Autobús*
Car ....*Bus*
Je voudrais un billet pour…...............
...................*Quisiera un billete para…*
Où puis-je prendre un taxi ? ....
.............*¿ Dónde puedo coger un taxi ?*
Port...*Puerto*

Sur la route

À droite............................*A la derecha*
À gauche ....*A la izquierda*
Est-ce la route de… ? ....
.................*¿ Es ésta la carretera de… ?*
Essence ....*Gasolina*
Faites-moi le plein, s'il vous plaît ......
..........*Sírvase llenar de gasolina normal*
Je voudrais louer une voiture.............
...................*Quisiera alquilar un coche*
Ma voiture est en panne ....
...................*Mi coche se ha estropeado*
Où est la route pour… ? ....
..........*¿ Dónde está el camino para… ?*

En ville

Boîte aux lettres ....*Buzón*
Boulevard....................................*Ronda*
Carte postale...................*Tarjeta postal*
Chemin....................................*Camino*
Garage...*Garage*
Lettre ....*Carta*
Mandat-poste.....................*Giro postal*
Poste ....*Correos*
Rue ....*Calle*
Téléphone ....*Teléfono*
Timbre ....*Sello*

À l'hôtel

Acceptez-vous les cartes de crédit ?....
..............*¿ Aceptan tarjetas de crédito ?*
Bain/douche ....*Baño con ducha*
Chambre.................*Cuarto, habitación*
Clef..*Llave*
Donnez-moi ma note s'il vous plaît..
........................*Déme la cuenta por favor*
Eau chaude ....*Agua caliente*
Étage ....*Piso*
Hôtel ....*Hotel/hostal*
J'ai réservé une chambre pour une ....
....semaine
....*He reservado*
..........*una habitación para una semana*
Je voudrais une chambre ....
..pour deux personnes pour une nuit ....
..............*Quisiera una habitación doble*
..................................*para una noche*
Lit à deux places ....*Cama de
....*matrimonio*
Petit déjeuner ....*Desayuno*
Quel est le prix de la chambre ? ....
..........*¿ Cuánto cuesta la habitación ?*

Au restaurant et au café

Addition...............................*La cuenta*
Assiette ....*Plato*
Beurre ....*Mantequilla*
Bière ....*Cerveza*
Boire ....*Beber*
Bouteille ....*Botella*
Café au lait ....*Café con leche*
Café noir ....*Café solo*
Carte ....*Carta/menú*
Couteau..................................*Cuchillo*
Couvert ....*Cubierto*
Cuillère ....*Cuchara*
Déjeuner ....*Almuerzo/comida*
Dessert ....*Postres*
Dîner ....*Cena*
Eau ....*Agua*
Fourchette................................*Tenedor*
Fromage....................................*Queso*
Hors-d'œuvre.....................*Entremeses*
Je désire voir le menu/la carte...........
...............*Quisiera ver el menú/la carta*
Jus d'orange/de citron.......................
...................*Zumo de naranja/de limón*
Manger......................................*Comer*
Menu..*Menú*
Moutarde ....*Mostaza*
Pain...*Pan*
Peu (bien) cuit........*Poco (muy) cocido*
Pichet...*Jarra*
Poivre ....*Pimienta*
Pourboire................................*Propina*
Repas..*Comida*
Restaurant.........................*Restaurante*
Salade ....*Ensalada*
Sel...*Sal*

Service compris......... *Servicio incluido*
Serviette ....*Servilleta*
Toilettes ....*Servicios/retrete*
Une table pour deux, s'il vous plaît...
..*Una mesa para dos personas, por favor*
Verre...*Vaso*
Viande ....*Carne*
Vinaigre....................................*Vinagre*
Vin blanc ....*Vino blanco*
Vin rosé..*Clarete*
Vin rouge ....*Vino tinto, negro*

Le menu
Aloyau/filet de veau ....
............................*Solomillo de ternera*
Amuse-gueules/sandwichs.................
....................................*Tapas/bocadillos*
Anchois/petites anguilles..................
...................................*Anchoas/angulas*
Aubergines ....*Berenjenas*
Beignets ....*Buñuelos, churros*
Blanc de poulet ....*Pechugas de pollo*
Boulettes de viande ....*Albondigas*
Calamars à l'encre ....
...........................*Calamares en su tinta*
Chevreau rôti ....*Cabrito asado*
Cochon de lait rôti ....*Cochinillo asado*
Coquilles Saint-Jacques...........*Vieiras*
Côtelettes de porc.....*Costillas de cerdo*
Crème caramel ....*Crema catalana/flan*
Crevettes ....*Camarones*
Escalope de veau ....*Bistec de ternera*
Figues ....*Higos*
Fraises à la crème ....*Fresas con nata*
Frites...................................*Papas fritas*
Fromage blanc ....*Requesón*
Fruits de mer ....*Mariscos*
Gaspacho/potage de légumes froid ....
.................................*Gazpacho andaluz*
Glace à la vanille/aux noisettes..........
.............*Helado mantecado/de crocante*
Langoustines ....*Cigalas*
Lapin en civet.............*Conejo estofado*
Lentilles ....*Lentejas*
Merlu aux piments ....*Merluza*
....*a la vasca*
Morue aux piments............................
.............*Bacalao al pil pil/con pimienta*

Œufs durs/brouillés/au plat ....
...............*Huevos cocidos/revueltos/fritos*
Omelette au choix...*Tortilla a su gusto*
Oranges/ananas ....*Naranjas/piñas*
Palourdes ....*Almejas*
Pêches...............................*Melocotones*
Pois au jambon...*Guisantes con jamón*
Pois chiches ....*Garbanzos*
Poivrons farcis ....*Pimientos rellenos*
Pommes de terre ....*Papas*
Poulet à l'ail rôti ...*Pollo asado al ajillo*
Ragoût de haricots aux saucisses.........
....*Fabada*
Riz ....*Arroz*
Riz au lait ....*Arroz con leche*
Rôti de bœuf, de porc, d'agneau.........
................*Asado de vaca, cerdo, cordero*
Rouget ....*Salmonete*
Sole grillée ....*Lenguado a la plancha*
Soupe aux légumes ....*Caldo*
.......................*gallego/sopa de verdura*
Tarte aux pommes............................
................................*Tarta de manzanas*
Thon ....*Atún*
Turbot ....*Rodaballo*

La semaine
Dimanche ....*Domingo*
Lundi...*Lunes*
Mardi..*Martes*
Mercredi ....*Miércoles*
Jeudi..*Jueves*
Vendredi ....*Viernes*
Samedi ....*Sábado*

Les mois
Janvier ....*Enero*
Février ....*Febrero*
Mars ....*Marzo*
Avril...*Abril*
Mai...*Mayo*
Juin..*Junio*
Juillet..*Julio*
Août ....*Agosto*
Septembre ....*Septiembre*
Octobre....................................*Octubre*
Novembre ....*Noviembre*
Décembre............................*Diciembre*

Un peu de lecture...

Les livres en français traitant des Canaries sont peu nombreux ou épuisés, et la plupart ne se trouvent que sur place.

Histoire, art et société

Culture et mythologies des îles Canaries, CHANEL-TISSEAU DES ESCOTAIS (J.), L'Harmattan, 2004. Bref essai universitaire sur l'histoire et la culture de l'archipel.

Franco, BENNASSAR (B.), Perrin, « coll. Tempus », 2002. Le récit passionnant de l'ascension d'un « élève moyen, plutôt timide », et ancien commandant militaire des Canaries.

Histoire des Espagnols, BENNASSAR (B.), Perrin, « coll. Tempus », 2005. Une somme incontournable pour qui veut tout connaître de l'histoire de l'Espagne et des Canaries.

Les Îles Canaries, GAUDIO (A.), Karthala, 1995. Un bon condensé généraliste qui intéressera en priorité les passionnés d'histoire guanche.

Îles Canaries, chemin sans asphalte, WALTER (R.) et DUBORGEL (B.), Jean-Pierre Huguet, 2002. Autour d'images d'un bidonville, un regard d'artiste et de poète sur un autre visage des Canaries.

Nature

Flore exotique dans les îles Canaries, RODRIGUEZ PÉREZ (J. A.), León, éditions Everest, 1995. Un aperçu de la variété des arbres et des arbustes venus de toute la planète.

Guide des volcans d'Europe et des Canaries, KRAFFT (M.), DE LAROUZIERE (F.-D), DELACHAUX & NIESTLE, 1999. Un ouvrage scientifique et un vrai guide des volcans tout à la fois.

Les Fleurs des îles Canaries, RODRIGUEZ PÉREZ (J.A.), León, éditions Everest, 1990. Toutes les fleurs canariennes. Le complément d'un ouvrage du même auteur disponible sur place.

Littérature

Les hispanistes liront les écrivains canariens, en premier lieu Benito Pérez Galdós, mais aussi Agustín Millares Torres ou Armas Marcelo. Les deux derniers ne sont pas traduits.

L'Amour fou, BRETON (A.), Gallimard, Folio. Les dragonniers canariens et l'environnement volcanique du Teide ont inspiré ces belles pages au père du surréalisme.

L'Année de la sécheresse, ÀLAMO DE LA ROSA (V.), Grasset, 2004. Un roman exalté sur l'exil volontaire de la « terre maudite » d'El Hierro.

Le Disparu des Canaries, VILLIERS (G. DE), SAS n° 106, 1992. Un milliardaire disparaît de son yacht au large des Canaries...

L'Île aux lézards, ÀLAMO DE LA ROSA (V.), Grasset, 2005. Dans les années 1940, l'amour d'un pêcheur dans une île d'El Hierro écrasée par les préjugés.

Lanzarote, HOUELLEBECQ (M.), Flammarion, 2000. Un récit de voyage sur fond de sexe, de soleil et de paysages volcaniques. Avec de somptueuses photographies de l'île.

Tristana, PÉREZ GALDÓS (B.), Flammarion, 1992. L'étrange relation de Don Lope, hidalgo désargenté, et de sa nièce devenue unijambiste. Roman adapté à l'écran par Luis Buñuel en 1969, avec Fernando Rey et Catherine Deneuve.

Économie

L'Économie des Canaries, collectif, L'Harmattan, 2000. Tableau complet réalisé par une équipe d'enseignants de l'université de La Laguna à Tenerife.

Vous obtiendrez également des données chiffrées et des renseignements sur l'économie de l'archipel en consultant et le site de la Communauté autonome des Canaries < www. gobcan.es >.

Table des encadrés

Index

GUIDE **évasion**

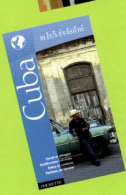

- Afrique du Sud et chutes Victoria
- Amsterdam et la Hollande
- Andalousie
- Australie
- Autriche
- Baléares
- Berlin
- Birmanie
- Brésil
- Bruges et le pays flamand
- Budapest et la Hongrie
- Californie
- Canaries
- Chypre
- Corée du Sud
- Crète et Rhodes
- Croatie
- Cuba
- Danemark
- Égypte, vallée du Nil
- Espagne méditerranéenne
- Grèce continentale
- Guadeloupe
- Îles grecques
- Irlande
- Istanbul
- Kenya et Tanzanie
- Londres
- Louisiane
- Madagascar
- Malte
- Maroc
- Marrakech et le Sud marocain
- Martinique
- Maurice et Rodrigues
- Moscou et Saint-Pétersbourg
- New York
- Nouvelle-Calédonie
- Pékin et Shanghai
- Portugal
- Prague et la République tchèque
- Québec
- Réunion
- Rome
- Roumanie
- Sahara
- Sénégal et Gambie
- Sicile
- Sri Lanka et Maldives
- Suède
- Tahiti et la Polynésie française
- Thaïlande
- Tokyo et Kyoto
- Toscane
- Tunisie
- Turquie de l'ouest et mer Noire
- Venise
- Vietnam

HACHETTE
Tourisme

Imprimé en France par I.M.E. 25110 Baume-les-Dames
Dépôt légal : 69405 - avril 2006.
ISBN : 2.01.240394.8 - Édition 01

À nos Lecteurs...

Ces pages vous appartiennent. Notez-y vos remarques, vos impressions de voyage, vos découvertes personnelles, vos bonnes adresses. Et ne manquez pas de nous en informer à votre retour. Nous accordons la plus grande attention au courrier de nos lecteurs.

HACHETTE *Tourisme*

Guides Évasion – Courrier des lecteurs
43, quai de Grenelle – 75905 PARIS Cedex 15
evasion@hachette-livre.fr

Carnet de voyage